I0833588

Adin E. Lears

•

World of Echo

Noise and Knowing in Late Medieval England

Cornell University Press

Ithaca / London

2020

Эйдин Лирс

•

Мир эха

Шум и смысл в произведениях позднего английского Средневековья

Academic Studies Press

Библиороссика

Бостон / Санкт-Петербург

2026

УДК 821.111
ББК 83.3(4)
Л62

Перевод с английского Натальи Роговой

Серийное оформление и оформление обложки Ивана Граве

Лирс, Эйдин.

Л62 Мир Эха. Шум и смысл в произведениях позднего английского Средневековья / Эйдин Лирс ; [пер. с англ. Н. Роговой] . — СПб.: Academic Studies Press / Библиороссика, 2026. — 334 с. — (Серия «Современная европеистика» = «Contemporary European Studies»).

ISBN 979-8-901270-96-7 (Academic Studies Press)
ISBN 978-5-907918-91-7 (Библиороссика)

Каким был мир на слух в эпоху позднего Средневековья? Междисциплинарное исследование Эйдин Лирс дает возможность это узнать (и услышать!), приблизившись к пониманию того, как мыслили и чувствовали люди той эпохи.

Анализируя труды выдающихся писателей — от Джеффри Чосера и Уильяма Ленгленда до мистиков Ричарда Ролла и Марджери Кемп, — автор представляет звук как инструмент познания, определяющего мировоззрение, а также как средство передачи идей и духовных откровений. Этот уникальный подход позволяет погрузиться в средневековую культуру через чувственный опыт и тем самым глубже ощутить ее атмосферу. Книга станет настоящей находкой для историков-медиевистов, а также всех, кто интересуется религиозными практиками, культурной антропологией и английской литературой Средних веков.

УДК 821.111
ББК 83.3(4)

ISBN 979-8-901270-96-7
ISBN 978-5-907918-91-7

Посвящается Карен Паркер Лирс и Джексону Лирсу
Into þe he myrth of lufe (в любви и радости)

Corpus adhuc Echo, non vox erat.
Плотью Эхо [в то время] была, не голосом только...[1]

Овидий. Метаморфозы

[1] [Овидий 1983: 3.356].

Благодарности

Столь полно поблагодарить всех, кто помог мне создать эту книгу, как каждая и каждый того заслуживает, было бы невозможным подвигом языка. Конечно, подобные высказывания попадались мне в начале книг ранее. Но теперь я убеждена в истине этого опыта. И однако же я хотела бы назвать множество людей и институций в знак моей благодарности за их помощь и поддержку в процессе работы над этой книгой.

Среди учреждений, оказавших мне поддержку, я благодарю Национальный фонд имени Вудро Вильсона — за предоставление диссертационной стипендии по женским исследованиям в переломный для этого проекта момент. Грант на поездку от Корнеллского общества гуманитарных наук позволил мне отправиться в Британскую библиотеку и материально ознакомиться с рукописями, включая «Книгу Марджери Кемп», что в итоге способствовало как замыслу, так и духу этой книги. Настойчивы и бесстрашны в поисках материалов, необходимых мне для завершения исследований и написания книги, были сотрудники библиотек Корнеллского университета, Государственного университета Нью-Йорка в Освего и Университета Содружества Виргиния (особенно те, кто работали в межбиблиотечном фонде). Я благодарю их всех.

Я безмерно благодарна тем научным наставникам и коллегам, которые поверили в этот проект, помогли мне очертить его контуры и наполнить содержанием от начала до конца. Среди них особого признания заслуживают члены моего диссертационного совета Эндрю Гэллоуэй, Маша Раскольникова, Саманта Захер и Ника Сальвато, которые действительно сделали все возможное, поддерживая мой прогресс и продолжая оказывать мне поддержку еще долгое время после окончания аспирантуры. Я выражаю огромную благодарность Махиндеру Кингре из «Корнелл Юниверсити пресс» за его руководство этой первой книгой и за то, что он нашел мне двух самых заинтересованных и проницательных читательниц, на которых я только смела надеяться, — Элеонору Джонсон и Фиону Сомерсет, которых я также хочу сердечно поблагодарить; их энтузиазм поистине делает мне честь. Многие другие ученые читали черновики книги и/или оказывали мне поддержку, освещая путь своими советами; в их числе — Сита Чаганти, Ребекка Дэвис, Сьюзен Крейн, Жюли Орлемански и Джереми Брэддок, не говоря уже обо всех замечательных преподавателях, которые проводили собеседования на работу, — независимо от того, получила я ли ее в итоге или нет. Я очень благодарна им всем.

Я также глубоко признательна за поддержку и помощь, оказанную мне множеством блестящих студентов, друзьями и членами моей семьи. Без них эта книга не была бы такой, какая она есть. Чуткое и заботливое отношение Питера ЛаБьера к абсурдностям языка сформировало этот проект таким образом, что он стал столь же важным, сколь и неизмеримым. Благородство и дружба Фионы Колл обогатили мои представления о языке, познании и опыте, предоставив мне утешение в Государственном университете Нью-Йорка и за его пределами. Хотя мне посчастливилось работать со многими крайне талантливыми студентами, Сейдж Чейз и Джеймс Боу заслуживают особого признания за их яркие и пытливые умы, прекрасный юмор и готовность вносить свой вклад в экспериментальную и порой даже странную учебную среду. Спокойная глубина Тима Берджа и его внимание к этическому взаимодействию языка, интериорности и действию в мире были бесценны, побудив меня по-настоящему понять и обозначить конечные ставки этой книги. Наконец, моя неизбывная благодарность Джексону Лирсу и Карен Паркер Лирс, Рейчел Лирс и всем другим существам, с которыми я провела годы моего становления, — конечно, многоголосому зверинцу, состоящему из собак, кошек, черепах, рыб, раков-отшельников и прочих — лучших мальчиков и ключевых грипов[1].

---

[1] В оригинале — «best boys and key grips», где *best boy* и *key grip* — термины из киноиндустрии: «best boy» — старший помощник осветителя или механика по оборудованию; «key grip» — главный механик, отвечающий за техническое оснащение съемки (штативы, краны, рельсы и др.). — *Прим. пер.*

Сокращения

CR	Chaucer Review
EETS	Early English Text Society
ELH	English Literary History
FZ	Fasciculi Zizaniorum
GL	Grammatici Latini ex Recensione Henrici Keilii
MED	Middle English Dictionary
MLR	Modern Language Review
ODNB	Oxford Dictionary of National Biography
OED	Oxford English Dictionary
PL	Patrologiae cursus completus: series Latina
SAC	Studies in the Age of Chaucer
ULS	Yearbook of Langland Studies

Транслитерирование

Во многих первоисточниках, из которых я привожу цитаты в этой книге, используются буквы древне- и среднеанглийского алфавита, такие как «торн» (thorn) (Þ, þ) [**θ**], «эт» (eth) (Đ, đ) [**ð**], «йоуг» (yogh) (Ʒ, ʒ) [**j** или **g**] и «эш» (ash) (Æ, æ) [**æ**]. В некоторых, но не во всех случаях академические издания и научные источники, которыми я пользуюсь, транслитерируют их на современный лад как «th» (thorn и eth), «y» или «gh» (yogh) и «ae» (ash). Я при цитировании каждый раз следую за источником, принимая транслитерацию либо оставляя архаичные буквы на их местах.

Введение
Голос в средневековом звуковом ландшафте

Начало XV века. Пустой лист монашеского сборника частично заполнен какофоническим аллитерационным стихотворением о кузнецах и шуме их призвания[1]. Анонимный поэт жалуется на подрывной грохот нощно работающих кузнецов в кузнице: «Черно-дымящиеся дымом кузнецы / До смерти доводят грохочущими ударами / Подобный шум ночной никто еще не слышал» («Swart smeked smeþes smateryd wyth smoke / dryue me to deth wyth den of here dints / Swech noys on nyghtes ne herd men neuer»). Эти строки связывают оскверненный звуковой ландшафт с нечистыми телами: подобному тому, как сами кузнецы загрязнены копотью, тишина ночи запятнана грохотом их ударов. Действительно, кузнецы — это «мопсоносые гномы» (cammed kongons), «простецы»[2].

---

1 Манускрипт XIII века хранится в Британской библиотеке в Лондоне (рукописи Арундела, ед. хр. 292). Транскрибирование и обзор в контекстах его социальных и литературных сред см. у Элизабет Солтер [Salter 1979: 194–215]. Моя датировка стихотворения и рукописи соответствует датировке Кэтрин Керби-Фултон [Kerby-Fulton 2013a: 40–41].

2 Прилагательное *cammed* относилось к вздернутому носу, согласно одному из текстов по средневековой физиогномике (sygnyffyith lecchery), приведенному в соответствующей статье Словаря среднеанглийского языка (MED). Примечание, посвященное физиогномике, цит. по: [Metham 1916: 134–135]. Существительное *kongon*, которое, как считается, происходит от французского *changeling*, «подменыш» (т. е. нежелательный ребенок, оставленный феями в обмен на похищенного ими здорового ребенка), было обобщающим

Наконец, их физические и ментальные пороки обусловливают и бессвязные их голоса, которые никогда не будут переведены на понятный всем человеческий язык. В фразе, подчеркивающей их животную иррациональность, поэт рассказывает, что кузнецы «грызут, скребут и стонут вместе» («gnauen and gnacchen [and] gronys to gyder»). Их усилия выражаются редупликативными бессмысленными слогами: «Вот так, так-сяк, рвем-рычим...» («Lus bus, las das, rowtyn be rowe»). Подобные звуки — обозначающие рев[еть] (rowt[ing]) — глагол, применяемый к голосам животных[3].

Полезно сравнить «Жалобу» — досаду и даже моральное возмущение поэта шумом кузнецов — с реакцией духовенства и мирян на другую производительницу шума, жившую приблизительно в то же время и в том же месте. В первые несколько десятилетий XV века плач и причитания Марджери Кемп вызывали похожий гнев по всей Восточной Англии и за ее пределами. Мистик, жена и паломница, Марджери была печально известна среди земляков и пилигримов-собратьев своими громкими проявлениями религиозной самоотверженности. В автобиографическом очерке мистических опытов Кемп вспоминает, когда ее впервые посетили плач и вопль. Во время паломничества на Голгофу ей было видение страстей Христовых:

> ...и было в ней столь великое сострадание и столь же великая боль при виде Его страстей, что она не была способна удержать себя от плача и вопля, хотя должна была за это

ругательным словом, но также относилось к людям с физическими или ментальными инвалидностями: карлику (dwarf) или простецу (simpleton). См. статью «congeon» в OED.

[3] В MED приводится восемь значений глагола *routen*, некоторые из которых прямо связаны с не-человеческой вокализацией. Здесь я опираюсь на значение *routen* (1), означающее «реветь» / «рычать», которое иногда используется составе фразы *routen and roren* и применяется при переводах латинского *mugire* (также «реветь» — или «мычать») в отношении быка или коровы. Также стоит отметить, что эта здесь строка из «Жалобы» используется в MED в качестве примера *routen* (4), «наносить удар, бить». Я не думаю, что эти два определения являются взаимоисключающими. Более того, поэт может использовать оба значения, а также другие, в поэтическом контексте. См. MED, «routen», (1) и (4).

> и умереть. И это был первый плач, произведенный ею в каком бы то ни было созерцании; и этот способ плача срабатывал многие годы после того времени, несмотря на все то, что могли сделать ей другие; за это терпела она много презрения и упреков. Плач ее был столь громок и поразителен, что люди приходили в изумление куда более, чем если бы слышали его прежде и даже прежде, чем узнали его причину[4].

Охваченная сочувствием к страданию Христа, Кемп взрывается «плачем и ревом» (krying & roryng). Как объясняется в отрывке, после первого опыта она неоднократно подвергается подобным приступам, что вызывает много «упреков» со стороны других людей, не понимающих ни причин, ни значения этих ее состояний.

Хотя приведенные здесь примеры кажутся довольно далекими друг от друга по своему контексту и жанру, — в первом случае мы имеем сатирическое описание определенной профессии, а во втором духовную автобиографию — здесь я хочу заострить внимание на их сходствах. Оба текста указывают на обеспокоенность шумом и бессвязной вокализацией, иллюстрируя осуждение последних как порочных, воплощенных форм самовыражения, ассоциированных с мирянами. Для поэта «Жалоб» такое мирское выражение не только ничего не сообщает, но и, более того, оно не-человечно. Как будет более подробно показано в главе 2, многие религиозные и литературные авторитеты, окружавшие Марджери Кемп, — как и многие ее соотечественники — считали ее плач и рев сбивчивыми выражениями женщины, которая слишком буквально относилась к телесному и материальному. Эти примеры — о кузнецах и Кемп — демон-

---

4 [Kempe 1940: 68]. & sche had so gret compassyon & so gret peyn to se owyr Lordys peyn þat sche myt not kepe hir-self fro krying & roryng þow sche xuld a be ded þerfor. And þis was þe fyrst cry þat euyr sche cryed in any contemplacyon. And þis maner of crying enduryd many ȝerys aftyr þis tyme for owt þat any man myt do, & þerfor sufferyd sche mych despite & mech reprefe. Þe cryeng was so lowed & so wondyrfyl þat it made þe pepyl astoynd les þan þei had herd it be-forn & er ellys þat þei knew þe cawse of þe crying.

стрируют различные способы, с помощью которых миряне позднесредневековой Англии, не обученные стандартным формам грамотности, самовыражались — и все эти способы были связаны с шумом и бессвязными звуками.

Обе работы подчеркивают презрение и ограничительный импульс, направленный на это мирское выражение; и однако же, как это ни парадоксально, также показывают, что средневековые мыслители осциллировали в этом производительном зазоре (slippage) между шумом и литературным творчеством, несмотря на беспокойство о когнитивных и социальных последствиях. Вопреки тому, что «Жалоба» направлена против шума, воспринимаемого поэтом в качестве разрушительного, бессмысленного и принадлежащего классу «скотских» (brutish) мирян, невозможно отрицать, что само стихотворение — в своем существовании и акустической новизне — зависит от этого шума. Его гипераллитерация не вписывается ни в какую известную поэтическую традицию Средневековья[5]. И несмотря на тревогу по поводу шума кузницы, поэт «Жалоб» наслаждается созданием собственного шума, повторяя бессмысленные слоги, которые лингвисты назвали бы редупликативным, или эхоическим, языком, до тех пор, пока те не растягиваются почти на всю ширину листа рукописи: «...tik tak hic hac tiket taket tyk tak lus bus las das, swych lyf þei ledyn» («...тик-так, хик-хак, тикет-такет, тык-так, лус-бус, лас-дас — вот так они живут»).

В конечном счете гипераллитерационное стихотворение «жалобщика», полное эхоических бессмысленных слогов, пародирует шум кузнецов и в то же самое время использует его как основу собственного творчества. Как я буду утверждать в главе 2, в книге Марджери Кемп ее грохочущий голос также берется за основу — но для собственного риторического орнамента и звуков, которые тот производит.

---

[5] См. [Salter 1979: 204]. На с. 203–206 Солтер обсуждает, что «Жалоба» сталкивает жанровые категории, полагая, что та имеет больше общего с «бурлескными стихотворениями и прозой XV века», а также с посвященной теме труда (особенно как части городской жизни) поэзией, подобной поэме о Петре Пахаре, чем с аллитерационной поэзией Западного Мидленда.

В самом общем смысле этого слова «Мир эха» настраивается на шум и голос, чтобы провести расследование, в каких исторических формах мы сталкиваемся с этим различием, и особенно — на неизвестных/малопонятных когнитивных или эмоциональных территориях. Рычание (rowt[ing]) кузнецов, «плач и вопль» (krying & roryng) Марджери Кемп, производство шума другими фигурами — все они показывают, что обозначение шума исторически маркировало инаковость и использовалось для маргинализации определенных способов бытия и знания. Бессвязные звуки и дефективные речевые практики — вой, ворчание, храп и многие другие — занимают важное место в книге. Но не менее важны способы, которыми в средневековых текстах описывается мирское использование языка в качестве шума: например, «щебечущее» звучание слухов, архитектурно воображенное Джеффри Чосером в виде вращающегося плетеного дома, или «звяканье» Батской ткачихи, которое я рассматриваю в главах 4 и 5 соответственно. На протяжении всей своей книги я думаю о шуме в его самом широком смысле — как о внесемантическом переживании и выражении звука. Это позволяет изучать не только восприятие средневековыми мыслителями того, что сегодня мы зовем шумом, — будь то позвякивание уздечки или раскаты грома, — но и их острый интерес к тому, как обозначенный звук, и в особенности язык, может *переживаться как шум* вне точных, конкретных значений.

Это погружение в звуковой опыт, не связанный с точными значениями, а также рикошет идей и ассоциаций, порождаемых этим опытом, и есть мир эха, который я подразумеваю[6]. Средневековые писатели были знакомы с Эхо как с фигурой классической мифологии (хотя в средневековых переработках Овидия уделяется больше внимания Нарциссу, чем Эхо). Они также знали об акустическом феномене, который носит ее имя. В среднеанглий-

---

[6] Фраза «Мир эха» — это оммаж экспериментальному альбому для виолончели (1986) Артура Рассела и аллюзия, целенаправленно сталкивающая средневековую и постсовременную (contemporary) эстетики таким образом, что подчеркивает различия между средневековым и модерным (modern).

ском языке слово «эхо» использовалось в трех взаимосвязанных смыслах: оно отсылало к отзвуку, который мы и сегодня называем эхом; оно также обозначало лесть как форму «пустой» речи или набора звуков без содержания, апеллирующую к чьему-то низменному личному удовольствию; наконец, «эхо» стало олицетворением обоих этих смыслов слова. Тем или иным образом, пусть и в разной степени, все эти употребления подчеркивают устойчивую ассоциацию эха с погружением в сенсорный опыт и с принципом повторения или отклика.

Среднеанглийский перевод «Полихроникона» Ранульфа Хигдена, выполненный Джоном Тревизой, предлагает яркий пример в пассаже, который реактуализирует метафорическое сравнение звука и ряби в «Доме славы» Чосера; и то и другое начинается с фразы: «Каждый круг порождает другой» («Every sercle causynge other») [Chaucer 2008: 357, строка 796][7]. Тревиза переводит описание Хигденом звукового ландшафта Аркадии, области в центральном Пелопоннесе: «...ȝif noyse of men oþer of trompes sowneþ in þe valley, þe stones answereþ euerech oþer, and diuerse ecco sowneþ. Ecco is þe reboundynge of noyse» («...если в долине раздается шум — человеческий или трубный, — и камни отвечают друг другу, и раздаются разнообразные эхо. Эхо есть отражение звука») [Higden 1865, 1: 189]. Фрагмент описывает одухотворяющий мир эха, представленный здесь как процесс звучания и его повтора. Шум инструментов заставляет звуки «отражаться» (reboundynge) от скал и, в свою очередь, «отвечать» (answer[ing]) друг другу. Среднеанглийские ассоциации эха с сенсорным опытом/откликом пробивают себе дорогу как в буквальном, так и в метафорическом смысле к другим возможным употреблениям слова, сопровождаемым как положительными, так и негативными коннотациями. В значении пустой лести отклик, связанный с эхом, ассоциировался с сужающимся повторением, как, например,

[7] Все последующие ссылки на работы Чосера будут цитироваться по тексту, приведенному в этом издании, с указанием номера строки, а при необходимости также и книги/фрагмента, если иной источник цитирования не указан.

в случае, когда Лидгейт[8] называет лесть «Placebo [т. е. “I will please”, “я буду угождать”], / ffor sche kan maken an Eccho, / Answere euere agayn the same» («…поскольку та способна вызвать Эхо / что вечно отвечает тем же самым») [de Deguileville 1899: 598].

В то же время в других случаях отзывчивость эха раскрывается более сложным образом, как, например, в поразительном примере чосеровского «Рассказа студента». История терпеливой Гризельды и ее мужа-тирана Уолтера в самом своем основании согласовывает намерение, слово и действие. Уолтер еще до свадьбы с Гризельдой требует от нее обещания подчиняться ему во всем, а затем дважды испытывает ее, требуя, чтобы она отдала их детей на смерть. Гризельда держит слово, даже когда это требует невыносимых жертв. На протяжении всего рассказа Студент снова и снова ставит под вопрос смысл драконовских испытаний от Уолтера, к примеру, отмечая следующее: «…yvele it sit / To assaye a wyf whan that it is no need, / And putten hire in angwyssh and in drede…» [Chaucer 2008: IV, строки 460–462] («Ах, не довольно ль он ее пытал? / Но таковы мужья: к жене смиренной / Они безжалостны обыкновенно» [Чосер 2007: 470]). В конце их истории — чтобы подчеркнуть добродетель Гризельды — Студент отмечает, что жены должны следовать ее примеру не в «смиреньи» (humylitee) [Chaucer 2008: IV, строка 1143], а в стойкости перед лицом невзгод (constan[ce] in adversitee [Chaucer 2008: IV, строка 1146]), и заканчивает обращением к «благородным женам», называя среди них Батскую ткачиху. В отрывке, обычно трактуемом как сатирическая антифеминистская песня, завершающая рассказ Студента, оратор (идентифицируемый попеременно то как Студент, то как сам Чосер) призывает жен: «…смелей / Свое отстаивайте положенье», добавляя: «Вам нимфа Эхо — образец: у ней / Всегда на все готово возраженье» [Чосер 2007: 488]. В этих строках ответ женщин показан как полый звук, лишенный содержания, и тем самым опровергаются предшествующие утвер-

---

[8] Джон Лидгейт (ок. 1370–1451) — английский поэт, переводчик, хронист и агиограф, монах-бенедиктинец, автор «Троянской книги», «Осады Фив», «Жизнеописаний св. Эдмунда и св. Фремунда» и др. — *Прим. пер.*

ждения Студента о том, что женам не следует подражать смирению Гризельды. В этих строках, несомненно, присутствует ирония. Тем не менее, с учетом похвалы Студента за соответствие намерения и слов его настойчивого порицания драконовских испытаний Уолтера, строки также наводят на мысль о грехе, подразумевая, что отзывчивость эха может внести коррективы в тираническое злоупотребление властью.

Эта книга использует присущие эху иммерсивность и отзывчивость в качестве концептуальных точек сборки для изучения того, каким образом внесемантический опыт — который в рассматриваемых мною текстах часто связан со слушанием — порождал формы мирского знания вне установленных структур власти. Подчеркивая именно эти свойства эха, я нахожусь под влиянием области звуковедения и особенно работы Вейта Эрлманна о «резонансе», где последнее понято как важнейший принцип производства знания в Европе XVIII века и за ее пределами [Erlmann 2010]. Эрлманн обращается, в частности, к тому, как ранние авторы описывают механизм резонанса: вибрирующие струны инструмента заставляют другие струны вибрировать в резонанс, когда их перебирают или играют на них. При этом он показывает, сколь тесно идея резонанса была связана с ассоциациями и сочувствием, а значит, — фундаментальным образом — с чувствами; как ощущениями, так и эмоциями. В конечном счете, как показывает Эрлманн, слух играет решающую роль в производстве знаний, делая Просвещение (Enlightenment) также и «Просонией» (Ensoniment). В целом ряде научных, философских и литературных произведений XVIII века сенсорное восприятие работает вместе со способностями разума, опровергая дуалистический нарратив о научном прогрессе, который позиционируется как сдвиг от чувств к разуму и который столь часто связывается с Просвещением. Здесь я заимствую акценты Эрлманна на ассоциативных и симпатических свойствах звука и применяю их к самому языку, задавая вопрос о том, каким образом средневековые мыслители использовали звучание слов (и их резонансы), опираясь на чувство языка, чтобы достичь формы знания за его, языка, пределами.

К словарю шума

Учитывая мой обобщенный подход к предмету шума, стоит кратко остановиться на истории слова и связанного с ним словаря. Первое засвидетельствованное употребление в английском языке слова *noise* (шум) встречается в «Ancrene Wisse», наставлении для отшельниц, датируемом началом XIII века. Обсуждая помощников врага рода человеческого (feont), составляющих свиту Дьявола, автор пишет: «...þe prude beođ his bemeres. Drahed wind inward [of] worltlich hereword, ant eft wiđ idel ȝelp puffeđ hit utward as þe bemeres dođ. Makieđ noise ant lud dream to schawin hare orhel» («Гордые — как трубачи. Втягивают в себя ветра мирской хвалы, а после с пустым хвастовством выдыхают его, как делают трубачи. Шумят и громят, чтоб гордыню свою показать») [Millett 2005–2006, 1: 81]. Этот красочный фрагмент о гордости, противостоящей «медным трубам» славы и клеветы в «Доме славы» Чосера, в основе своей также связан с некорректными способами слушания и понимания речи. Сама гордость трубача слышит и втягивает в себя фразы, — слова пусты, не значимее ветра, — а затем вновь выдыхает их обратно приятными, но столь же пустыми звуками, которые здесь впервые именуются шумом (*noise*). Связывая познание и выражение горделивой речи с вдыханием не духа, но ветра, автор указывает на бессодержательную природу понимания и на его обоснованность в материальном мире, а не в более существенном царстве духа. Примечательно, что маргинальная глосса, вводящая в раздел, содержащий этот фрагмент, в одной из рукописей гласит: «her beginneđ þe feorđe dale al of temptaciuns fleschliche & gastliche vttere & inre» («здесь начинается четвертая часть — об искушениях плотских и духовных, внешних и внутренних») [Dobson 1972: 135][9]. Как мы будем наблюдать на протяжении всей этой книги, но особенно в первых двух ее главах, различение между «внешними» и «внутренними» ощущениями было критическим для теологических теорий познания, в частности — теорий сенсорного

[9] См. также: London, British Library, MS Cotton Cleopatra C VI, fol. 74r.

восприятия. Подразумеваемая эквивалентность между *noise* и *drem*, среднеанглийским словом, — обозначающим как «грохот» (din), так и «веселье», «наслаждение» или «удовольствие», — относит шум к царству опасных телесных ощущений, подразумевая несовершенное или заблудившееся выражение познания[10].

Понятие (и звуки) шума искрятся широчайшим разнообразием слов, многие из которых можно отнести к тому, что современные лингвисты называют «эхоическим языком» (а также ономатопеей). Эти слова или фразы имитируют или повторяют звук, например *bumble* или *buzz* (жужжать), либо редуплицируют звуки в двух разных парных словах (бессмысленных слогах), которые объединяются в новые лексемы, например *chitchat* (тары-бары) или *knickknack* (безделушка). Подобные слова образуются благодаря тому, что лингвисты называют «экспрессивной» морфологией (в противовес морфологии «грамматической»). Они создаются и используются для игрового и эстетического эффектов, а иногда сигнализируют об эмоциональной близости или любви (например, в детском лепете: *kissy-kissy* (чмоки-чмоки) или *tootsy-wootsy* (ножки-ноженьки), иногда — о презрении, например *fancy schmancy* (штучки-дрючки), *hoity-toity* (фу-ты ну-ты), — это все подчиняется всеобщему принципу непринужденности[11].

Эта подчеркнутая непринужденность говорит о важном семантическом элементе эхоического языка. Редупликативы, отмечает Элиза Матиелло, «...склонны демонстрировать неопределенность, поскольку их значения часто связаны с туманными понятиями, а именно с нерешительностью, путаницей, беспечностью, беспорядком, глупостью и пр.» [Matiello 2013: 142–143]. Исторически эхоический язык зачастую обозначает беспорядок или хаос (*hodgepodge* — «всякая всячина», *higgledy-piggledy* — «тяп-ляп», *willy-nilly* — «волей-неволей»), дикость и нецивилизованность (*barbarian* — «варварский», *hubbub* — «шурум-бурум») или пустую искусственность (*artsy-fartsy* — «культура-мультура», *knickknack* — «безделушка»). Эти семантические ассоциации

---

[10] См. MED, статья «drem», значение 1.

[11] Больше о редупликативах как языке эха см. в [Matiello 2013: 141–168].

обнаруживаются и в раннем употреблении. Как мы видели в «Жалобе на кузнецов», повторение бессмысленных слогов, таких как *tik-tak hic-hac* («тик-так, хик-хак»), соответствует акцентуации на варварской неразумности кузнецов — отсутствии продуманности в их действиях, об их физической и моральной скверне, наконец, на голосах кузнецов, звучащих «не к месту»[12]. Выражение *bibble-babble* («бла-бла-бла») часто использовалось в XVI веке для обозначения праздной болтовни, считающейся пустой и бесполезной[13].

Древние языки, включая латынь, оказавшие влияние на средневековых ученых, изобиловали эхо-словом. Действительно, и в греческом, и в латинском, и в арабском языках не было зонтичного термина для обозначения шума — вместо него использовались слова, обозначающие конкретные виды шумов[14]. Очень часто эти слова были эхоическими: например, в латыни *murmur* обозначало урчание, а *mugitus* — мычание или рев любого животного. Как будет подчеркнуто в главах 1 и 3, такие латинские слова часто использовались для различения артикулированной речи и неартикулированного шума. Соотнесенные друг с другом, музыка и грамматика были укоренены в средневековых теориях *vox* и оперировали эхоическими шумами, подобно *mugitus* и другим, для обозначения *vox confusa*[15]. Хотя грамматики того времени спорили о том, в какой степени такой голос может иметь значение, зачастую они считали *vox confusa* голосом без намерения или попросту неразумным, т. е. голосом, считываемым исключитель-

---

12 Обозначая noise как нечто «звучащее не к месту», я следую популярной формулировке антрополога Мэри Дуглас, назвавшей грязь «вещью не на месте» [Дуглас 2000: 23].

13 См. OED, статья «bibble-babble».

14 Подробности обсуждения см. у [Burnett 2004: 70].

15 Более подробно о средневековых теориях *vox*, а также о дисциплинарных пересечениях грамматики и музыки, использовавших *vox* в качестве исходного материала, см. [Leach 2006] и [Irvine 1994]. Неоценимую, детально аннотированную научную редакцию первоисточников в области средневековой грамматики см. в [Copeland, Sluiter 2009]. Полезный сборник по теории и истории музыки — см. [Strunk 1950].

но в качестве звука. Исторически язык эха возник для тривиализации привычек, вкуса и культуры тех персон и существ, чьи когнитивные и эмоциональные способности находятся за пределами стандартов рациональной субъективности[16].

Эхо и одушевленность

В этом критическом исследовании иерархий авторитетов и ценностей, связанных с шумом, я в значительной степени опираюсь на постгуманистические исследования, стремящиеся децентрировать фокус зрения, сосредоточенный на рациональном разуме, понятом в качестве очага сознания. Открывающие книгу примеры показывают, что, ассоциируя мирское самовыражение с шумом и бессвязностью поврежденной речи, средневековые мыслители обычно приписывали мирским ораторам более низкий порядок бытия, чем традиционно грамотному мужскому клерикальному авторитету. Действительно, как будет более подробно описано в главах 3 и 4, средневековые теории голоса были в значительной степени ориентированы на то, что современные лингвисты и культурные критики называют «иерархией одушевленности» в языке: способом упорядочивания природного и сотворенного миров, основывающимся на степенях оживленности. Согласно этой теории, объект или сущее необязательно должны быть живыми, чтобы быть одушевленными. Но они должны обладать качествами, ассоциирующимися с состоянием живого или же присущими последнему атрибутами: чувствованием, движением, осознанностью или интенциональностью, — то есть качествами, приписываемыми живому лингвистически. Фраза «the hikers that rocks crush» («туристы, сокрушающие скалы» / «скалы, сокрушающие туристов») — часто цитируемый пример в лингвистических теориях одушевленности. Делая

---

16 Эхолалия — которая, судя по всему, является разновидностью эхоического языка, — до сих пор рассматривается в качестве патологии, свойственной детям с нестандартным когнитивным развитием вроде аутичности. См., например, [Shield et al. 2017].

«скалы» управляющим и глаголом «сокрушать», фраза показывает, как объекты, обыкновенно воспринимаемые в качестве неодушевленных, насыщаются агентностью и одушевленностью[17]. Лингвистка и критик культуры Мэл Чень плодотворно исследовала политические и социальные импликации одушевленности, показав, как эта последняя участвует в «политической грамматике... концептуально упорядочивая человеческую жизнь, жизнь людей с инвалидностью, жизнь животных, жизнь растений и формы неживой материи в порядке ценности и приоритета» [Chen 2012: 13]. Эта книга, в частности, предполагает такое же стремление, но в более протяженной перспективе: показать, как голос исторически упорядочивался по степени артикуляции, которая, в свою очередь, была связана с иерархией интеллекта и одушевленности.

Мы сможем увидеть, как подобная иерархия могла действовать в Средние века, если рассмотрим, как средневековые церковные авторитеты характеризовали речь мирян: в целом — как шум, в особенности если речь шла о голосах народного мнения или несогласия. В, возможно, самом читаемом и обсуждаемом примере — описании другом Чосера Джоном Гауэром восстания 1381 года — крики бунтующих крестьян (среди других источников шума) сравнивались с «ревом моря» (maris... sonitus), с «воплями чудовищ» (monstrorum vocibus altis) и со звуками, издаваемыми животными: мычанием (mugitus), хрюканьем (grunnitus) и лаем (latratus) [Gower 2011][18]. В «Троиле и Крессиде» Чосера толпа народа собирается, чтобы потребовать от греков возвращения взятого в плен Антенора в обмен на Крессиду. Троянский принц Гектор «сдержанно» защищает Крессиду, однако «the noyse of peple up stirte thane at ones, / As breme as blase of strawe iset on-fire» («и шум людской поднялся в тот же миг, / Столь яростно, как пламя жжет солому») [Chaucer 2008: IV, строки 176–184].

---

17 Обсуждение данного выражения в контексте «иерархии одушевленности» см. в [Chen 2012: 2–3].

18 См. «maris... sonitus» (строка 722); «monstrorum vocibus altis» (строка 797); «mugitus» (строка 800); «grunnitus» (строка 801); «latratus» (строка 805).

Публичный протест сопоставляется с аргументированной защитой Гектором Крессиды. Подобно тому, как мятежные крестьяне сравниваются с ревом моря, здесь народный шум уподобляется пожару в лесу, сигнализируя о беспорядке и их бесконтрольной ярости.

Соотнести голоса мирян с шумом уже означает войти в область ценностных суждений. Это отказ от тех форм понимания и грамотности, которые основываются на внимании — в той же или даже куда большей степени, чем в случае идей, передаваемых текстуально — к материальному миру. Священник из «Кентерберийских рассказов» Чосера укрепляет религиозные «стандарты» артикулированного голоса, осуждая любые формы предсказаний, включая гадание по звукам животных и звукам предметов. Он спрашивает: «What seye we of hem that bileeuen on dyuynailes as by flight or by noyse of briddes or of beestes, or by sort, by nigromancie, by dremes, by chirkynge of dores or crakkyng of houses, by gnawing of rattes, and swich manere wrecchednesse?» [Chaucer 2008: X, отрывок 605] («Что же скажем о тех, кто верит в гадания по полету ли, крику ли птиц и зверей, по жребию ли, с помощью некромантии или снов, по скрипу дверей ли или по треску в доме, по грызению крыс и в прочие глупости суеверий?» [Чосер 2007: 672–673])[19]. Аналогичным образом идея подобного шума использовалась при описании иностранных языков, чтобы подчеркнуть инаковость их носителей. В переводе «Полихроникона» Ранульфа Хигдена Джоном Тревизским обитатели Эфиопии описываются так: «Some diggeþ caues and dennes, and woneth vnder erþe and makiþ hir noyse wiþ grisbaytynge and chirkynge of teeþ more than wiþ voys of þe þrote» («Иные роют пещеры и норы, обитают под землей и производят шум — скорее скрежетом и щелканьем

[19] Но не все описания звуков, издаваемых животными, отрицали их способность к коммуникации. Так, в конце XIV века в своем переводе на среднеанглийский язык энциклопедии XIII века Бартоломеуса Англикуса «De proprietatibus rerum» Джон Тревизский описывает гулкий зов слона, отмечая, что «by his noyse and cryinge comeþ sodeynliche many ȝonge elephants» («его шум и вопль привлекают множество молодых слонов») [Bartholomaeus 1975–1988, 2: 1196].

зубов, чем голосом из гортани») [Higden 1865, 1: 159]. Хотя в этом фрагменте описываются люди, обитающие в Эфиопии, подземные жилища и громкий зубовный скрежет характеризуют их как животных — и увеличивают дистанцию, отделяющую их от грамотности и англоязычных стандартов поведения и речи.

Опыт, эстетика и «бормотание» поэзии

Можно уверенно сказать, что подобные характеристики человеческой речи как шума свидетельствуют о стремлении подавить голоса несогласных и укрепить стандарт грамотной артикуляции по отношению к тем, кто не имеет доступа к этому стандарту. Для многих из клерикальной элиты тело, переживающее язык как шум, шум, в свою очередь, производит. В то же время в этой книге утверждается, что [способ] выражения, охарактеризованный как неартикулированный, невнятный шум, связан с мирскими формами знания и грамотности, к которым авторы позднего английского Средневековья были весьма серьезно настроены, иногда даже принимая их. Ричард Ролл, Марджери Кемп, Уильям Ленгленд, наконец, сам Чосер — все они обращались к мирским дискурсивным модусам выражения: крику, плачу, лепету, сплетне и прочему, — чтобы исследовать форму эмпирической мирской грамотности, столь же чутко настроенную на сенсорную и аффективную силу языка, сколько и на его семантическое содержание. Эта же грамотность создавала поле для производства знания, основанного на резонансе: в семантической игре возможных значений и ассоциаций.

Таким образом, «Мир эха» шум связывает шум с идеей опыта как способа познания в позднесредневековой Англии. Опыт, особенно в том, что касается его литературной формы, в настоящее время оживляет медиевистику. До сих пор я подчеркивала, что средневековые мыслители понимали шум в качестве формы внесемантической перцепции и/или выражения звука. Учитывая этот аргумент, мой подход к предмету шума с точки зрения литературной формы может показаться контринтуитивным. Тем не менее, поскольку поэзия одного была шумом для другого (и vice versa), кажется возможным обсудить то, каким образом формальные элементы производят переживание языка в качестве шума. Вопросы эстетики, как напоминает Элеанор Джонсон, фундаментально связаны с историей чувств. Джонсон помогает определить «эстетическое» в его этимологическом смысле как «то, что воспринимается чувствами и, если брать шире... литературные средства, топосы, тропы и стили, с помощью которых произведение задействует чувства читателя» [Johnson 2013: 3][20]. Так, в частности, в главе 4 я обращаю внимание на то, как Чосер использует заклинательные каденции восьмисложного стиха — стихотворной формы, ассоциирующейся с ораторским искусством и французской вернакулярной литературой. Тем самым Чосер вовлекается в более широкую дискуссию о мирской грамотности как об иммерсивном опыте языка.

Среди ученых, которые отмечают, что литературные формы в большей или меньшей степени способствуют восприятию языка как шума, я вовсе не первая. Еще в 1957 году Нортроп Фрай известным образом отослал к «бормотанию» (babble) и «каракуле» (doodle) лирику — жанр, знаменитый тем, что он способствует поэтическому мышлению, и основанный на ассоциативном и в значительной степени предсознательном (или «подсознательном», как вслед за Фрейдом утверждает Фрай) познании (cognition). Фрай расчерчивает географию лирики, размещая на одной границе музыку, на другой — образы, а в центре — «кантилляцию» (cantillation), делая акцент на материи слов, а не на их значении. У Фрая «лепет» — это радикальная, экстремальная форма лирического мелоса, музыкальных качеств лирики. По Фраю, «лепет» действует так же, как действуют чары: как «гипнотическое заклинание, которое, благодаря своему пульсирующему танцевальному ритму, пробуждает непроизвольную физическую реакцию» [Frye 1957: 276–278, цит. 278]. Как будет показано главе 1, отшельник

---

20 Хотя само слово «эстетика» (заимствованное из немецкого лексического поля) появилось в английском языке только в XVIII веке, его этимология в конечном счете восходит к древнегреческому слову, означающему «относящийся к сенсорному восприятию». См. OED, статья «aesthetic».

и мистик середины XIV века Ричард Ролл живо интересовался мелосом и родственными ему терминами, обозначающими песню, но вместо лепета связывал их с *tinnitum* — «звоном». Хотя «лепет» и «звон» кажутся совершенно разными видами звуков, я утверждаю, что оба термина подразумевают внесемантический опыт языка вне зависимости от различий контекстов, целей и жанров. Действительно, средневековые мыслители были прекрасно осведомлены о модусах фрайевского «лепета» и о том, что вернакулярные авторы конца XIV и XV веков принимали этот лепет в качестве формы мирской грамотности, основанной на соматических и аффективных привязанностях.

В качестве поэтической формы, ассоциирующейся с заклинанием и чарами, поэзия предлагает себя для изучения, собственно, того, каким образом поэзия вообще и поэтический язык в целом могут быть пережиты подобно шуму. Эта книга показывает, что обитель телесного языкового опыта, пролегающего за границами точных обозначений и четкого понимания, может предложить выход из концептуальных и социальных иерархий, структурирующих рациональное мышление и семантически ориентированную коммуникацию. Выражать и переживать язык как шум — т. е. висцерально и эмоционально — все еще значит коммуницировать. Действительно, внесемантические аспекты языка порой могут обеспечивать коммуникацию более богатую и глубокую, чем семантические выражения, поскольку они работают через такой опыт.

Исследуя, как литературный язык способствует различным формам опыта, полезно обратиться к идее исполнения (performance) и практики. Как отмечает Ингрид Нельсон, говорить о «лирике» в Средние века — значит применять современный (modern) жанр к литературной культуре и тем ее творениям, которые этого о себе не знали [Nelson 2017][21]. Чтобы решить эту

---

[21] В [Ibid.: 18–26] обсуждается словоупотребление термина «лирика» в медиевистике, связанные с ним понятия на латыни и на языках средневековой Европы, а также историографические трудности применения данного термина к средневековой литературе.

проблему, Нельсон отождествляет средневековую лирику с практикой в противовес форме, показывая, как разнообразные поэтические и лингвистические структуры способствовали тактикам взаимодействия среди мирян, которые необязательно подчинялись санкционированным структурам власти или модусам чтения. Этот акцент на практике как элементе переживания поэтической формы стал важным звеном в недавних попытках объединить исследование литературной формы и исторически/контекстуально чувствительное чтение, что позволяет относиться к литературе и — уже — к поэтике куда более социально ангажированным образом[22]. Одна из приоритетных задач книги — продолжение этой работы. Здесь я подсвечиваю скрытую историю культурных тревог и социальных иерархий, сплетающихся вокруг телесных и аффективных эпистемологий эстетического опыта. Далее я очерчиваю ситуацию, в которой понятие «шум» охватывает все мирские опыты использования языка, демонстрирующие сопротивление авторитетным эпистемологиям.

При этом критически важно отметить и подвергнуть анализу то, каким образом семантический и соматический аспекты языка исторически считались обособленными, где семантическое — это привилегированный элемент, который обязан удерживать остальные. Когда Августин опасается, что литургическая аудитория, обязанная подчинить свой слух разуму во время испол-

---

[22] Полезный обзор истории формализма, включая обсуждение конфликта между формалистским и историческим подходами к прочтению текстов, см. в книге П. Джонсон «Практика применения медиевистской литературной теории» [Johnson 2013: 12–15]. Как ясно из названия, Джонсон, как и Нельсон, видит в практике ключ к получению экспериментального знания через интерпретацию литературных текстов. В книге Ситы Чаганти, посвященной танцу [Chaganti 2018], также обсуждается важность понимания литературной формы через связь с телесным опытом и рассказывается, как искусство танца в Средние века отвечало на запросы, создаваемые новыми поэтическими формами, с одной стороны, а с другой — само создавало такие формы. Из исследователей, которых нельзя отнести к медиевистам, Джонатан Каллер уделял особое внимание ритму и звуковым последовательностям как «ритуальным» аспектам лирики, что созвучно интересу медиевистов к практике исполнения поэтических произведений [Culler 2015: 8].

нения псалмов и сосредоточиться на словах вместо песни, не способна к этому, его реакция похожа на известный совет Александра Поупа писателям в «Опыте о критике»: «The sound must seem an echo to the sense» [Pope 1908: 72] («Звук должен быть п смыслу строк» [Поуп 1988: 75]). Между 1906 и 1911 годами лингвист Фердинанд де Соссюр показывает взаимозависимость семантических и соматических элементов в своем влиятельном «Курсе общей лингвистики» [Saussure 2011; де Соссюр 1999]. Следы такого иерархического и бинарного мышления сохраняются до сих пор. Как свидетельствует работа Джонатана Каллера о лирике, устойчивый фокус на метре в изучении просодии демонстрируется только в том случае, если тот прямо влияет на смысл стихотворения. Каллер предлагает важную поправку, стремясь усилить телесный опыт поэзии — тот, который производится через ритм, повторы, звуковой рисунок, — ради него самого, ради «независимых элементов, не нуждающихся в подчинении значению и *чья значимость может даже заключаться в сопротивлении семантической рекуперации*» [Culler 2015: 8] (курсив мой). Обращение Каллера к «значимости» (significance) красноречиво: это жест к мириадам способов, которыми язык завладевает значением (meaning), выходящим за границы семантического содержания слова. В «Мире эха» очерчивается эта история чтения в поисках «значимости» в противовес сигнификации и содержательной полноты (meaningfulness) — в противовес значению.

Связывая внесемантический элемент чтения с шумом, — а средневековые тексты приглашают нас к этому, — я усложняю школьные трактовки литературной формы, связывающие эту последнюю с гармонией, структурой и порядком. Как подчеркивает Сита Чаганти в своей работе об эмпирических эпистемологиях, порожденных взаимодействием средневекового танца и поэтической формы, «поэзия производит не одну только гармонию, но аритмию, дезориентацию и чуждость» [Chaganti 2018: 3]. Считывая такую странную значимость, мы должны обратиться, хотя бы частично, к приятному сенсорному опыту языка. Именно в этом акценте на удовольствии — и в особенности на удовольствии, получаемом вне санкционированных структур мышления и производства знания, — эта книга пересекается с работами о гендере и исследованиями сексуальности. Кэролин Диншоу описывает этот странный (*queer*) исторический импульс «проживанием-с» текста — позволению эмоциональным и эротическим привязанностям к историческим и литературным фигурам формировать индивидуальную и социальную идентичности динамически и кооперативно, а не ригидно иерархически [Dinshaw 1999]. «Мир эха» частично историзирует этот импульс, показывая, сколь часто такое воплощенное вовлечение и выражение конфигурируется в качестве «феминного» — категории, базирующейся в основном на обозначении не-мужчины или, в более широком смысле, нестандартности. Логика «а» versus «не-а» интуитивно ведет в квир-область в ее предполагаемом этимологическом смысле, восходящем к немецкому *quer* (в значении «пересеченный, переходный, крестообразный»)[23]. Тела, практики и литературы, не соответствовавшие конвенциональным стандартам интеллектуального авторитета, принятым в основном среди мужчин, были отклонением, разворотом от оригинала или стандарта. В этой книге рассматривается властная игра вокруг языка и литературы, возникшая внутри церковной культуры, которая в основном создавалась и обслуживалась мужчинами и которая зачастую рассматривала обучение как дидактическую передачу информации, утилитарный обмен, внутри которого авторитетный оратор передает своей аудитории отдельные знания. И тем не менее наряду с такой педагогической и коммуникативной моделью возникает структура чувств, сопротивляющаяся такому насильственному навязыванию власти от одного к другому[24]. Хотя я не решаюсь обозначить это событие как «программное» или назвать авторов этой структуры «движением», — эти термины слишком систематичны, чтобы быть

---

[23] См. OED, статья «queer» — прилагательное, значение 1.

[24] Во второй главе я остановлюсь более подробно на различиях между формами опыта и выражения, следуя за такими феминистскими теоретиками, как Элен Сиксу. Далее цит. по: [Сиксу 2019].

точными, — и все-таки эта книга развивает настойчивое стремление к подъему мирских эпистемологий в качестве альтернативных форм выражения. Эти эпистемологии выдвигают на первый план эмоции и ощущения, сопротивляясь логике авторитетных лингвистических и литературных форм.

Шум, игра звуков и семантическое изобилие

Своим вниманием к материальному отношению к языку я обязана работам феминистских поструктуралисток — например, Элен Сиксу, подчеркивающей, что игровые и материальные подходы могут обойти иерархическую динамику власти, встроенную в сам язык. В своем эссе «Хохот Медузы» Сиксу критикует психоаналитическую логику полового различия, артикулированную Зигмундом Фрейдом и затем расширенную Жаком Лаканом и др. Для Сиксу теории Фрейда и Лакана настойчиво определяют женщин и феминность вообще в терминах нехватки. Сиксу же показывает, как эта исключающая логика задействуется в названном ей «фаллогоцентричном» языке, — языке господства, который стирает различие, предполагая превосходство только одной перспективы. Этот фаллогоцентричный язык манифестирует себя не только социально или инперсонально; он манифестирует себя семиотически — как язык, подсвечивающий означаемое в противовес означающему, догматическую передачу сингулярного значения в пику семантической игре.

Для борьбы с господством, ассоциированным Сиксу с фаллогоцентричным языком, она призывает к иному отношению к языку:

> И если прежде женщина действовала «изнутри» мужского дискурса, означающее, которое всегда обращалось к противоположному означающему, аннигилирующему его специфическую энергию или заглушающему неведомые ему звуки, пришло время отринуть это «изнутри», взорвать его, перевернуть и захватить в свое распоряжение. Обладать им, вложить в собственную речь, закусить язык собственными зубами, создать свое слово и вырваться наружу [Сиксу 2019: 887].

По Сиксу, иерархическая логика полового различия пронизывает весь язык и управляет социальными отношениями, существующими благодаря самому же языку. Подобно тому, как понятие «женщины» существует для определения понятия «мужчины», фаллоцентричный дискурс устанавливает себя в качестве стандарта по отношению к другим формам дискурса «совершенно иных звуков». Как станет ясно из сиксуанского словаря жевательных мышц, решение состоит в том, чтобы вырезать или «выкусить» новое отношение к языку, которое эмфатически размещается в теле. Когда мы читаем «язык» (tongue) в метонимическом смысле — как язык (language) или средство коммуникации, ее описание «закусанного... собственными зубами языка» заставляет пересмотреть отношения с языком (language), являющиеся телесными и материальными. В то же время, если прочитывать «язык» (tongue) буквально как орган артикуляции, фрагмент охватывает невнятица: прокушенный язык способен лишь на частичное высказывание. Однако Сиксу не рассматривает такое выражение как инвалидизацию, но вместо этого подчеркивает возможности для эмпауэрмента.

Весь эмансипаторный потенциал «женского письма» (*écriture féminine*) Сиксу коренится в логике полноты и всеохватности в противовес логике нехватки, и в этом качестве оно не предназначено только для женщин. Сиксу подчеркивает, что ее цель не состоит в том, чтобы заменить маскулинное превосходство феминным контролем, но принять оба:

> Но мне нужен «другой» как «другой», весь целиком, мужчина или женщина; потому что жить — значит хотеть всего, то есть всего, что живет, и хотеть его живым. Кастрация? Пусть другие играют с ней. Что есть желание, вызванное отсутствием, недостатком чего-то? Весьма скудное желание [Сиксу 2019: 891].

«Женское письмо» Сиксу представляет собой форму выражения, наслаждающуюся текстурами и звуками языка, изобилием его значений, порождаемых опытом. Действительно, ее собственное письмо в этом эссе работает на воплощение «совершенно иных звуков» женского письма при помощи неологизмов и омофонической игры слов. Она часто создает каламбуры, например с глаголом *voler* — «летать» и «красть»:

> Полет — это женское движение: летать в языке и заставить язык летать. Мы все научились искусству полета и его многочисленным техникам; мы жили в полете, убегая, находя, когда нужно, узкие тропки, скрытые перекрестки. Неслучайно у слова *voler* два значения и оба играют здесь свою роль, опрокидывая аргументы сторонников рассудочности [Сиксу 2019: 887].

Писать *écriture féminine* значит разрушать традицию, наделяющую привилегией «смысл» и прямую передачу значения. Своей игрой звуков и значений каламбуры дестабилизируют эту сингулярную, прозрачную коммуникацию, наслаждаясь звуками языка; так каламбуры осуществляют то, что Сиксу называет «чудом ощущаемой множественности»: отношение к языку и к его носителям, основанное на принятии полноты, а не изысканий нехватки [Сиксу 2019: 889][25].

---

25 Вскоре после того, как эссе Сиксу «Хохот Медузы» было переведено на английский язык, Ролан Барт высказал сходные идеи о языке и его власти в лекции о молчании, прочитанной в рамках курса «Нулевой уровень» (Le neutre) в Коллеж-де-Франс в 1977–1978 годах. Барт считает молчание одним из 23 воплощений — которые он называет «фигурами» или «мерцаниями» — «нулевого уровня». В этой лекции Барт отмечает, что «осуществление речи связано с проблемой власти: это тема права на речь [Barthes 2005: 22]. Молчание отвечает на эту динамику; оно выступает как «тактика, позволяющая переиграть (déjouer) угнетения, унижения и опасности говорения». [Barthes 2005: 23]. Здесь, как и во всех лекциях о «нулевом», Барт использует понятие «переигрывания» для обозначения процесса, с помощью которого его фигуры нулевого уровня обходят бинарные оппозиции и властные динамики, им присущие. Молчание для Барта — не отсутствие значения, но отсутствие прямой и прозрачной коммуникации. Далее Барт предполагает, что язык может функционировать как форма молчания. Он отмечает: «В конце концов, мы могли бы сказать, что "болтовня" (bavardage), будучи дискурсом чистой случайности (contingency), является формой молчания в том смысле, что переигрывает слова (это следует говорить осторожно, поскольку болтуны — скучные люди)» [Barthes 2005: 26]. Как

Аргумент Сиксу (хотя прямо она этого не признаёт) отвечает на давнее подозрение литературных критиков к каламбурам. Так, согласно влиятельному ученому, раннему стороннику «новой критики» Уильяму Эмпсону, каламбуры поддерживают определенные способы чтения/мышления, согласно которым словам «дозволено эхоировать в разуме» [Empson 1966: 63]. Отчасти столь продолжительное внимание Эмпсона к каламбурам напоминает августиновской интерес к вопросу удовольствия от литургических песнопений, который я подробно рассматриваю в главе 1. Как и Августин, Эмпсон с трудом примиряется с тем очевидным удовольствием, которое он получает от ускользающих звуков языка. Однако, в отличие от Августина, в конечном счете Эмпсон отвергает последние, ассоциируя эти основанные на омофонной игре слов стратегии письма и чтения с иррациональной феминностью. Он сетует на склонность Уильяма Шекспира к игре слов (в значительной степени заимствованную, как полагает Эмпсон, у Чосера) как на «не респектабельную», утверждая, что каламбуры «показывают нехватку решительности и силы воли, женское удовольствие отдаваться магическому магнетизму языка, добиваться своего — если вовсе добиваться — обманом и лестью, поскольку поэт столь ужасающе подвержен каламбуру» [Empson 1966: 87][26]. Аргументация Сиксу в «Хохоте Медузы» бросает вызов этой необыкновенно устойчивой позиции, прослеживающейся в работах таких критиков, как Эмпсон, согласно которой удовольствие есть ложь, область обмана.

В своем акценте на поиске истины в удовольствии аргументы Сиксу перекликаются с работой Эми Холивуд, призывающей

форма «пустого» языка, болтовня сводится к одному лишь звуку, разделяя с молчанием не отсутствие последнего, а способ обойти догматизм, который, согласно Барту, свойственен речи. Молчание и болтовня «переигрывают» догматическую речь множественностью возможных значений. Сопоставляя молчание с болтовней, Барт указывает на концептуальную близость шума и молчания как внесемантических звуковых опытов, умножающих значения на латентном уровне.

[26] Крайне амбивалентная дискуссия о каламбурах занимает практически всю главу, особенно см. с. 63–88.

найти в научной критике место для невыразимой радости как оспаривающей критический акцент на невысказанной травме, понятой как локус реального и истинного. Холивуд спрашивает: «А что, если неартикулируемость радости также обозначает нечто реальное? Может, она способна предложить новые способы мыслить движение от реального к истинному во всем многообразии форм, в которых истина может проявлять себя?» [Hollywood 2016: 47][27]. Чтобы проиллюстрировать значимость этой мистической радости, Холивуд обращается к фрагменту из жизнеописания мистика XII века Кристины Мирабилис, где говорится, что «изображаемые Кристиной звуки исходят из ее тела так, что укореняются в буйстве и порядке самой песни, хотя ею не ограничиваются» [Hollywood 2016: 60]. В «Мире эха» я прямо указываю на то, что знание невыразимого связано не с одними только травмой и болью, но также с удовольствием. *Clamor* Ричарда Ролла и Марджери Кемп, основанные на понятиях духовного *iocunditas*[28] (для Ролла) и веселья и «славной игры» (для Кемп), принадлежат к той же интеллектуальной и эмпирической традиции, что и песнь Кристины; так же как и язык «болтанки» Уильяма Ленгленда, как скрип и свист «Дома слухов» Чосера и избыточное звяканье Батской ткачихи.

Именно эта ориентация Сиксу на полноту и всеобщность побуждает меня прочитывать ее призыв к *écriture féminine* как призыв не к «женскому», но к «феминному письму». Как будет показано в книге, это различение зависит не от биологического пола, а от стиля или ориентации на язык, которые не отдают предпочтения понятию вместо чувств и могут не соответствовать стандарту литературной экспрессии. В этой книге показано, сколь остро средневековые мыслители осознавали дисбаланс власти, прежде всего между клириками и мирянами, усиливающийся

---

[27] Интересное исследование влияния средневековой концепции «невыразимого» на современную теорию литературы см. в книге [Blud 2017].

[28] Иокундитас — поселение в Галлии, где во времена Римской империи отдыхали солдаты Второго легиона, в переносном значении — удовольствие, наслаждение. — *Прим. пер.*

из-за догматической ориентации на смысл. Такие отношения власти часто понимались в терминах гендерированного чтения. Как будет показано, в частности, в главе 5, чтение или слушание скорее звуков, чем доктринальных смыслов, объявлялось женским занятием вне зависимости от того, женщины ли это делали. Приводя этот аргумент, я надеюсь показать, что медиевисты могут и должны расширить дискурс о «женском письме» для изучения того, какими конкретными историческими способами соматическое взаимодействие с языком укоренялось в терминах женственности, будучи применимым к непрофессиональным слушателям, ораторам и писателям. Я также покажу, что эти последние — из мирян — принимали такие нестандартные отношения с языком как тонкий способ сопротивления иерархической динамике власти, навязанной через язык[29].

Многие средневековые авторы, даже из мирян, рассматриваемых в этой книге, унаследовали давнюю тревогу по поводу звуков языка и чувства последнего, поскольку те могут усиливать его значения и тем самым приводить к неясности. И тем не менее в фундаментальном смысле такие авторы, как Ролл, Кем, Ленгленд и Чосер, — совсем как Сиксу — настаивают, что сенсорный опыт и телесно ориентированные подходы к языку и интерпретации не повреждают смысл, но наоборот: обеспечивают все больше и больше понимания и в конечном итоге приводят — возможно, весьма неожиданно — к большей ясности. Действительно, Кристина Мария Сервоун подчеркивает, что в среднеанглийском языке ясность была связана с «полнотой»: «простота» (pleyne) происходит от того же латинского корня, что и *plenitude*, «полнота» как «избыток» и «изобилие» [Cervone 2012: 9]. Сервоун называет эту полноту «сверхвыразимой» (supereffable) эффузивной языковой ориентацией, отвечающей за невыразимость таких теологических понятий, как, например, воплощение [Cervone

[29] Влиятельная антология «Идея вернакуляра» [Wogan-Browne et al. 1999] посвящена вопросу о том, как средневековые читательницы действовали, сопротивляясь контролю со стороны духовенства. Моя аргументация расширяет эту идею до мирян в более широком смысле [Wogan-Browne et al. 1999: 114–115].

2012: 10]. С моей точки зрения, неологизм Сервоун использует префикс «сверх-» в значении «трансцендентности» (понятого в качестве бытия, находящегося за пределами познания), но кроме того в значении «избытка». Термин «сверхвыразимость», таким образом, сводит вместе желание и избыток, подразумевая, что этот избыток — когнитивный и семантический — лучший (или даже единственный) способ обратиться к тому, что сопротивляется пониманию или артикуляции. В книге показывается, как представление о шуме становится одним из способов средневековых мыслителей обратиться к подобной сверхвыразимости, и рассматриваются социальные и культурные контексты этого обращения.

Аффект, эхо и видение

Я связываю стремление к переживанию и выражению языка в качестве шума с общеевропейскими сдвигами в религиозности мирян в сторону прямого доступа к духовному знанию, без посредничества церковных властей. Эта мирская религиозность была основана на практике т. н. аффективного благочестия: формы религиозного поклонения, опирающегося на чувственный и эмоциональный опыт[30]. В то время как ви́дение и зрение были привилегированными категориями анализа для заинтересованных ученых, изучающих подобные сдвиги, «Мир эха» показывает фундаментальную роль auральности в культуре аффективного мирского благочестия, процветавшего в Англии конца XIV века[31].

[30] Фундаментальная работа по теме принадлежит Кэролайн Уокер Байнам [Bynum 1987]; см. также ее более раннюю работу [Bynum 1982]. Более позднее исследование в формате книги, в котором аффективное благочестие рассматривается в связи с развитием идеи сострадания, см. в [McNamer 2010].

[31] См., например, [Hamburger 1998]. Роль звука и слушания в средневековой религиозности — как мирской, так и институциональной — не является какой-то совершенно новой темой. Я считаю, что исследования монашеского молчания особенно полезны для контекстуализации интеллектуального фона позднесредневековых авторов, которых я изучаю. См., например, [Gehl 1987] или более позднюю работу [Bruce 2007]. Исследования Эндрю

Ученые, работавшие внутри дисциплины исследований звука, изучали социальную, культурную и интеллектуальную историю звука и слушания, зачастую опираясь на строительные леса постструктуралистских трактовок языка и голоса[32]. Эти теоретически ангажированные истории звука обращают внимание на долго отводившееся первенство зрения в тавтологических исторических нарративах, где «Темные века» противостоят «Просвещению», где зрение рассматривается в качестве маркера познания и понимания. Мы можем рассмотреть, к примеру, как много современных идиом уравнивают «зрение» и «знание», начиная с выражения «я вижу» в смысле «я понимаю»[33]. И однако настойчиво презентистский фокус в исследованиях звука зачастую некритично сплетает историю звука с нарративами модернизации, сосредоточенными на развитии связанных со звуком технологий, которые процветали с конца XIX до середины XX века[34].

Олбина, обратившего внимание на место музыкальной культуры в позднесредневековой религиозности, также оказались плодотворными для моих размышлений о важности слуха в средневековой религиозной культуре, см. [Albin 2013, 2015, 2016]. Однако в этих работах, посвященных звуку, не учитывается важность шума и не исследуется, каким образом теории познания, заложенные в мирской религиозности, проникли в светские контексты.

32 Важнейшие работы, посвященные культурной и социальной истории восприятия звука, касаются эпохи Античности [Butler 2015]; раннего периода Новой истории Англии [Smith B. 1999]; Новой и Новейшей истории Европы [Erlmann 2010; Corbin 1998]; раннего периода истории Америки [Rath 2003; Schmidt L. 2000]; американского модернизма [Thompson 2002].

33 При подготовке рукописи книги мне пришлось ограничить использование терминов «выделять», «подчеркивать» и «выравнивать», взятых из типографского дела и визуальной парадигмы понимания. Вместо них я использую термины «усиливать», «амплифицировать» и «акцентировать», играющие с ауральными и перформативными аспектами языка и поэтик.

34 См., например, [Schafer 1993] об индустриализации и шумовом загрязнении, а также [Sterne 2003] и [Thompson 2002], особенно главу 4, «Звуковой ландшафт модерна: 1900–1933». Особый интерес представляют тома под редакцией Вейта Эрлманна [Erlmann 2004], а также Майкла Булла и Леса Блэка [Bull, Black 2003]; другие же в большей степени стремятся включить Средневековье в саму культурную историю звука [Smith M. 2004; Smith B. 1999]. Представители раннего Нового времени внесли важный вклад в область исследований звука, став пионерами производительных «археологических»

«Мир эха» показывает, как иерархические таксономии восприятия, лежащие в основании этих нарративов, зарождались — и в то же время не были всецело сформированы — в средневековой Европе.

Фактически и ви́дение, и слух почитались в качестве важных средств к обретению «истинного» духовного знания по сравнению с более «низменными» чувствами: обонянием, вкусом и особенно осязанием. Почитание слуха частично основывалось на библейском прецеденте. Высказывание Павла в Послании к Римлянам следующее: «Итак, вера — от слышания, а слышание — от слова Божия»[35]. «Вера от слышания» (fides ex auditu) усиливает социальные иерархии, призывая мирян прислушиваться к установленной церковной власти. В библейском описании Пятидесятницы божественное вдохновение, столь часто ассоциируемое с визионерским опытом, переводится в событие слуховое и тактильное, пребывая в котором апостолы воспринимают Дух Святой как слияние шума и пламени. Подобные библейские рассказы легли в основу более поздней дидактической литературы, стремящейся очертить иерархию чувств и прописать стратегии управления (discipline) последних. Старофранцузская поэма «Паломничество души человеческой» («Pelérinage de la vie humaine»), переведенная на среднеанглийский Джоном Лидгейтом в начале XV века, помещает ухо во главе сенсорных «врат» тела, утверждая, что этот орган более всех приспособлен к восприятию божественной истины и восполняет таким образом

методологий и открыв перспективные области для исследований, см., в частности, [Smith B. 1999] и [Gouk 1999]. Другие работы о фигурах раннего Нового времени также пересекаются с исследованиями в области звука, хотя их авторы не всегда это признают (см. в особенности [Mazzio 2009]). Книга [Butler 2015] об античной латинской литературе, «Античный фонограф», богата потенциальными применениями в области средневекового языка и литературы, став важным регулятором современных тенденций в области исследований звука. Среди медиевистов заниматься этим стал ученый Эндрю Олбин. Его эссе [Albin 2016] вошло в раздел «Sound Matters» сборника «Speculum» (2016. Vol. 91, № 4) вместе со статьями Сьюзан Бойнтон, Сары Кэй и Элисон Корниш.

35 Послание к Римлянам 10:17 — Синодальный перевод Библии.

опасные недостатки других «способностей» (wyttys) [de Deguileville 1899: 138–140].

И однако же средневековые таксономии сами подрывают иерархию, которую пытаются установить, делая акцент на физиологичности, осязаемости и материальности звука. И правда, ощущаемые свойства звука в конечном счете способствуют его ассоциации со знанием гораздо более непосредственным и висцеральным, чем якобы отстраненное рациональное понимание, предлагаемое ви́дением[36]. Синестетическая игра чувств — то, что Дэвид Хоус называет «интерсенсорностью», — очевидна во множестве средневековых текстов[37]. Как мы увидим в главе 4, посвященной «Дому славы», чосеровскому Сновидцу становится все труднее отделить видение от слушания и других форм чувств. Религиозные авторы пишут о медоточивом или «медовом» запахе Божьего слова, подразумевая, что его звучание также имеет вкус. Слух был почти неотделим от осязания, самого «низменного» из чувств. Средневековые мыслители неоднократно подчеркивали физическое, тактильное воздействие, как жесткое, так и мягкое, которое оказывали определенные слова или типы дискурса на тела. Звуки языка обладали способностью наносить физические удары, о чем свидетельствует среднеанглийское слово *clap*, означающее и громкий шум, и удар рукой/ладонью[38]. Среднеанглийский глагол *blaundishen*, родственный современному английскому «blandishment» (уговаривание, обольщение), в итоге происходит от латинского *blandire*, «ласкать»/«улещивать». Эта цепь однокоренных слов свидетельствует о том, что осязание остается при-

---

[36] Джонатан Стерн называет это «аудиовизуальной литанией». См. [Sterne 2012: 9–10].

[37] См. введение к книге [Howes 2005: 7]. Медиевисты начали исследовать эту интерсенсорность. В частности, Бет Уильямсон показывает, как сдвиги в регистре между видением и слышанием (когда музыка переживается в сфере, выходящей за пределы аурального восприятия, а образы — в сфере, выходящей за пределы восприятия визуального) способствуют использованию «внутренних чувств», включая «ухо разума» [Williamson 2013].

[38] См. MED, статья «clap(pe)». URL: https://quod.lib.umich.edu/m/middle-english-dictionary.

частным к звуку определенных видов речи. В Средние века словесная ласка зачастую связывалась с опасной лестью и соблазнением, к которым нередко прибегали женщины в попытках очаровать мужчину. Как я подробно расскажу в главе 5, Валерий, рассказчик из книги XIII века Уолтера Мапа «Dissuasio Valerii ad Rufinus philosophum ne uxorem ducat» («Письмо Валерия к Руфину с увещанием не вступать в брак»), ставшей важным источником для истории чосеровской Батской ткачихи, — укоряет своего друга Руфина за восприимчивость к женской лести, сравнивая последнюю с чарами мифологической ведьмы Цирцеи и песнями сирен[39].

Хотя интерес к взаимодействию звука и смысла очевиден уже в работах Августина, в этой книге утверждается, что обеспокоенность звуком возникает в форме поэтической игры (каламбуры, ассонансы, гипераллитерации и мн. др.) в период примерно с 1350 по 1440 год; в то же самое время в Англии процветает вернакулярная теология и ее аффективное благочестие. Интерес к игре звука, разгоревшийся в позднесредневековой Англии, имел особые ставки, усилив познавательную важность чувств в согласованности с разумом и став для мирян (и мирянок) средством для взращивания воплощенных форм знания вне существующих клерикальных моделей обучения, но на их собственных условиях.

Подобные взгляды на звук, мирское знание и телесный интеллект встречаются не только в контекстах молитвы или религии вообще. Действительно, мой архив охватывает авторов и тексты — «Дом славы» Чосера (глава 4) и «Пролог батской ткачихи» (глава 5), — которые (по сравнению с теми, которые обычно определяются медиевистами и историками литературы в качестве молитвенных и/или мистических) чаще всего рассматриваются как светские и литературные. Первые две главы, посвященные Роллу и Кемп, хронологически первому и последней из четырех рассматриваемых мною авторов, служат исторической рамкой

---

[39] «Gnatones diligis et comedas, qui dulces presusurrant illecebras, et precipue Circen, que tibi suspire[t]e suavitatis aromate gaudia plena perfundet, ut fallaris» (цит. по: [Map 1997, 1: 123]).

и подспорьем к оставшимся главам о Ленгленде и Чосере. Так я подчеркну, что мирская религиозность формирует более рефлексивные осознанные литературные тексты и формируется ими сама. Чрезмерное подчеркивание различий между религиозной и секулярной текстуальными средами усиливает различение средневекового и модерного, которое медиевисты столь долго пытаются уничтожить. В «Мире эха» показывается, насколько динамично взаимодействовали эти практики и модусы текстуальной настроенности, создававшие знание в светском и религиозном контекстах. Таким образом, секулярная современность тесно — и более того, неразрывно — связана со средневековой религиозностью.

«Мир эха» организован по жанрам так, чтобы прослеживался эпистемологический поворот от текстуального производства авторов, соотносящих себя с духовным назиданием мирян, то есть Ричарда Ролла, Марджери Кемп и Уильяма Ленгленда, к более придворной и светской области действий Чосера. В первых двух главах рассматривается роль шума в восприятии и выражении Ролла и Кемп, вызывавших споры (пусть и в разной степени) из-за радикальной физиологичности и молитвенных практик. В работе «Incendium Amoris» мистик середины XIV века Ричард Ролл, издавна признанный в качестве влиятельнейшей фигуры в развитии английского аффективного благочестия, разрабатывает форму практики, которую я называю эхоическим мистицизмом: мистик слышит небесную песнь, *canor*, воспринимает ее как шум в ушах, *tinnitum*, и повторяет его как эхо, возвращая — вновь — как шум (*clamor*, глава 1). Хотя Ролл никогда не был официально рукоположен, он тем не менее служил духовным наставником нескольких монахинь монастырей в Хамполе и Йедингеме. Его англоязычная пастырская работа содержит наставления для верующих женщин по развитию собственных форм эхоических мистицизмов; там же латинское понятие мистического *clamor* превращается в английский рефрен «всхлипов и вздохов», появляющийся сразу в нескольких вернакулярных лирических текстах, приписываемых Роллу. После смерти Ролла Марджери Кемп, чья книга свидетельствует о ее знакомстве с «Incendium», адаптирует эхо-мистицизм под собственную идиоматичность (глава 2), объединив его с библейской моделью Пятидесятницы. Воспринимая Святой Дух как серию грубых звуков, Марджери позволяет воплю и плачу — реализации ролловских «всхлипов и вздохов» — эхоировать в ее собственном исполнении вернакулярной проповеди. Марджеров *clamor* воспроизводится в эхоическом стиле ее «Книги», история рукописи и ранней печати которой свидетельствует о напряжении между аффективной импрессионистской экспрессией самой Кемп и более дидактическим подходом ее клерикальных читателей и комментаторов.

В следующей главе, посвященной Ленгленду, его «Видение о Петре Пахаре» рассматривается как промежуточный пример этих эмпирических эпистемологий/выражений: Ленгленд применяет идеи, похожие на эхоический мистицизм, в более осознанной поэме, которая тем не менее ангажирована мистическим стремлением к духовной истине. Я рассматриваю правки, внесенные в поэму о Петре Пахаре, в связи с литературной теорией *vox*, чье новое дыхание было открыто в конце XIV века Джоном Уиклифом и последователями, также называемыми лоллардами. Между редакций B и C «Видения» Ленгленд фиксирует свою тревогу по поводу соблазнительной физиологии звука. Он также формулирует то, что я называю поэтикой болтанки (lolling): модусом внимания или настроенности к тому / на то, как звуки умножают смысл посредством создания области ассоциативного и рекурсивного мышления, сопротивляющегося линейному пути к абсолютному знанию или истине. Другие произведения в традиции «Видения о Петре Пахаре», в первую очередь аллитерационная поэма XV века «Молчальник и Правдоруб» («Mum and the Sothsegger»), свидетельствуют о том, что поэтика болтанки внесла свой вклад в формирование публичной поэзии социальной критики в XV веке.

В двух последних главах я рассматриваю, как поэзия Чосера переизобретает эти идеи в более светских эпистемологических рамках. В своем раннем сновидении «Дома славы» Чосер исходит из средневековых грамматических теорий *vox* (голоса), демонтируя традиционные литературные авторитеты и формулируя собственную мирскую поэтику шума (глава 4). Проблема, стоящая в центре повествования, — отказ Сновидца прислушиваться к «tydynges», *вестям*; это термин, связываемый в поэме с народным голосом «новостей» (news) и «шума» (noise). Его сновидческое путешествие начинается в пространстве *vox articulata*, связанном с изучением латыни и риторическим контролем, и пролегает все ближе к царству *vox confusa* — неконтролируемого шума публичной/социальной жизни, который Чосер соотносит с мирским опытом. В своей более поздней работе, в «Кентерберийских рассказах» (точнее, в «Рассказе батской ткачихи»), Чосер развивает связь между звуком и эмпирическим знанием. Действительно, Батская ткачиха придает мирской эпистемологии, артикулированной в «Доме славы», тело и гендер, что согласуется с антифеминистскими и мизогинными текстами в целом, — их Чосер приводит в своей характеристике (глава 5). Подобно тому, как его источник, Уолтер Мап, изображает женский голос чувственно соблазнительным, но в конечном счете пустым, «звенящий» голос Батской ткачихи становится индикатором ее сосредоточенности на физической поверхности в противовес духовному ядру. Чосер объясняет частичную глухоту героини тем, что ее влекут звуки, а не семантическое содержание; однако, в отличие от своего источника, Чосер очерчивает такое «редуцированное слушание» (и, как следствие, шум) в качестве формы эмпирической мирской грамотности — альтернативы когнитивному и физическому насилию авторитетной маскулинности.

В эпилоге «Мира эха» я размещаю эти эпистемологии шума в контексте пререформаторских идеалов и практик мирской религиозности и показываю, как религиозное мышление о взаимодействии звуков и смыслов способствовало развитию поэтики и теории литературы в другие исторические моменты. Так, я делаю акцент на Джеймсе Джойсе и его интерпретации шума — в частности, на мотиве «Бог — крик на улице»[40] из «Улисса», от-

---

[40] Стивен, ткнув пальцем в окошко, проговорил:
— Вот Бог.
Ур-ра! Эх! Фью-фьюйть!
— Как это? — переспросил мистер Дизи.

куда были взяты эпиграфы к этой книге. Задерживаясь на этой работе высокого модернизма, я присоединяюсь ко многим ученым, оспаривающим резкий разрыв между Средневековьем и модерном, показывая всеобъемлющее влияние религиозной мысли даже на просвещенное секулярное знание, которое определяло себя вне погруженных во мрак суеверных Средних веков; более того, прослеживая пути, какими осязаемые, сенсорные аспекты языка исторически укоренялись в качестве неотъемлемой части восприятия и выражения мирского знания, эта книга (я надеюсь) предлагает этическую переориентацию себя в своем отношении к языку. Если мы будем читать и слушать, исходя из куда более щедрых способов, внимая звуку, форме, каденции и текстуре языка, мы сможем обрести более полное и изобильное понимание мира и нашего места в нем.

— Крик на улице, — отвечал Стивен, пожав плечами.
(Вариация на тему библейского текста о Премудрости Божией: «Премудрость возглашает на улице, на площадях возвышает голос свой» (Притч. 1: 20–21)) [Джойс 2022: 36].

Глава 1
«Clamor iste canor est»
Небесная песнь Ричарда Ролла и мирская теология шума

Стивен, ткнув пальцем в окошко, проговорил:
— Вот Бог.
Ур-ра! Эх! Фью-фьюйть!
— Как это? — переспросил мистер Дизи.
— Крик на улице, — отвечал Стивен, пожав плечами.
Джеймс Джойс. Улисс, «Нестор» [Джойс 2022: 36]

В последней главе работы «Incendium Amoris», или «Огонь любви», отшельник XIV века Ричард Ролл вспоминает о своем раннем религиозном рвении:

> В самом начале моего обращения к моей единственной цели я думал, что желал бы сравниться с маленький птицей, томящейся от любви к возлюбленному своему, но, томясь, радующейся тому, кто приходит к ней, кого она любит, и оттого в радости своей поющей; и в пении же томящейся, но со сладостью и теплотой. Говорят, что соловей всю ночь предается песне и изобретает мелодию, чтобы была та приятна тому, с кем он составляет пару. Насколько больше я хотел бы с величайшей сладостью петь моему Иисусу Христу, Который является супругом моей души во всей этой нынешней жизни[1].

---

[1] В оригинале: «In principio enim conuersionis mee, et propositi singularis, cogitaui me uelle assimilari auicule, que pre amore languet amati sui, sed languendo eciam letatur adueniente sibi quod amat et letando canit, canendo eciam languet, sed in

Характерный язык любви Ролла демонстрирует его же стремление описать свои отношения с Богом в терминах эмоциональной связи и телесных ощущений меланхолического любовника[2]. Выбор соловья в качестве олицетворения этой юношеской тоски опирается на давнюю литературную традицию, связывающую пение соловья со страстной преданностью и оплакиванием[3]. Определяя *canor* как пение птиц, Ролл подчеркивает его несемантические свойства: описание соловьиной любви пестрит ссылками на телесные восприятия и телесные же феномены, на сладость и тепло его влюбленного томления и песню, которая из этого томления возникает[4]. Эти чувственные элементы — тепло, сладость, песни — являются фундаментальными для программы Ролла по развитию духовного знания. В этой главе я хочу рассказать о том, как и почему Ролл представляет свой опыт этих ощущений, в особенности *canor*, или мистической песни, как внесемантическое звуковое переживание. Акцент на внесемантическом опыте амплицифицирует способ, посредством которого в теологии Ролла теоретизируется голос, территоризируя последний в качестве основополагающей фигуры вернакулярной религиозной традиции эпохи, основанной на звуке и шуме.

---

dulcedine et ardore. Fertur enim philomena tota nocte cantui et melo indulgere, ut ei placeat, cui copulatur. Quanto magis cum suauitate maxima canerem Christo meo Ihesu, qui est sponsus anime mee per totam uitam presentem» [Rolle 1915: 277].

2 Сара Макнеймер исследовала брачную динамику между мистиком и Христом с точки зрения аффективных «сценариев» в средневековой английской и итальянской литературе. См. [McNamer 2010].

3 Самый вероятный источник этой традиции для Ролла — поэзия монаха-францисканца Джона Хоуденского (ок. 1268/9–1275), который, как и Ролл, родился на Севере Англии. Он написал стихотворение «L'Rossignos» («Соловей»), представляющее собой переложение его более раннего текста на латыни «Philomela» («Песня любви»). Обе работы, по оценкам специалистов, повлияли на мистицизм Ролла. См. [Watson 1991: 19]. О Джоне Хоуденском см. [Renevey 2011: 103–105].

4 Более подробный анализ соответствия фрагмента и понятия *canor* у Ролла см. в [Watson 1991: 121–123].

Ролл, писавший в середине XIV века — за несколько десятилетий до расцвета мистической прозы таких авторов, как Юлиана Нориджская, Уолтер Хилтон и анонимный автор «Облака непознанного», — обычно прочитывается как фундаментальная фигура в развития «аффективного благочестия» в Англии: сдвига мирской религиозности, культивирующей более прямой и непосредственный доступ к духовному знанию через аффективный и сенсорный опыт[5]. Отчасти это влияние объясняется тем, что труды Ролла широко копировались и читались с 1390-х годов по XV век, в том числе такими мирянками, как Марджери Кемп[6]. Переживание Роллом *canor* и мистической песни стало важной частью изучения аффективного мистицизма в Англии, поскольку такие ученые, как Эндрю Олбин, обратили внимание на важность звука и музыки в ролловых представлениях о *canor* и мистических традициях, которые последовали за ним[7]. Однако немногие ученые полностью исследовали преобладание шума в «Incendium», где Ролл воспринимает небесный *canor* как *tinnitum* и отвечает на радостную любовь выражением шума.

Порыв Ролла, побуждающий рассматривать переживание и выражение небесной *canor* как внесемантический опыт, одно-

---

[5] Подробнее см., например, [Watson 1991: 18–27] и далее по тексту. Важный обзор возможных источников в духе аффективного благочестия, характерных для континентальной Европы XIII века и Англии позднего Средневековья, см. у [McNamer 2010: 119–125], которая указывает на ключевую роль Ролла в этом процессе.

[6] По всей видимости, сочинения Ролла назидательной направленности сначала были известны только его прямой аудитории — ограниченному числу монахинь и отшельников в Йоркшире. Однако после 1390 года с ними познакомились видные деятели из числа приближенных архиепископа Томаса Арундела, после чего на всем протяжении XV века труды Ролла систематически переводили и копировали для чтения широким слоям паствы. Путь от известности в узком кругу религиозных авторитетов до статуса «хрестоматийного» произведения, предназначенного для ищущих духовного просвещения, весьма характерен для письменных текстов религиозно-философской направленности того периода. См. [Catto 2011: 113–114].

[7] См., в частности, [Albin 2015]. См. также [Bude 2015; Roman 2017: 85–115; Zieman 2008a: 131–164].

временно опирается на — и пересматривает ее — давнюю интеллектуальную традицию, различающую интериорные и экстериорные ощущения и голос. Хотя эти взгляды очевидны в самых разных теоретических традициях Средних веков, здесь, как мы увидим в последующих главах, я предлагаю обзор конкретно августиновской мысли и указываю на то, как подобные идеи оживляли ранние работы о роли песни в литургии. В этих областях средневековые мыслители возвышали роль интериорных ощущений — волнений души, вызванных любовью к Богу, — и принимали «голос сердца» как средство приближения к абсолютной истине. Мистическое единение с Богом и возникающее из этого единения знание культивировалось интериорно и происходило в тишине — за пределами речи[8].

В работах Ролла наблюдается еще не признанная учеными амбивалентность в отношении такого молчания и внутренних ощущений. Подобно Августину, Иерониму и другим, он с недоверием относится к ощущениям тела, постоянно подчеркивая, что его мистический жар, эта сладость и эта песня возникают внутри него, без внешних стимулов. Тем не менее, переживая и выражая *canor* как шум, Ролл приглашает нас обратить внимание на его физику и аффективную мощь. Кэтрин Зиман связывает ролловский *canor* с его «экстраграмматическим» использованием языка [Zieman 2008a: 131–164][9]. По мнению Зиман, ис-

---

[8] К примеру, Бет Уильямсон разбирает тему молчания для того, чтобы подчеркнуть необходимость обращать внимание на такие формы чувственного опыта и выражения чувств, которые в средневековой религиозной мысли и культуре не должны были проявляться, то есть нерепрезентативны. См. [Williamson 2013]. Я, со своей стороны, считаю, что рассмотрение проблемы шума — еще один способ обратить внимание на такое «нерепрезентативное». Подробнее о важности молчания в средневековой теологии см. также [Gehl 1987] и [Bruce 2007].

[9] Зиман считает ролловский *canor* насыщенным духовной мощью из-за силы передаваемых им эмоциональных переживаний, а не из-за грамматического значения слов. Интерес Ролла к экстраграмматическим свойствам языка доказывает, что его сочинения вписываются в перечень трудов, предоставивших мирянам более прямой доступ к духовному знанию, чем это было доступно им при посредничестве священников или других образованных

пользование Роллом аллитерации, давно признанной самым его распространенным стилистическим приемом, подводит к мысли о том, что литературность и эстетическая красота языка могут служить важной цели, а не просто быть, по ее словам, «убежищем от интеллектуальных трудов внутри себя (interiority), которых требует вернакулярная теология» [Zieman 2008a: 133]. И все же Зиман, что характерно для многих исследователей, пишет, что «восприятие Роллом *fervor* (рвения), *dulcor* (сладости) и *canor* (небесной песни) было решительно чувственным, если *не материальным* (corporeal)» [Zieman 2008a: 138]. И все же анализ Зиман не полностью объясняет настойчивый интерес Ролла к шуму. Для Ролла эстетический опыт — опыт песни как шума; его цель — эмоциональный и телесный способ познания Бога.

В конечном счете Ролл разрабатывает модус, который я назову эхоическим мистицизмом, в котором мистик сначала воспринимает божественное знание как шум (tinnitum), а затем воспроизводит его как крик (clamor), эхоируя телом в экстатическом выражении мистической радости. Для Ролла это знание может быть понято только в качестве чувства в обоих смыслах этого слова; оно — взаимодействие эмоций и ощущений, усиливающее взаимную зависимость внутренних и внешних чувств, которые сопротивляются языку, сдерживающему их. Однако и в автобиографической латыни, и в пасторалях на английском языке Ролл стремится передать их читателям, используя поэтику и игру с языком, одним из примеров которой является характерная аллитерация. Такая поэтика, даже если она инкорпорирована в прозу, — это средство выдвижения на первый план звуковых, материальных свойств языка, а не его концептуальных аспектов.

авторитетных личностей. По мнению Зиман, даже произведения Ролла, написанные на латыни, можно считать частью совокупности текстов и религиозных практик, которые ученые называют «простонародным благочестием». Здесь следует отметить, что Зиман не была первой, кто использовал термин «простонародное благочестие» или исследовал данную концепцию. Николас Уотсон наиболее убедительно ввел его в научный оборот в контексте позднесредневековой Англии. См. [Watson 1995: 822–864]. Полезный обзор по теме содержится в работе [Gillespie 2007: 401–420].

Стилистка шума Ролла служит для описания и в итоге осуществления того, что Кристина Мария Сервоун называет «сверхвыразимостью» (supereffability), или, по ее собственным словам, «пониманием сакральной полноты, осуществляемой через форму» [Cervone 2012: 5]. Тем самым она указывает на радикально неортодоксальный характер ролловской духовной программы. Ученые подчеркивают сложный и субверсивный импульс его аффективных практик посвящения, которые возникают как средство культивации духовного знания без посредничества папского авторитета[10]. Ролл предлагает более емкое понимание этой формы сопротивления, позволяя исследовать тонкие структуры несогласия с помощью формальных моделей, которые оснащают читателей инструментами для создания новых путей опыта и вместе с тем — мышления. Сервоун обратила внимание на то, как средневековые религиозные авторы использовали прилагательное *pleyn* (простой) в фундаментальном этимологическом значении *plenus* как «полный», задействуя метафору и другие формальные структуры, чтобы указать на то, что «сверхвыразимое» в своей интеллектуальной сложности и полноте может предложить способ приблизиться к невыразимому [Cervone 2012: 9–11]. Мы можем понять, что соматический отклик, который Ролл идентифицирует и воплощает в жизнь, является значимым без явного означивания, в самом буквальном смысле «полным значений», без догматического содержания. Эхоический мистицизм Ролла усиливает фундаментальный порыв аффективного благочестия к принятию тела во всей его боли и всем удовольствии, в качстве средства прямого эмпири-

[10] В частности, Сара Беквит отличает в мистических текстах направленные на подрыв церковных устоев элементы, поскольку авторы этих текстов считают себя голосом Бога, наиболее полно и точно воспроизводящим Его слова и, следовательно, указывающим на то, что официальные церковные иерархи не могут быть авторитетами в последней инстанции. См. [Beckwith 1993: 20]. Обзор «шифтов» мирской теологии средневековой Англии, где также встречается разбор бунтарской сущности приверженцев аффектированного благочестия, см. в [Watson 1991: 18–27].

ческого доступа к духовному знанию[11]. Этот импульс может быть связан с традициями народной литературы — как религиозной, так и мирской, которая возвышает мирские формы знания, принимая опыт речи как шума, в котором соматические элементы преобладают над семантическими. Но сначала давайте обратимся внутрь себя, к Августину и к тем ощущениям, которые мы можем там найти.

Молчание и шум языка в августиновской мысли

В «Исповеди» Августин описывает мистическое виде́ние, которым он поделился в беседе со своей матерью Моникой незадолго до ее смерти, и излагает мистическое богословие молчания. В центре шумного римского города Остия они уединились в саду, «в отдалении от толпы». В этом тихом месте они «очень сладко» беседуют, поглощенные разговором настолько, что «забывают» о прошлом, устремляясь вместо этого в будущее и ища «настоящую истину» или «собственно Бога»[12]. В своем анализе этого отрывка Пол Гел указывает на важность этой забывчивости, отмечая, что, поскольку Августин понимал память как важнейшую способность для земного (но не духовного) познания, описанная здесь трансцендентность памяти необходима для того, чтобы

---

[11] В связи с вышесказанным огромный интерес представляет работа Кристофера Романа, где разбирается «экосистема божественных песен *canor* Ролла», в которой небесные мелодии проникают в тело и заполняют его в ходе мистического откровения, а затем открывают телесные поры для восприятия окружающей действительности, причем звук играет решающую роль из всех чувств при вхождении в состояние экстаза, растворяющего границы между телом и духом. См. [Roman 2017: 85–115].

[12] Здесь и далее перевод на русский цит. по: [Августин 2013]; здесь: кн. 9, стих 23. «...мы с ней остались вдвоем; опершись на подоконник, смотрели мы из окна на внутренний садик того дома, где жили в Остии. Усталые от долгого путешествия, наконец в одиночестве, набирались мы сил для плавания. Мы сладостно беседовали вдвоем и, забывая прошлое, устремлялись к тому, что перед нами, спрашивали друг друга, пред лицом Истины, — а это Ты, — какова будущая вечная жизнь».

достигнуть познания божественных вещей [Gehl 1987: 132]. Действительно, их разговор приносит духовные плоды:

> ...жизнь есть та мудрость, через которую возникло все, что есть, что было и что будет... И пока мы говорили о ней и жаждали ее, мы чуть прикоснулись к ней всем трепетом нашего сердца. И вздохнули, и оставили там начатки духа, и вернулись к скрипу нашего языка, к словам, возникающим и исчезающим [Августин 2013: кн. 9, стих 24][13].

Окруженные шумом мира сего, обмениваясь избранными сладостными, святыми словами, Августин и Моника на мгновение выходят за пределы времени и языка, «прикасаясь» к познанию божественных вещей перед тем, как вернуться к шуму мира.

В этом сопоставлении духовного спокойствия с шумом мира отрывок соответствует общей тенденции к различению интериорной и экстериорной передачи [знаний] и ощущений. Средневековые теологи и экзегеты стремились разделить и примирить значения и физические формы языка. Вырабатывая практики правильного чтения и интерпретации, они подчиняли внешний, физический опыт речи ее концептуальным аспектам, различая интериорное и экстериорное восприятие и вокализацию. Многие исследователи, в том числе Эрик Джагер, показывают, что средневековые идеи о внутренних и внешних аспектах языка были связаны с пониманием грехопадения. Для Августина и других влиятельных церковных мыслителей грех (transgression) Адама и Евы в Эдемском саду ознаменовал переход от прямого внутреннего общения друг с другом и с Богом к косвенной передаче знаний через знаки, воспринимаемые телом. До грехопадения знание передавалось мгновенно и напрямую. После грехопадения Адам и Ева обнаружили, что они могут общаться только с помощью «неловких выдумок речи и жестов», по определению Питера Брауна [Jager 1993; Brown 1967: 261].

---

13 «Et dum loquimur et inhiamus illi, attingimus eam modice toto ictu cordis; et suspiravimus... et remeavimus ad strepitum oris nostri, ubi verbum et incipitur et finitur» [Augustine 1997, 2: 48–50].

Целью понимания и созерцания окружающего мира было возвращение к идеальному состоянию интериорного общения с Богом. В своей «Исповеди» Августин неоднократно утверждает, что он слушает Бога «ушами сердца» (aure cordis), и умоляет свою душу не становиться глухой: «Вот уши сердца моего пред Тобой, Господи: открой их и скажи душе моей: “Я спасение твое”. Я побегу на этот голос и застигну Тебя. Не скрывай от меня лица Твоего: умру я, не умру, но пусть увижу его» [Августин 2013: кн. 1, стих 5; Augustine 1997, 1: 10]. «Не суетись, душа моя: не дай оглохнуть уху сердца от грохота суеты твоей» [Августин 2013: кн. 4, стих 16; Augustine 1997, 1: 21]. В соответствии с этой интериорной моделью общения, Августин также утверждает, что говорит с Богом *голосом сердца* (voce cordis): «И когда пред лицом Твоим устремляем мы к ушам Твоим голос сердца нашего, не знаю откуда, врываются пустые мысли и прерывают столь важное занятие» [Августин 2013: кн. 10, стих 57; Augustine 1997, 2: 56]. Такой обмен происходит в тишине. Как следует из приведенного выше отрывка, Августин часто сопоставляет истинное внутреннее познание Бога, происходящее в тишине, с «шумом» человеческой речи. Тем не менее, как подчеркивают Гел и другие ученые, язык для Августина парадоксальным образом является единственным путем достижения мистического молчания[14]. Августин и Моника достигают духовного знания в сладкой беседе, отстраненной от мира. Правильное обращение с языком есть средство выхода за пределы языка к истинному — и безмолвному — познанию Бога.

Это производительное напряжение между речью и молчанием становится очевидным в виртуозном пассаже, следующем за рассказом Августина о его совместном с Моникой виде́нии, — там он размышляет о молчании, ставшем темой их беседы. Отправной точкой, как мы узнаем далее, становится библейское предписание «войди в радость господина Твоего»[15]. Думая над этой фразой, оба задаются вопросом:

---

[14] Гел разбирает идею молчания у Августина в работе «Competens Silentium» [Gehl 1987: 129–134]. Также о парадоксальности взглядов Августина на роль языка см. Коулиш [Colish 1983: 7–54].

[15] Матфей 25:21 — Синодальный перевод Библии.

> ...если в ком умолкнет волнение плоти, умолкнут представления о земле, водах и воздухе, умолкнет и небо, умолкнет и сама душа и выйдет из себя, о себе не думая, умолкнут сны и воображаемые откровения, всякий язык, всякий знак и все, что проходит и возникает, если наступит полное молчание, — если слушать, то они все говорят: «не сами мы себя создали; нас создал Тот, Кто пребывает вечно» — если они, сказав это, замолкнут, обратив слух к Тому, Кто их создал, и заговорит Он Сам, один — не через них, а прямо от Себя, да услышим слово Его, не из плотских уст, не в голосе ангельском, не в грохоте бури, не в загадках и подобиях, но Его Самого, Которого любим в созданиях Его; да услышим Его Самого — без них, — как сейчас, когда мы вышли из себя и быстрой мыслью прикоснулись к Вечной Мудрости, над всем пребывающей; если такое состояние могло бы продолжиться, а все низшие образы исчезнуть, и она одна восхитила бы, поглотила и погрузила в глубокую радость своего созерцателя — если вечная жизнь такова, какой была эта минута постижения, о котором мы вздыхали, то разве это не то, о чем сказано: «Войди в радость господина Твоего»? [Августин 2013: кн. 9, стих 25][16].

Здесь Августин описывает, как люди в миру ищут познания Бога через физические знаки — слова *языка плоти* (fleshly tongue) или гром штормовых облаков. Однако знание, возникающее в результате такого восприятия, ограничено, — как напоминает Августин, ссылаясь на «загадку» 1-го Послания к Коринфянам 13:12: «Мы сейчас видим неясно, как отражение в тусклом

[16] «Si cui sileat tumultus carnis, sileant phantasiae terrae, et aquarum et aeris, sileant et poli et ipsa sibi anima sileat, et transeat se non se cogitando, sileant somnia et imaginariae revelationes, omnis lingua et omne signum et quidquid transeundo fit si cui sileat omnino—quoniam si quis audiat, dicunt haec omnia: non ipsa nos fecimus, sed fecit nos qui manet in aeternum: his dictis si iam taceant, quoniam erexerunt aurem in eum, qui fecit ea, et loquatur ipse solus non per ea, sed per se ipsum, ut audiamus verbum eius, non per linguam carnis neque per vocem angeli nec per sonitum nubis nec per aenigma similitudines, sed ipsum, quem in his amamus, ipsum sine his audiamus, sicut nunc extendimus nos et rapida cogitatione attingimus aeternam sapientiam super omnia manentem, si continuetur hoc et subtrahantur aliae visiones longe inparis generis, et haec una rapiat et absorbeat et recondat in interiora gaudia spectatorum suum, ut talis sit sempiterna vita quale fuit hoc momentum intelligentiae, cui suspiravimus, nonne hoc est: Intra in gaudium domini tui?» [Augustine 1997, 2: 50].

зеркале, тогда же увидим лицом к лицу»[17]. Трансцендировать физический мир, охватываемый здесь фразой «волнения плоти» (tumultus carnis), — это идти, минуя звуки и минуя знаки, и войти в вечное царство тишины и покоя в чистом и полном познании Бога. Но такое познание может начаться и закончиться только с помощью человеческого языка, который — в сравнении с подобной тишиной — не более чем шум, существующий в теле и времени. Гипотаксис августиновской прозы инкрустирует придаточные в длинную цепь условных оборотов, создавая предложение сверхвысокой длины. После безмолвного мистического видения вне времени, тела и слов размеренный, витиеватый и риторический стиль Августина привлекает внимание к темпоральности материи (matter) его собственного языка по мере того, как он вспоминает этот опыт. Как пишет Гел, «из высоких сфер [видения] можно только вернуться к шуму разговоров и поражаться этому — довольно многословно» [Gehl 1987: 132].

Этот фрагмент, таким образом, начинает выявлять два спаянных друг с другом парадокса, фундаментальных для средневековой христианской мысли. Согласно первому парадоксу, Христос был Словом, ставшим плотью, и Его воплощение дало спасение от грехов плотских желаний; с этой точки зрения тело является источником греха, но также в конечном счете и спасения. Второй парадокс, связанный с первым, заключается в том, что язык — во всей его воплощенной материальности — лучший способ трансцендировать материальный мир и получить доступ к истинному познанию Бога, которое происходит в молчании. Действительно, важно отметить, что Августин понимает абсолютное познание Бога как форму блаженства, или *gaudium,* — слово, передающее и духовный, и чувственный восторг; как мы увидим, мистический Августинов *gaudium* предвосхищает ролловское понятие *iocunditas* (как духовного наслаждения). Акцент на наслаждении (как духа, так и тела) вполне укладывается в эротический троп и троп чувственного, —

---

[17] 1-е послание к Коринфянам 13:12 — Новый русский перевод Библии. «Videmus nunc per speculum in enigmate, tunc autem facie ad faciem» [Ziolkowski 2010–2013, 6: 916].

например, мистик как идеальный супруг и любовник Христа, — которые станут доминировать в аффективной литературе и в молитвенных практиках Высокого и позднего Средневековья[18].

Интериорный опыт Ролла и шум мира

Истории Ролла о собственном мистическом опыте весьма двойственным образом размещают его как внутри, так и вне христианской интеллектуальной традиции; да и его отношения с официальной церковной культурой и [концептом] деятельной жизни, пропагандируемым церковью, были непростыми. Оксфордский ученый, Ролл покинул университет в 19 лет, сразу после обращения в религию. Известно, что он покинул город и удалился в сельскую местность в лоскутном рубище отшельника, сшитом им самим для себя же из платьев сестры. Несмотря на пастырскую деятельность, направленную на развитие женских религиозных практик, нет данных о том, что Ролл когда-либо был рукоположен. Официально он был мирянином[19]. Эти подробности жизни подчеркивают его противоречивое отношение к своей телесности. С одной стороны, его уход в отшельничество указывает на желание избежать того,

---

[18] См., в частности, [McNamer 2010: главы 4 и 6].

[19] См.: Jonathan Hughes, Richard Rolle (1305x10–1349), ODNB. URL: https://www.oxforddnb.com. Удивительное происхождение отшельнического одеяния Ролла дает основание ряду исследователей указывать на его стремление к активной демонстрации феминности в контексте его религиозных поисков. См. [McNamer 2010: 119–120]. Хотя она и предупреждает, что из этого эпизода не следует делать далеко идущие выводы, Макнеймер открывает его описанием главу о том, как Ролл демонстративно подчеркивал «женское самоощущение» в контексте личного служения и поклонения Господу, и отмечает, что такое поведение наводит на мысль о готовности Ролла «формировать свое женское "я"». Риле в своей работе [Riehle 2014] также рассматривает данный эпизод как доказательство «театральности» мистицизма Ролла [Riehle 2014: 72] и заявляет, что для Ролла характерна «скорее женская чувствительность» [Riehle 2014: 97]. Кристофер Роман идет в трактовке «случая с переодеванием» еще дальше, чем Макнеймер или Риле, утверждая, что таким образом «Ролл начинает свое квир-странствие, ставя себя в оппозицию к существовавшим тогда нормативным структурам, регламентировавшим семейные отношения, возвеличивавшим богатство, утверждавшим господство церкви и официальной теологии» [Roman 2017: 2]. Подробности толкования деталей биографии Ролла см. также в [Watson 1991: 31–53].

что Августин мог бы обозначить как «смятение» (tumult), беспорядок этого мира со всеми его чувственными стимулами; с другой стороны, акцент на исполнении и практиках благочестия — театрализованном костюмированном выходе и духовном наставничестве без официального имени или титула — указывает на принятие опыта, исполняемого и воспринимаемого телом. Именно к этим на первый взгляд противоречивым позициям я сейчас обращусь.

Подозрительное отношение Ролла к физическому миру и его соблазнам прослеживается во всем корпусе его работ, в которых традиционные различия между внутренними и внешними ощущениями зачастую сохраняются. «Incendium» начинается с автобиографического рассказа о первом опыте переживания *calor*, или мистического жара:

> Я изумился больше, чем способен выразить, когда впервые ощутил, как сердце мое впервые стало разогреваться — истинным образом, не воображаемо, — как если бы то вспыхнуло, подобно огню. И в самом деле, я был потрясен тем, как огонь охватил мою душу, и — от необычайности подобного утешения, по неопытности подобного избытка — вновь и вновь прикладывал руку к груди, ища внешней причины жара. Когда же я осознал, что жар идет исключительно изнутри и что огонь любви и желания не от плоти, я понял этот огонь как дар Творца и с радостью растворился в аффекте еще большей любви — особенно из-за сладкого восторга и той внутренней сладости, которые, вместе с духовным жаром, пропитали мой разум до самой его кости́[20].

Ролл подчеркивает, что его мистическое ощущение огня происходит по интериорной, эмоциональной причине, не связанной

---

[20] «Admirabar magis quam enuncio quando siquidem sentiui cor meum primitus incalescere, et uere non imaginarie, quasi sensibile igne estuare. Eram equidem attonitus quemadmodum eruperat ardor in animo, et de insolito solacio propter inexperienciam huius abundancie: sepius pectus meum si forte esset feruor ex aliqua exteriori causa palpitaui. Cumque cognouissem quod ex interiori solumodo efferbuisset, et non esset a carne illud incendium amoris, et concupiscencia, in qua continui, quod donum esset Conditoris, letabundus liquefactus sum in affectum amplioris dileccionis, et precipue propter influenciam delectationis suauissime et suauitatis interne que cum ipso caumate spirituali mentem meam medullitus irrorauit» [Rolle 1915: 145].

с внешними стимулами, которые превратили бы эту прожигающую страсть в *concupiscentia*, похоть. Его чувства, например *medullitus* («до кости», «до мозга костей» в русском языке. — *Прим. пер.*), проистекают из его же внутреннего вещества (marrow) или сущности; это излияние тоски, которую тот испытывает по Богу. Ролл всячески подчеркивает, что его восприятие мистического *calor* не лежит в сфере воображения. Эндрю Олбин же отмечает, что отречение Ролла от воображения здесь и в других местах «Incendium» берет исток в Аристотелевой философии, подчеркивающей, что воображение — из материального мира и, следовательно, подвержено влиянию демонического [Albin 2015: 184–185]. Отвергая воображение, Ролл прямо указывает на божественный источник своего мистического опыта.

Различение интериорного и экстериорного согласуется со взглядами Ролла на тишину и созерцание. Он объясняет: «Высшая любовь к Христу состоит в трех вещах: в жаре (*fervore*), песне (*canore*) и сладости (*dulcore*); и эти три вещи, по моему опыту, не могут долго оставаться в разуме без великого спокойствия»[21]. Он также отмечает, что совершенный возлюбленный Бога должен удалиться от мира:

> Я считаю величайшим чудом, когда кто-либо, благодаря благодати Божьей и любви Христа, целиком отвергает эти соблазны (*alliciencia*) и, взывая к душе своей среди этих [соблазнов], хотя те и кажутся мягкими для плоти, мужественно восходит (*viriliter*) к предельной святости небесного созерцания[22].

С мизогинией, характерной для многих теологов и религиозных мыслителей Средних веков, Ролл утверждает, что мистику следует укрепить себя против соблазнов чувственности, вредных

---

21 «Summus amor Christi in tribus consistit: in f ervore, in c anore, et in d ulcore; et hec tria ego expertus sum in mente non posse diu persistere sine magna quiete» [Rolle 1915: 185].

22 «Maximum ergo miraculum estimo cum quis per graciam Dei et amorem Christi hec alliciencia perfecte contempnitur, et inter illa anime aduersancia quamuis carni mollia uideantur, ad eximam superne contemplacionis sanctitatem uiriliter ascendit» [Rolle 1915: 166].

душе, пусть и приятных плоти; это позволит ему «мужественно» подняться к вершине мистического познания.

Но настороженность к физическому миру лежит в основе более широкого презрения к тем из подходов к духовному знанию, что укоренены — исключительно или преимущественно — в эмоциях благочестия, но не в интеллекте. Ролл предостерегает от горделивого стремления к знаниям, предлагая любовь, культивируемую в уединении и молчаливом созерцании, как наиболее фундаментальную и трансцендентную форму познания Бога. Он замечает: «Среди всего, что нами движет и заставляет нас задуматься, давайте более склоняться к божественной любви, чем к знанию (sciencie) и диспуту. Ведь любовь радует и приводит к сладкой совести, уводя нас от низменных удовольствий и от аппетита к собственному превосходству»[23]. Здесь Ролл проводит различие между интеллектуальным и аффективным подходами к познанию, выступая за познание «божественной любви» вместо [академической] науки (scientia), — термина, который охватывает гораздо более широкую область знаний и научных поисков, чем его современный аналог. Эта желанная любовь — не мирская, которая «больше радуется твари, чем Творцу» и «предпочитает преходящие удовольствия видимости внутренней ясности»[24]. Это любовь, которая возникает изнутри, а не приходит извне, предлагая свою форму понимания. Для Ролла знание, исходящее из духовной любви, более совершенно, чем знание, почерпнутое из академических диспутов и прочих интеллектуальных занятий священнослужителей. Далее он утверждает, что, «когда мы неумеренно склоняемся к исследованию, мы не ощущаем сладости вечного восторга»[25].

23 «Inter omnia que agimus aut cogitamus magis intendamus diuino amori quam sciencie et disputacioni. Amor enim delectat animam et suauem efficit conscienciam, trahens eam a delectacione inferiorum delectabilium et appetitu proprie excellencie» [Rolle 1915: 157].

24 «Non audio dicere omnem amorem bonum esse: quia ille amor qui magis delectatur in creatura quam in Creatore, et proponit delectabilitatem uisibilis speciei intellectuali claritati, malus est et odibilis, quia auertit ab eterno amore et conuertit ad temporalem, qui durare non potest» [Rolle 1915: 195].

25 «Dum enim inuestigacioni immoderate incumbimus, dulcorem profecto eterne suauitatis non sentimus» [Rolle 1915: 160].

Различение интеллектуального и аффективного знаний позволяет ему сделать акцент на широкой доступности последнего типа знания среди мирян, что только подкрепляет его устремление дать мирянам возможность взращивать духовное знание без посредничества пастырей и клира. Он объясняет этот феномен так: «Старуха (*uetula*) более сведуща в любви к Богу и менее — в удовольствиях мира сего, чем богослов, чья учеба праздна, потому что учится он ради тщеславия, чтобы стать известным и прославиться [и] чтобы получить доходы и титулы»[26]. По мнению Ролла, интеллектуальные подходы к знанию слишком часто были обращены к целям личной выгоды среди образованного клира. Подчеркивая потенциальную силу (virtue) *vetula*, или «маленькой старой леди», Ролл опирается на давние культурные ассоциации — позже подхваченные Чосером в его портрете Батской ткачихи — между старыми женщинами и мирскими формами знания, которые, к лучшему или худшему, находятся в оппозиции к клерикальному авторитету[27]. В то время как другие изображения *vetula* амбивалентны и вызывают сомнения в отношении ее мирских знаний, отношение Ролла к ней, без сомнения, положительное.

Поздний автобиографический пассаж в «Incendium» только заостряет мысль Ролла о том, что женщины могут обладать большей духовной мудростью, чем представители образованной элиты. Ролл вспоминает, как упреки трех женщин заставили его повернуть от деятельной жизни к жизни созерцательной. Первая женщина была недовольна им, поскольку он «слишком внимательно осмотрел ее», «желая осудить ее за ее нелепую одежду»[28]. Вторая упрекнула его в том, что он «говорил о ее огромных грудях, как

---

[26] «Non audio dicere omnem amorem bonum esse: quia ille amor qui magis delectatur in creatura quam in Creatore, et proponit delectabilitatem uisibilis speciei intellectuali claritati, malus est et odibilis, quia auertit ab eterno amore et conuertit ad temporalem, qui durare non potest» [Rolle 1915: 195].

[27] Подробнее о тропах, связанных с использованием слова *vetula* образованными людьми в эпоху Средневековья, см. [Minnis 2008: 294–312].

[28] «Cupiens corrigere insanium earum in superfluitate et mollicie uestium, ornatum illarum immoderatum nimis inspexi» [Rolle 1915: 178].

будто бы наслаждался ими»[29]. В обоих этих примерах Ролл сначала осудил женщин за их грехи: одну за ее нескромное платье, а другую — за соблазнительное (voluptuous) тело. При всем этом автор подразумевает, что его чрезмерное рвение к исправлению завело его в опасную область удовольствия от греха, который он взялся устранить. В своем третьем — довольно загадочном — примере Ролл говорит, что одна женщина сказала ему только: «Тише, брат!», когда она «почувствовала себя в опасности, как будто [он] грубо хотел прикоснуться к ней или уже прикоснулся»[30]. Вспоминая упрек этой женщины, Ролл включает в него показательное междометие: «как если бы она сказала: "Не подобает тебе — отшельнику — возиться с женщинами"»[31]. Здесь неожиданно Ролл показывает поступок мужчины-клирика, корректирующего грехи своих прихожанок, как нескромный и даже как тот, который может привести к неправомерной сексуальной связи («или уже прикоснулся»). Контринтуитивно автор использует мудрость этих трех женщин, чтобы подчеркнуть ранее высказанную мысль о необходимости противостоять распущенности и искушениям плоти, чтобы подняться к духовному знанию. Эти примеры обращают внимание также на то, что идеи Ролла вытекают из ортодоксальной интеллектуальной традиции, даже если расходятся с ней, взращивая форму мирского знания на своих условиях.

Как и многие мистики своего времени, Ролл стремился очертить идеальные условия развития такого неопосредованного знания. Отстранение от дел и желаний физического мира — все это необходимо, чтобы заглушать внешние чувства и взращивать внутреннее восприятие. В пастырском трактате «Форма жизни» Ролл утверждает, что одним из критериев того, пребывает ли в милосердии созерцательная душа, является «твердость мысли, чтобы терпеть все страдания и боль, которые приходят» («hardynes of thought to suffer al angres and noyes þat cometh») [Rolle 1988: 23].

---

29 «De mammis eius grossis loquebar quasi me delectarent» [Rolle 1915: 178].

30 «Minabar quasi rude eam tangere uellem, uel tetigi» [Rolle 1915: 178].

31 «Quasi dixisset, 'Non pertinent ad statum tuum, scilicet hermeticum ludere cum mulieribus» [Rolle 1915: 178–179].

В том же трактате Ролл обвиняет свою ученицу Маргарет Кирби в том, что та не отвергает «скверные шумы праздных мыслей» («þe foul noyes of thoughtes þat ben ydel»), подчеркивая необходимость уединенных размышлений, чтобы всякий будущий мистик мог «отыскать внутри <себя> великое безмолвие, куда не добраться шумам алчности, тщеславия и земных мыслей» («secheth withjnnen grete silence fro þe noyes of couetise and vanytees and erthly thoughtis») [Rolle 1988: 25, 23]. В «Ego Dormio», другом обучающем трактате, Ролл утверждает, что «эта степень любви называется созерцательной жизнью, поскольку та любит быть [единственной], без звона, шума, песен и плача» («This degree of loue is cald contemplative lif, þat loueth to be [onely] withouten ryngen or dyn and syngynge and criying») [Rolle 1988: 31]. Коротко говоря, Ролл ценит созерцательную жизнь прежде всего потому, что та изымает мистика как из чисто физического, так и из когнитивного шума земных забот.

Как и в своих более поздних пастырских сочинениях, написанных вслед за Августином, в «Incendium» Ролл использует понятие шума, чтобы обозначить те ощущения и желания, что возникают в результате контакта с экстериорным, физическим миром. Он утверждает, что, в отличие от одинокого, человек, обитающий среди *tumultus,* отвлекается и редко может себе позволить размышлять и молиться [Rolle 1915: 181]. Латинское *tumultus* охватывает понятие «беспокойство» в его кинестетическом смысле — как физио-когнитивное замешательство или нарушение — и в смысле звуковом: в качестве шумный беспорядок. (В середине XV века Ричард Майсин, монах-кармелит и переводчик ролловского «Incendium», решил перевести «tumultum» как «clattering» (грохот), коннотации которого в современном английском языке отсылают к акустическим беспорядкам и даже физическому насилию [Rolle 1896: 30][32].)

Отвлекая от истинного устремления к Богу, шум — форма самообмана. В «Incendium» описываются обманчивые удовольствия «лживого мира», в заключении — следующее:

---

32 Значения слова «clateren» в среднеанглийском языке см. в MED, статья «clatteren». URL: https://quod.lib.umich.edu/m/middle-english-dictionary.

> Мир имеет и жемчужину, близкую к стону, и посмешище-похвалу, лилию-зависть, песнь — металлический звон, красоту-гниение, несогласованную согласованность, снег — и проникновение в грязь, утешение-опустошение, нищее царство. Имеет и соловья, подобного мычащей корове; голос дроздов, не приобщенный к мелодии; овцу в волчьей шкуре; и голубку, что яростней зверя[33].

Все приятные звуки (noise) физического мира — песни, пение мелодичных птиц — есть формы шума, поскольку соблазняют и льстят физическому чувству, отвлекая от духовных вещей своими удовольствиями. Так вновь возникает соловей, но в этот раз с менее лестными описаниями. Обращая подобные звуки в шум, Ролл сигнализирует, что мирское наслаждение духовно пагубно и причиняет вред душе; череда риторических антитез часто обрамлена аллитерациями («gementem gemmam», «cantem clangorem»), ассонансами и другими звуковыми играми («laudem ludibrium», «fera furientem», «discordem concordiam»). Эффект этих импульсов — встреча с языком, в котором материальные элементы последнего подчеркивают пустой и мирской характер описываемых удовольствий; здесь опыт языка как шума амплифицирует проблему, беспокоящую Ролла, и угрожает читателю погребением в ощущениях мира.

Cantus, musica и литургическая песнь в раннем христианстве

Средневековые мыслители остро осознавали это скользящее колебание между духовным и плотским знанием, — колебание, возникающее благодаря языку. Ранние дебаты о месте псалмов в литургии — библейском слове, положенном на музыку и исполняемом в составе религиозного ритуала, — особенно плодородная

---

33 «Habet [mundus] et gementem gemmam, et laudem ludibrium, lilium liuorem, cantum clangorem, speciem putridinem, discordem concordiam, niuem ingredinem, solacium desolatorium, inopem regnum. Habet et philomenam magis uacca mugientem; merulinam uocem, melum nescientem; ouem uulpinam pellem induentem; et columbam, plus fera furientem» [Rolle 1915: 259–260].

область, чтобы исследовать, сколь тщательно ранние теологи рассматривали роль тела в религиозном образовании и в сколь разной степени оправдывали эту роль. Эти диспуты подчеркивают эпистемологические иерархии, очерченные ранними теоретиками музыки, такими как, например, Боэций и другие. Согласно влиятельной точке зрения, изложенной Боэцием в «De institutione musica», истинный музыкант удерживает абстрактное знание математических пропорций и соотношений музыки, в то время как более базовые знания музыканта-практика основаны на регулярном телесном повторении игры или пения, определенного рода мышечной памяти, которую Боэций считал «рабством» (servitio) в противовес свободному рациональному *imperium* [Boethius 1867: 223–224]. Эта точка зрения фундирует многовековое различение *musica* и *cantus* или литургической песни. В то время как первое считалось объектом абстрактного рационального знания, второе — зачастую, хотя и не всегда, — становилось объектом механического знания, основанного на телесном повторении[34]. Эта динамика провоцировала вопросы и проблемы ранней теологии, касающиеся как *кантора*, так и аудитории. Исполнение или прослушивание таких песнопений могло возвысить душу благочестивого мирянина, вырвав ее из низменной сферы телесных удовольствий в высокое царство духовного; но при этом и певцы, и слушатели — как миряне, так и клирики — рисковали погрязнуть в физическом переживании песни, тем самым утратив духовный смысл и значение слова.

Греческий экклезиаст Климент Александрийский показывает, как и когда ранняя церковь начинает ассоциировать такое воплощенное внимание к песне с языческими представлениями и практиками, предшествующими Христу. В своем «Увещевании к грекам», написанном во второй половине II века н. э., Климент опирается на классические пифагорейские представления о гармонически упо-

---

[34] Обзор различий между абстрактным и практическим познанием музыки и последующим их объединением в период с поздней Античности и на всем протяжении Средних веков в то, что сегодня мы называем теорией музыки, см. в [Bower 2002].

рядоченном космосе и утверждает (наряду с Боэцием и др.), что пение псалмов способно ввести слушателей в резонанс с космосом, то есть гармонией и/или истиной. Он адаптировал античную мифологию к целям христианства, чтобы привлечь языческую аудиторию к вере. Таким образом он стремился скорректировать языческую тенденцию приписывать силу очаровывать природный мир скорее менестрелям, чем Богу [Clement of Alexandria 1919: 3]. Для Климента и других ранних христиан только «новая песнь» — Слово Божье — могла воздействовать на природу. Это различие между «старой» и «новой» песней сохранялось на протяжении веков. Как показывает Кэтрин Зиман, в позднем Средневековье стремление к сопоставлению новой песни со старой песней (дохристианских музыкальных форм) становится повсеместным. Также она подчеркивает, что средневековые христиане понимали, что чтение и пение псалмов на иврите до Христа было слишком буквальным в своем внимании к материальному тексту: буква, а не дух [Zieman 2008b: 40–49][35]. С этой точки зрения старая песня дохристианских менестрелей — как еврейских, так и языческих — была формой звука без содержания, то есть шумом: она воздействовала на тело, но не влияла на «истинное» духовное познание.

Именно эту перспективу представляет Климент, когда открывает «Увещевание...» пересказом греческого мифа о Евноме Локрийском и пифийской цикаде:

> Торжественная ассамблея греков, устроенная в честь мертвого змея, собралась в Пифо, и Евном исполнял свою погребальную песнь для рептилии. Была ли песнь Евнома гимном, восхвалением змея или плачем над ним — я сказать не могу, но произошло состязание: так, Евном играл на кифаре в самый знойный час разгорающегося дня, в тот момент, как цикады, согретые солнцем, запели в листве под холмами. Они пели, как видите сами, не мертвому змею Пифону, но премудрому Богу — спонтанной, естественной песней, и была она куда лучше мерных струн Евнома. Вот в руках локрийца рвется одна из струн; и цикада садится на

---

[35] См. также [Holsinger 2001: 32–46].

> гриф инструмента, словно на ветку, и заводит свое стрекотанье. Тогда менестрель согласует музыку струн с напевом цикады, заменяя тем самым звучащее место недостающей струны. Так что не Евном привлек цикаду песней, как утверждает предание, установившее в Пифо бронзовую статую Евнома с кифарой и его союзницу в состязании. Нет, цикада перемещалась сама по себе и пела сам по себе, хотя греки и полагали, что она откликнулась на музыку [Clement of Alexandria 1919: 3–5].

Климент сопоставляет два модуса песни «в соревновании»: музыку Евнома, ошибочно обращенную к мертвому змею как хранителю языческого святилища в Дельфах, и музыку цикад, обращенную к истинному Богу. Этим рассказом он предлагает ранний пример двух точек зрения на песню, которые станут ключевыми в католической интеллектуальной традиции. Согласно первой, песня может быть спонтанным природным извержением в хвале Богу. Как мы увидим позже, Ролл похожим образом оценивает этот способ выражения, отождествляя подобные вспышки с аффективной и эмоциональной вовлеченностью мистического опыта. И действительно, то, что Климент связывает эту природную песню со звуками насекомых, предвосхищает фигуру ролловского соловья, подчеркивая нерациональную и звериную природу такого экстатического выражения. Но, согласно второй точке зрения, песня была волшебством, обращенным к низменным чувствам и соблазняющим животную плоть, в то время как дух томился. В самом деле, Климент заканчивает басню вопросом: «Как же получилось, что вы [греки-язычники] доверяете никчемным легендам, воображая, что грубые звери очарованы музыкой, в то время как светлый лик истины кажется вам обманчивым, и на него смотрят неверящими глазами?» [Clement of Alexandria 1919: 5].

Эта басня позволяет Клименту развить метафору Бога-менестреля и противопоставить «старую песнь» языческих менестрелей, таких как Евном, «новой песне» — слову Божьему. В понимании ранних христиан эта новая песня могла воздействовать на души слушателей гораздо сильнее, чем по-язычески чарующая старая. Климент объясняет, что, подобно песне царя Давида, чья музыка исцелила Саула от одержимости бесами[36], «новая песнь» содержит «сладкое и подлинное лекарство убеждения» [Clement of Alexandria 1919: 7]. Ее цель — «открыть глаза слепых, отвратить уши глухих, направить оступившихся и заблудших на путь праведности» [Clement of Alexandria 1919: 15]. Тем самым он привлекает слушателей к истине и к резонансу с космическим порядком и его гармонией. Как объясняет Климент, «именно эта [новая песнь] привела всецелое творение в мелодичный порядок, перенастроив в согласие раздор элементов, чтобы вся вселенная могла быть в гармонии с ней» [Clement of Alexandria 1919: 11]. Упоминание Климентом этой песни относится — в широком смысле — к библейскому слову. Однако, явно сравнивая ее с песней Давида, Климент связывает идею новой песни именно с псалмами еврейской Библии, во многих из которых утверждается, что те были написаны царем Давидом или же для него.

Различение физического/аффективного взаимодействия с библейским словом находит свое отражение и в текстах латинских псалмов. Во второй половине IV века, примерно в то же время, когда Августин старается понять мистическое безмолвие, его теологический собрат и современник Иероним проводит различие между типами песен и их использованием в религиозной практике; его комментарий к 19-му стиху 5-й главы Послания к Ефесянам («Наставляйте друг друга псалмами, гимнами и духовными песнопениями. Пойте и прославляйте Господа в ваших сердцах»)[37] особенно поучителен. Так, сразу же определив гимн как провозглашение Божьего всемогущества, он переходит к различению псалмов и духовных песен: псалмы «принадлежат этической топике» и потому предлагают моральное наставление как певцам, так слушателям, оперирующим «телесными орудиями»[38]; духовная же песнь, однако, принадлежит лишь певцу, чье

---

[36] 1-я кн. Царств 16:23.

[37] Цит. по Новому русскому переводу Библии.

[38] «Autem proprie ad ethicum locum pertinent, ut per organum corporis» [Heine 2002: 228]. Латинский текст см. в [Migne 1841–1865, 26: 52].

внимание обращено к «высшим предметам» — гармонии и порядку во Вселенной[39]. В заключении Иеронима «псалом относится к телу, а песнь — к разуму», из чего он делает вывод, что «мы должны поэтому петь, слагать мелодии и славить Господа более душой, нежели чем голосом»[40]. Иеронимово различение физической и духовной песни согласуется с современными ему августиновскими и иными различениями, проходящими по линии интериорных/экстериорных восприятия и выражения. В заключение глоссы Иероним дважды повторяют повеление отвернуться от голоса: сначала подчеркивая, что петь нужно «сердцем (*corde*), а не голосом (*voce*)», а затем поясняя, что «радует не голос (*vox*) певца, а слова (*verba*), которые читаются»[41]. Сочетая духовную песнь с сердцем и словом и возвышая их над голосом, Иероним подчиняет физический и экстериорный опыт песни интериорному ментальному пониманию, основанному на аффективной убежденности.

Действительно, для Иеронима звуки, издаваемые певцом, не имеют большого значения по сравнению с его намерениями и их результатом в добрых делах. Он предостерегает, что «горло и глотку не следует мазать (*colliniendas*) сладким лекарством, как это делают трагические актеры, чтобы в Церкви были слышны театральные ритмы и песни»[42]. Называя конкретные анатомические части, участвующие в вокализации, он размещает искусственные (artificial) / театрализованные формы музыкальных практик в теле; он также утверждает поверхностность такой вокализации, полагая, что ее сладкие звуки исходят не естествен-

---

[39] «Qui vero de superioribus disputat, et concentum mundi omnium creaturarum ordinem atque concordiam subtilis disputator edisserit iste spirituale canticum canit» [Migne 1841–1865, 26: 528; Heine 2002: 228].

[40] «Psalmus ad corpus: canticum refertur ad mentem. Et canere igitur et psallere, et laudare Dominum magis animo quam voce debemus» [Migne 1841–1865, 26: 528; Heine 2002: 228–229].

[41] «Deo non voce, sed corde cantandum. Non vox canentis, sed verba placeant, quae leguntur» [Migne 1841–1865, 26: 528; Heine 2002: 229].

[42] «Nec in tragoedorum modum guttur et fauces dulci medicamine colliniendas, ut in ecclesia theatrales, moduli audiantur et cantica» [Ibid.].

ным образом, а из речевых трактов, «смазанных» сладостью. Напротив, утверждает Иероним, «хотя кто-то может быть неблагозвучен [*kakophonos*]... если совершает он добрые дела, пение его сладостно Богу»[43]. Появляясь среди латыни, греческий термин *kakophonos* амплифицирует слуховую инаковость виртуозной песни: не звук голоса свидетельствует о чистоте души и намерении, но милосердие говорящего. Таким образом, какофонический голос плохого певца добрых дел предпочтительнее театральной и поверхностной сладости литургических актеров.

Примерно в то же время, когда Иероним писал «Комментарий к Ефесянам», Августин выразил обеспокоенность по поводу роли песни в литургии. В отрывке об удовольствиях слуха из «Исповеди» он отмечает тенденцию литургического пения обращаться к наслаждениям плоти. При этом он сознается, что «...однако, не в меру остерегаясь этого обмана, я совершаю ошибку, впадая в чрезмерную строгость: иногда мне сильно хочется, чтобы и в моих ушах, и в ушах верующих не звучало тех сладостных напевов, на которые положены псалмы Давида» [Августин 2013: кн. 10, стих 50][44]. Здесь Августин признает поспешность своего раннего порыва исключить музыку из церковной службы. Далее он вспоминает слезы, которые пролил, слушая псалмы вскоре после обращения, и заключает: «...и хотя теперь меня трогает не пение, а то, о чем поется, но вот — это поется чистыми голосами, в напевах вполне подходящих, и я вновь признаю́ великую пользу этого установившегося обычая» [Августин 2013: кн. 10, стих 50][45].

В то же время всегда остается риск того, что музыка псалмов вызовет у слушателей прямо противоположный эффект. Августин

---

[43] «Quamvis sit aliquis ut sollent illi appellare [kakophonos], si bona opera habuerit, dulcis apud Deum cantor est». [Ibid.].

[44] «Aliquando autem hanc ipsam fallaciam immoderatius cavens erro nimia severitate, sed valde interdum, ut melos omnes cantilenarum suavium, quibus Daviticum psalterium frequentatur, ab auribus meis removeri velim atque ipsius ecclesiae» [Augustine 1997, 2: 166].

[45] «Quod moveor non cantu, sed rebus quae cantantur, cum liquida voce et convenientissima modulatione cantantur, magnam instituti huius utilitatem rursus agnosco» [Augustine 1997, 2: 166].

сознаётся: «Когда же со мной случается, что меня больше трогает пение, чем то, о чем поется (res), я каюсь в прегрешении» [Августин 2013: кн. 10, стих 50][46]. По мнению Августина, Афанасий, епископ Александрийский, предложил лучшую модель, потому что «заставлял произносить псалмы с такими незначительными модуляциями, что это была скорее декламация, чем пение» [Августин 2013: кн. 10, стих 50][47]. Для него, как и для Иеронима, библейское содержание как сама сущность песни имело первостепенное значение. Звуки песни должны были подчиняться *res*, субстанции того, что поется.

В этой трактовке литургического пения августиновская амбивалентность проявляется в самом широком смысле, поскольку: «...колеблюсь я, — и наслаждение опасно, и спасительное влияние пения доказано опытом» [Августин 2013: кн. 10, стих 50][48]. Действительно, в своих работах он несколько непоследователен в отношении песни и удовольствий тела. Хотя Августин зачастую выражает недоверие физическим чувствам, он не мог порой не признавать, что и те открывают пути, ведущие душу к добру и духовной истине и аффектирующие ее, душу, этими последними. Например, в комментариях к псалмам Августин восхваляет литургический *jubilus* — музыкальную технику, в которой один слог растягивается на несколько нот, за ее способность направлять голос души:

> Тот, кто ликует, не произносит слов, но есть некий звук радости без слов; ибо это голос души, разлитой радостью, насколько она может, затронутой переживаниями, но не схватывающей смысла. Радующийся человек в своем ликовании из-за неких слов, которые не могут быть ни сказаны, ни поняты, прорывается в некий голос — ликование без слов;

---

[46] «Tamen cum mihi accidit, ut me amplius cantus quam res, quae canitur moveat, poenaliter me pecarre Confiteor» [Augustine 1997, 2: 168].

[47] «Qui tam modico flexu vocis faciebat sonare lectorem psalmi, ut pronuntianti vicinior esset quam canenti» [Augustine 1997, 2: 166].

[48] «Ita fluctuo inter periculum voluptatis et experimentum salubritatis magisque» [Augustine 1997, 2: 166–168].

> так что становится явным, что он в самом этом голосе действительно радуется, но, как бы переполненный чрезмерной радостью, не может словами выразить то, чему радуется[49].

Ссылаясь на топос невыразимости, столь широко распространенный в средневековой мистической литературе, Августин говорит о значении внесемантического языкового опыта: именно «переживание чувств», а не «постижение смыслов», наиболее эффективно передает духовное понимание. Здесь — но в другой форме — проявлено напряжение, которое мы уже наблюдали в творчестве Августина: именно экстатический звук, а не слово, выражает истинное познание Бога; внесемантическое переживание звука сродни переживанию тишины. Как показали исследователи Гел и Брюс, этот же концептуальный каркас лежит в основании монашеских идеалов молчания, которые необязательно подразумевали полное отсутствие звука. Например, в более тихом аналоге августиновского *jubilus* практика *ruminatio* — часто называемая монашеским бормотанием — побуждала монахов и даже благочестивых мирян постоянно вполголоса читать псалмы, так что казалось, что они жуют священные слова[50]. Эта шумная субвокализация позволяла им усваивать духовные знания через звуки, физически внедряя их в разум и тело.

---

[49] «Qui jubilat non uerba dicit, sed sonus quidam est laetitiae sine verbis; uox est enim animi diffuse laetitia, quantum potest, experimentis affectum, non sensum comprehendentis. Gaudens homo in exsultationis sua, ex verbis quibusdam quae non possunt dici et intellegi, erumpit in vocem quamdam exultationes sine verbis; ita ut appareat eum in ipsa voce gaudere quidem, sed quasi repletum nimio gaudio, non posse verbis explicare quod Gaudet» [Augustine 1956, 2: 1394].

[50] Скотт Дж. Брюс утверждает, что такая практика была доступна мирянам, ревностным в своей вере, в качестве средства достижения ангельской благодати. Брюс цитирует аббата Одона Клюнийского, который слышал, как благочестивый граф Геральд Орийакский бормотал под нос псалмы и при этом «не издал ни единого человеческого звука» (nil mortale sonans). Эта формулировка дословно заимствована из описания оракула в Дельфах, говорящего голосом Аполлона в «Энеиде» Вергилия. Соответственно, прослеживается четкая связь экстатического *ruminatio* с бессвязными речами языческих оракулов — как попытка адаптировать языческую мифологию к христианскому ритуалу. Цит. по: [Bruce 2007: 23].

В приведенном выше отрывке хиазмический слуховой орнамент во фразе «experimentis effectum, non sensum comprehendentis» возникает через переплетение понятий чувства (affectum) и смысла (sensum), подчеркивая точку зрения, что языковой опыт является истинным местом духовного понимания. Важно отметить, что в этом примереауральная орнаментация Августина амплифицирует духовно правильное текстуальное значение. В другом месте он подчеркивает, что подобная орнаментация без должного обоснования в духовной истине опасна. Например, в своей «Христианской науке» — влиятельном руководстве по толкованию и преподаванию Священного Писания — Августин описывает языческую поэзию, утверждая, что «подобный вздор похож на стручки, бренчащие (*quatit*) внутри приятной на вкус оболочки звонкими сухими зернами; но это пища свиней, а не людей»[51]. В формулировке Августина, «вздор» поэзии — ее поверхностные соматические аспекты — не что иное, как пустая «погремушка», звучащая красиво, но оставшаяся без духовной силы (virtue). Наконец, он подчеркивает, как приятный чувственный опыт может обогнать смысл или, как в случае с языческой поэзией, маскировать (obscure) пустоту духовной истины. Формула Августина указывает на потенциальную опасность ауральной орнаментации и текстур и удовольствия, которое те доставляют. Когда поверхностные удовольствия слуха затемняют интериорную, моральную сущность текста или противоречат ей, язык сам по себе становится не более чем погремушкой.

Эхоический мистицизм

Опыт звука с его внесемантическими свойствами, как это ни парадоксально, оказывается неотъемлемым элементом мистической программы, которую — в своей частичной оппозиции к институциональной церкви и в то же самое время на основании позиций которой — разработал Ролл. Как мы видели, спокойствие

---

[51] «Haec siliqua intra dulce tectorium sonantes lapillus quatit; non est autem hominum sed porcorum cibus» [Augustine 1995: 144]. Здесь приведен русский перевод по изд. [Августин 2006].

и тишина необходимы для того, чтобы достичь мистического жара (*calor*), сладости (*dulcor*) и небесной песни (*canor*). Однако результат подобного опыта не совсем тих. Ролл поясняет: «Есть много тех, кто возносит свои молитвы Богу в великом благоговении и восторге, кто способен вкусить сладость созерцания, молясь или размышляя, но кто не движется дальше, но пребывает в покое»[52]. По сути, конечная цель созерцания по Роллу — полное погружение чувств в небесный звук, который сопротивляется удерживанию в языке. Несмотря на неоднократные ролловские утверждения о том, что его мистический опыт ветвится из божественного источника, он подчеркивает тем не менее, что переживается этот опыт физически, как жаркий. Понятие шума возникает как способ выделить материальную, сенсорную природу этого опыта.

В автобиографической заметке о первом мистическом переживании *canor* Ролл связывает программу аффективного благочестия с переживанием и выражением шума, возникающими в тандеме и взаимодействии:

> Поистине, когда я сидел в той самой часовне и ночью, перед ужином, повторял, как я мог, псалмы, то услышал как бы звон (*tinnitum*) псалмопения (*psallencium*) или, вернее, пения певцов (*canencium*) надо мною. И когда всем своим желанием я вознамерился молиться небесным существам (не могу объяснить, каким образом), вскоре я почувствовал в себе согласие песни и получил прелестнейшую небесную гармонию, оставшуюся у меня в памяти. Ибо мысли мои постоянно обращались в мелодичную песнь, и, размышляя, я словно имел в себе, даже молитвах и псалмопении произносил я один и тот же звук. С тех пор, воспевая то, что я ранее говорил, из-за избытка внутренней сладости я вырывался вовне, но тайно, потому что [я был] только в присутствии моего Создателя[53].

---

52 «Multi sunt quippe qui sepe in magna deuocione et suauitate preces suas Deo offerunt et dulcedinem contemplacionis orando uel meditando degustare possunt, qui non discurrunt sed manent in quiete» [Rolle 1915: 177].

53 «Dum enim in eadem capella sederem, et in nocte ante cenam psalmos prout potui decantarem, quasi tinnitum psallencium uel pocius canencium supra me ascultaui. Cumque celestibus eciam orando toto desiderio intenderem, nescio

Из этого отрывка становится ясно, что вершина мистического опыта согласно Роллу — исключительно ауральный опыт. Прежде осознания, что небесные звуки изданы ангельскими «певцами», Ролл сначала ошибочно принимает звуки *canor* за «шум» или «звон» (*tinnitum*) псалмопения — и это деталь, которая так и не получила удовлетворительного объяснения. Такие ученые, как Олбин и Зиман, считают сопоставление хоровых сообществ риторическим ходом, который усиливает различие между земной и небесной песней и, по словам Олбина, «эффективно устраняют человеческую псалмодию из сферы небесных песен [*canor*]» [Albin 2015: 181][54]. Но я полагаю, что проводимое Роллом различие не столь прозрачно. Грамматически слово *tinnitum* управляет обоими генитивами: *psallencium* («псалмопения») и *canencium* («пения певцов»). Различие между небесной и земной музыкой заключается в различии между псалмопением и пением. Хотя Ролл различает человеческую псалмодию и божественных певцов, он воспринимает и то и другое не как язык, но как *tinnitum*, один только звук.

Именно за счет этого приема Ролл подчеркивает как невыразимость, так и чувственную телесность своего опыта. Как пишет Зиман, упуская значение «шума» в риторической рамке Ролла, «хоральное исполнение [песни, *canor*]... опосредует особый опыт священного, то есть обращение в истинную веру осуществляется с помощью средств, далеких от грамматического содержания текста песни» [Zieman 2008a: 140]. В своем прочтении Зиман подчеркивает, что переживание Роллом небесной *canor* вовсе сопротивляется ее же семантике. Здесь я хочу обратить внимание на воплощенную природу такого понимания. В классической

---

quomodo mox in me concentum canorum sensi, et delectabilissimam armoniam celicus excepi, mecum manentem in mente. Nam cogitacio mea continuo in carmen canorum commutabatur, et quasi odas habui meditando, et eciam oracionibus ipsis et psalmodia eundem sonum edidi. Deinceps usque ad canendum que prius dixeram, pre affluencia suauitatis interne porupi, occulte quidem, quia tantummodo coram Conditore meo» [Rolle 1915: 189].

54 Зиман делает заключение, что отрывок подчеркивает радикальную разницу между небесными и земными звуками. См. [Zieman 2008a: 144].

поэтике и поставгустианской прозе *tinnitum* коннотирован как громкий и резкий удар, например по металлу[55] . Разновидности слова *tinniens* обозначали как действие звона внутри колокола (*tinnire, tinnitio*), так и сами колокола. В переводе конца XIV века книги Бартоломеуса Англикуса «О свойствах вещей» Джон Тревизский описывает *tintinabulum* как «литой колокол или колокольчик, известный под именами *tinniendo, tynclynge* или *ryngynge*» [Bartholomaeus 1975–1988, 2: 1393]. Эти *tintinnabuli* исполняли сложные функции в средневековой религиозной литературе и культуре. Историки средневекового звука, опираясь на археологические и текстуальные свидетельства, предполагают, что термин *tintinnabulum* обозначал не большой литой или кованый церковный колокол, звон которого разносился на значительные расстояния, а более мелкие кротальные колокольчики (похожие на современные бубенцы) [Arnold, Goodson 2012: 107]. Это слово появляется в некоторых описаниях средневековых колоколов в качестве *signae* или «знаков», подчеркивая значение их звуков, призывающих, к примеру, верующих на богослужение. Наряду со своим предназначением *tintinnabuli* использовались также декоративно: особенно показательный пример (латинская Вульгата) указывает на подол священной туники Аарона с описанием вышитых гранатов «с маленькими колокольчиками между ними» (mistis in medio tintinnabulis)[56]. Ролл не приравнивает прямо звуки небесной *canor* к этому инструменту. Действительно, *tinnitum*, описываемый Роллом, намного мощнее, чем звук *tintinnabuli*, о чем свидетельствует уменьшительная форма последнего. Но, апеллируя к нему, выполняющему не только сигнификативную, но и орнаментальную роль, Ролл подчеркивает, что его

---

55 См. [Latham 1975], статья «tinnitus».

56 Исход 28:33–35. «Нашéй гранатовые плоды из голубой, пурпурной и алой пряжи по нижнему краю ризы, с золотыми колокольчиками между ними. Пусть золотые колокольчики и гранатовые плоды чередуются по нижнему краю ризы. Аарон будет носить ее, когда служит. Звук колокольчиков будет раздаваться, когда он будет входить в святилище пред лицо Господа и когда он будет выходить, чтобы ему не умереть» (Новый русский перевод). См. также [Ziolkowski 2010–2013, 1: 426–427].

первоначальный опыт *canor* укоренен в эстетическом переживании: в чувственной встрече с библейским словом.

Так, упоминание *tinnitum* Роллом в этом контексте также указывает на его желание дистанцироваться от институциональной церкви[57]. Рассмотрим же еще один вариант употребления слова *tinniens* в 1-м Послании к Коринфянам 13:1: «Пусть даже я говорю на языках человеческих и ангельских, но если нет во мне любви — я лишь грохочущая медь (*aes sonans*), звенящие кимвалы (*cymbalum tinniens*)»[58]. Здесь *tinnitum* представлен вместе с *sonus* как метафорой пустой речи, в которой отсутствует эмоциональная субстанция намерения к милосердию, и поэтому он сводится только к громкому звуку. Несмотря на то что в своей более поздней работе «Melos Amoris» Ролл настаивает на том, что только милосердие или любовь являются источниками *calor* (жара), *dulcor* (сладости) и *canor* (песни), его исходное восприятие *canor* как шума вновь подчеркивает в основном телесную встречу с ним. Ролл показывает вещественность (physicality) своего опыта *canor*, чтобы выразить его неинституциональную природу [Rolle 1957]. Как отмечает Зиман, это описание его первого опыта *canor* представляет собой обратную сторону удивительного предписания «tolle, lege, tolle, lege», о котором рассказывает Августин в 8-й книге «Исповеди» [Zieman 2008a: 140]. Вместо того чтобы просто взять и читать Библию, Ролл откладывает ее и слушает.

Здесь Ролл передает читателю телесность своего языкового опыта с помощью аллитерации: «cogitacio mea continuo in carmen

---

57 Такая точка зрения вполне имеет место. Несмотря на то что церковные колокола прочно ассоциировались с благочестием и духовным послушанием как инструмент созыва верующих (см. [Arnold, Goodson 2012]), в некоторых позднесредневековых английских текстах образ колоколов связывается с идеей бунта, стремления мирян разрушить монополию церковных властей на средство сбора паствы, и в этих случаях колокольный звон символизирует не повиновение, а, наоборот, сигнал к ниспровержению основ. Дополнительно см. [Lears A. 2019].

58 1-е Послание к Коринфянам 13:1, перевод А. Десницкого; [Ziolkowski 2010–2013, 6: 914].

canorum commutabatur» («мысль моя в музыку всякий раз обращалась»). Этот прием перекликается с пассажем выше, где идет речь об обманчивых удовольствиях мира сего (*gementem gemmam, laudem ludibrium* и пр.), могущих сбить человека с «пути истинного». В этом случае Ролл подчеркивает физиологическое языка, чтобы передать знание, лежащее за его пределами. Ученые спорят, в какой степени подобные стилистические изыски работают на представление и имитацию *canor*[59]. Уотсон утверждает, что «"Incendium" демонстрирует, как *experientia* может стать основой для *auctoritas*, прежде всего из-за способности [Ролла] воссоздать [опыт восприятия *canor*] вербально, речевыми средствами» [Watson 1991: 140]. В то время как Уотсон делает акцент на опыте как на ключе к пониманию стиля Ролла, описание усилий мистика в терминах «воссоздания» *canor* кажется недостаточным, учитывая настойчивость Ролла в том, что касается сопротивления *canor* репрезентации. Вместо того чтобы понимать высокий литературный стиль Ролла в терминах репрезентации *canor*, я хочу изменить условия дискуссии и рассмотреть способы, которыми его язык приглашает к переживанию *canor*, вытесняя читательское восприятие в область одних только звуков, где шум и песня сосуществуют в аллитерации и других поэтических элементах. Уотсон пишет, что риторическое изящество Ролла, в частности, его использование аллитерации, обращается в стилистический принцип в поздней работе «Melos Amoris»: «"калейдоскоп", в котором стиль Ролла является частью... светящихся переменчивых узоров, чья странная красота приковывает взгляд и слух даже тогда, когда разум его погружается в смятение» [Watson 1991:

---

[59] Зиман утверждает, что увлечение Ролла стилем указывает на его интерес к «экстраграмматическим» элементам языка и что «такое избыточное использование им языковых средств часто представлено аллитерацией» [Zieman 2008a: 137]. Олбин, напротив, считает (см. [Albin 2015]), что неоднократные заявления Ролла о том, что *canor* не приходит к нему в воображении, а вполне реальна, как раз и вызывают настойчивое, а иногда и чрезмерное использование им аллитерации, которое призвано подчеркнуть попытки его собственного голоса хоть как-то воспроизвести небесную мелодию.

172]. Это меткое описание показывает, как сам стиль приглашает читателя к переживанию языка в качестве шума. С помощью этого стилистического принципа Ролл отворачивается от узко утилитарного использования языка для передачи значений, принятого в дидактической и гомилетической литературе. Вместо этого он культивирует альтернативный модус эмпирического понимания, преобладающий среди мирян, который Джойс Коулман называет «слуховой грамотностью» [Coleman 1996].

Тем не менее, если, как утверждает Олбин, музыка — тот самый элемент *canor*, который Ролл ценил больше всего, то я бы предположила, что Ролл стремился подчеркнуть именно опытное и мирское понимание этой музыки. Как утверждает Олбин, аффективная значимость слухового опыта Ролла действительно была очень важна и для его теологии, и для религиозной его программы, полагающей решающее место музыки в религиозности позднего английского Средневековья. Но не менее важно отметить и то, как Ролл приглашает нас воспринять этот опыт — скорее в терминах шума, чем музыки. Более того, это различие подчеркивает мирскую природу его мистической программы. На самом деле, рассмотрение Роллом *canor* имеет очень мало общего с тем «истинным» музыкальным знанием, которое разрабатывалось Боэцием и другими средневековыми теоретиками музыки, различавшими истинное музыкальное знание (укорененное в рациональном суждении о математических пропорциях и структуре), практическое знание (базирующееся на телесном повторении и мускульной памяти) и нечто вроде аффективного музыкального знания, свойственного в частности поэтам, «которые обращаются к песне не столько посредством спекуляции и разума, сколько посредством определенного природного инстинкта»[60]. Ролл рассказывает о своем знании небесной *canor* именно как поэт, а не как тот, кого Боэций назвал бы истинным музыкантом.

---

[60] «Secundum vero musicam agentium genus poetarum est, quod non potius speculation ac ratione, quam naturali quodam instinctu fertur ad carmen» [Boethius 1867: 223–225].

Описывая мистическую рецепцию небесной песни, Ролл настойчиво связывает понятия *canor* и *sonus* — слово, выражающее его понимание опыта как чего-то такого, что отлично от музыки[61]. Вот особенно выдающийся пример — Ролл объясняет:

> Он [мистик] вбирает в себя звук (sonum), ниспосланный небесами, и его *медитация превращается в мелодию, и его мышление утверждает магическую* гармонию.
> Ибо есть ангелическая сладость, вбираемая им в душу, и в то же время — ода (*oda*), хотя хвала его Богу не будет звучать теми же самыми словами. Каково ангельское, таково и [мистическое] пение, пусть из-за тленной *плоти* (*carnem*), отягощающей любящего, и не столь великое, и не столь ясное. Тот, кто *переживает* (*expertitur*) это, является сведущим (*expertus*) в том же ангельском *пении* (*cantica*), поскольку они одного рода: и в пути, и на родине [т. е. на небесах]. Ибо сам звук (*sonus*) относится к ангельскому *пению* (*canticum*), но не к *песне* (*carmen*), что поется[62].

В концептуальном и тематическом отношении этот пассаж начинает артикулировать теорию эхоического мистицизма: мистик воспринимает небесный *canor* как «мирской сын», через тело, понимая его только как звук. Олбин описывает этот процесс следующим образом: «...мистическое тело становится разновидностью духовной музыкальной шкатулки, возвращающей полученные ей звуки; ее живые структуры согревают и озаряют ангельскую музыку тембрами человеческого голоса» [Albin 2015: 182]. В формальном плане аллитерация Ролла («et meditacio

---

61 Приведенный ниже отрывок дополняет утверждение Ролла о том, что от *canor* «изливается и приходит небесный звук (*soni*), отражающий дух вечно возносимой хвалы и сладость невидимой мелодии» [Rolle 1915: 189].

62 «Sonum accipet in se ex supernis inmissum, et meditacio mutabitur in melos, mensque in mirifica morabitur armonia. Est enim angelica suauitas quam in animam accipit et eadem oda, etsi non eisdem uerbis laudes Deo resonabitur. Qualis angelorum, talis est iscius concentus, etsi non tantus, nec tam perspicuus, propter carnem corruptibilem que adhuc aggrauat amantem: qui hoc experitur eciam angelica cantica expertus est cum eiusdem speciei: in uia est, et in patria. Sonus enim ad canticum pertinet, non ad carmen quod cantatur» [Rolle 1915: 237].

mutabitur in melos» и т. д.) предлагает именно этот «человеческий тембр», который сводит выражение мистика к звучанию как таковому. Таким образом, мистическое выражение Ролла переозвучивает и эхоирует небесную песнь, ставшую несовершенной и даже невнятной из-за влияния плоти, несмотря на то что это выражение предлагает другую, эмпирическую форму знания — непосредственную и емкую в обращенности к физическому и эмоциональному чувству.

Действительно, Ролл предпринимает материальную манипуляцию языком постольку, поскольку она хорошо передает эмпирическое знание через игру слов. В приведенном выше фрагменте Ролл бьется над определением небесного *sonus* в связи с рядом музыкальных терминов, различая небесную песнь (*oda, canticum*) и песню, произносимую мистиком (*carmen*). Мистическая *carmen* близка ангельскому *canticum*, но уступает ему, поскольку разыгрывается на тленном земном плане — в мире тела и его чувств. В фрагменте тонко обыгрываются звуки *carmen* (человеческая песнь) и *carnem* (плоть), а понятия связываются воедино благодаря заплетающемуся языку (tongue-tying), подсвечивая тело и как преграду ясному пониманию, и как вместилище другой формы чувственного знания. Для Ролла мистическое знание о песне основано на физическом опыте: он испытал ее — поэтому является в ней знатоком.

Следовательно, эмпирическое знание является не рациональным, но аффективным и материальным. Ролл пишет, что он чувствует в связи с этим «необычное и приятное (*iocundum*) тепло», возникшее во время первого опыта восприятия *canor* [Rolle 1915: 189]. Происходя от глагола *iocor*, означающего «шутить», термин *iocundus* коннотирован мирскими развлечениями и менестрель-шоу. Отрывок перекликается с более ранним обсуждением смеха в «Incendium», в рамках которого Ролл стремится облагородить понятие духовной веселости (mirth), объясняя:

> Некоторые люди осуждают смех, некоторые восхваляют его. Смех, который проистекает из легкомыслия и тщеславия разума, порицаем; тот, что поистине проистекает из жизне-

радостной совести и веселого духа, достоин похвалы; только это одно праведно; и потому называется веселостью и благоволением Божьим[63].

Как и августиновское *gaudium*, согревающая духовная *iocunditas*, которая ведет Ролла к *canor*, является праведной, а не ритуальной[64]. Однако же, используя термин, связанный с мирскими развлечениями и физиологической реакцией смеха, Ролл еще больше укореняет его в телесном удовольствии и мирской природе.

Ролловский праведный *risus* возникает в качестве спонтанной формы эмоционального высказывания, как нелингвистический побочный продукт аффективного духовного знания, достигаемого в мистическом опыте. Восклицательное высказывание имеет некоторое сходство с мистической песнью, прорывающейся в мистике. Так, Ролл пишет, что «поскольку он будет славить Бога в ликующей песне, он разражается (*eructat*) хвалой из своих самых сокровенных жизненных сил, и его сладкозвучный (*dulcissona*) голос доходит до небес, где Господь в своем величии радуется, когда слышит его»[65]. По Роллу, восхваление «вырывается наружу», *eructo*, — глагол, подразумевающий иммерсивное голосовое излияние, громко звучащее вместе с шумом, значимом в своем «сладкозвучии». Приятный *iocunditas* этого опыта, как отмечает Ролл, отличает его от мистического дара слез, столь широко пропагандируемого докторами, утверждающими, что лучшие должны плакать «столько же о страданиях жизни, сколько об отсрочке их родины [то есть до небес]». В отличие от них,

---

63 «Porro risum quidam reprobant, quidam laudant. Risus igitur qui ex leuitate et uanitate mentis, reprobabilis est: qui uero est ex hilaritate consciencie et leticia spirituali, laudabilis est, qui solum in iustis est, et dicitur iocunditas in dileccione Dei» [Rolle 1915: 170].

64 Ролл выступает как оппонент. Подробнее о запретах на смех в средневековых монашеских и отшельнических общинах см. [Bruce 2007: 32–33].

65 «Quia Deum in canora iubilacione laudabit, laudem enim Dei ex intimis precordiis eructat, et uox eius dulcissona in excelsis usque peruenit, quam audire delectatur maiestas diuina» [Rolle 1915: 238].

песенный взрыв Ролла проистекает из «изумительной истомы», «изливаемой Богу»[66]. Согласно Роллу, экспрессия мистика сопротивляется тому, что сдерживает ее в языке, и вместо этого обитает в царстве невнятного и шума.

Если, согласно Роллу, одна из форм, которую может принимать мистическое выражение, — смех, то другая — это заикание. Когда *canor* зацветает на его губах, объясняет Ролл, «он становится медлительным на язык. Поскольку избыток внутренней радости и необычайная звучность его песни требуют промедления, то, что раньше занимало не более часа, теперь он едва ли сможет завершить за полдня»[67]. Это удлинение ведет к тому, что голос мистика, который Ролл позже назовет «заиканием» (*balbuciens*), начинает колебаться и может выразить невыразимость *canor* с помощью языка, препятствующего корректной артикуляции, расширяя звуки за границы слогов [Rolle 1915: 268] в духе, предвосхищающем поэтику болтанки Уильяма Ленгленда. Если такая неразборчивость есть решающий элемент ролловского мистицизма, этим можно объяснить другую авторскую *persona*, которую он культивирует всю свою писательскую карьеру. Выше мы видели, как Ролл отождествляет себя с соловьем, указывая этим своим жестом на иррациональные и материальные качества его песни. Похожим образом в «Melos Amoris», широко признанной учеными поздней его композиции, Ролл идентифицирует себя «юным» (*iuvenculus*) [Rolle 1957: 9.34]. Вольфганг Риле предположил, что это несоответствие вызвано тем, что Ролл сочинял «Melos» в разное время [Riehle 2014: 121]. Но я бы сказала, что Ролл риторически использует коннотации нерациональной физиологии, прилагаемой как к животным, так и к детям, чтобы

---

[66] «Cumque doctors nostri asserant perfectos debere lacrimari, et quo perfecciores sunt, eo in fletibus sunt uberiores, tam pro miseriis uie quam pro dilacione patrie. Mihi quidem langor mirabilis in diuino amore affluit; et compunccio fletuum corporalium pro interne suauitatis magnitudine cessauit» [Rolle 1915: 270].

[67] «Fie[t] impedicioris lingue. Quoniam pre habundancia interni gaudii et sonoritate singulari pneumatizando moram faciens, quod prius ipsum non nisi per unius hore spacium occupabat: iam sepe per dimidiam diem uiximplebit» [Rolle 1915: 237].

акцентуировать аффективную и материальную природу своей мистической программы.

Ролл фреймирует свою спонтанную и мелодичную мистическую экспрессию как смех, как заикание, но чаще всего — как *clamor*, крик или вопль, притом значение термина *clamor* в мистическом словаре в значительной степени остается неизвестным. Зиман упоминает об использовании этого слова, обсуждая фрагмент, в котором Ролл утверждает, что мистик «не может выносить крик (*clamor*) псалмодии, если его [мистика] внутренняя песнь (*canor*) не будет его отражать». Она отмечает, что Ролл отличает *canor* ангельского хора внутри себя от *clamor* псалмодии, исполняемой церковным хором, рассматривая это различение как средство утверждения индивидуального характера своей религиозной практики и жест независимости от церковной общины и института, которым оно представлено. Утверждая это, Зиман пишет: «Игра слов *canor/clamor*... намекает, что чтение и пение в этом мире в лучшем случае есть мрачное и несовершенное отражение небесного истока *canor*»[68]. Несомненно, это описание совпадает со многими другими, где ощущения материального и физического мира обозначаются через шум. Но при таком прочтении упускаются из виду другие случаи, когда Ролл использует ту же игру слов с фонемными сиблингами *clamor* и *canor*, говоря о своем выражении мистической песни.

Шум *clamor* — неотъемлемый элемент эхоического мистицизма Ролла. Это становится ясным, когда он утверждает, что *clamor* выражает мудрость, идущую из мистического знания. В совершенном любовнике Господнем

> ...мудрость черпается из тайного места, и ей радостно пребывать с любовниками вечности, ибо ее не найти на земле, живущей в мягкости; она остается в том, о ком говорил я прежде — [совершенный любовник Господень], — поскольку он растворяется целиком в своей любви ко Христу, и все внутри него кричит Господу. *Этот крик есть любовь песни,*

---

[68] «Si non ualeat sustinere clamorem psallencium nisi canor eius interior ad cogitatum redigatur» [Rolle 1915: 238]. Перевод см. в [Zieman 2008a: 142].

> ибо возносит он свой мощный голос к ушам Бога: это и стремление к благу, и преданность добродетели. И крик его — внемирен, ибо ум его не желает ничего, кроме Христа[69].

Аффекты, возникающие в ответ на божественный *canor*, являются причиной обращения мистика к Богу с божественным *clamor* — высказыванием, внесемантическое содержание которого соответствует выражаемому предсознательному знанию. В центре фрагмента — утверждение Ролла: «Clamor iste amor est canorus» («Крик — это любовь песни»). Фраза почти в точности повторяется (echoed) в следующем пассаже, описывающем мистический *clamor*, где Ролл утверждает, что «этот крик — это песня» (*clamor iste canor est*) [Rolle 1915: 243]. Эти фразы одновременно безупречно ясны и виртуозны в своей языковой игре. В столь краткой форме они выражают все ролловское понятие *canor* — в то же время сами звуки преломляются друг о друга, создавая мгновения, в которых телесная материальность языка препятствует сингулярности выражения, разыгрывая восторженную бессвязность, которую Ролл связывает с мистическим опытом. Громогласное обращение Ролла к *canor* несовершенно, покуда оно разряжается, отражаясь в его собственной плоти, — песня и шум сосуществуют в одном ауральном опыте — но именно эта плоть позволяет ему приблизиться к конечному познанию Бога.

Песнь и вздох в англоязычной лирике Ролла

От «Incendium» на латыни к англоязычному пасторальному письму, Ролл расширяет свое понятие эхоического мистицизма. Подобно «Incendium» и другим его латинским работам, его вер-

---

[69] «Trahitur enim sapientia ex occultis, et delicie sue esse cum amatoribus eternitatis, quia non inuenitur in terra suauiter uiuencium; manet autem in eo de quo predixi, quia totus in amore Christi liquescit, et omnia interiora eius ad Deum clamant. *Clamor iste amor est canorus*, quia magnam uocem eleuat usque ad aures Dei: est et desiderium boni, affeccioque uirtutis. Clamor eius extra mundum est, quia mens eius nihil preter Christum concupiscit» [Rolle 1915: 238] (курсив мой).

накулярное письмо показывает стремление отбросить физический мир и ощущения плоти. Как и в «Incendium», Ролл предпочитает культивацию *canor* в качестве безмолвия, и тем не менее — как физического опыта соматических элементов языка. Бóльшая часть его работ содержат лирические интерлюдии с руководствами, как использовать его тексты для духовной медитации. Например, в «Ego Dormio» он наставляет читательниц: «think of[t] þis of his [Christ's] passione» («чаще думайте о страстях Его [Христа]»)

> Мой Царь:
> велики были кровь и пот, которыми он исходил;
> затем был жестоко бит, так что кровь Его омывала,
> когда их бичи сходились.
> Они быстро его хлестали, размахивали у столба,
> и его [прекрасное] лицо осквернилось плевками.
> Терновник венчает Царя, тяжело их пронзание.
> Увы, моя радость и мой возлюбленный осужден на то,
> чтобы быть повешенным.
> <...>
> Иисус, возроди мою душу; вложи в меня любовь,
> чтобы я мог пребывать с тобой в радости без конца.
> <...>
> Очисть мою душу
> Ради любви, что поменяет лик.
> Как долго мне быть здесь?
> Когда я смогу подойти к Тебе ближе,
> чтобы услышать Твою мелодию?
>
> Песнь любви,
> Которая длится столь долго?
> Будешь ли Ты моим возлюбленным,
> Чтобы я мог петь Твою любовь?

Стихотворение движется от зрения к слуху, начиная со знакомых изображений распятия Христа — его окровавленного тела и лица, оскверненного плевками, — и затем переходит к первому лицу, к его тоске по единению с Христом, выраженной как желание «hir[ing] his melody» («услышать его мелодию»). Эта мелодия, как можно заключить, — *canor*, тот слуховой опыт, который Ролл ассоциирует с восприятием языка как шума: он настроен на физический процесс и ощущения от прослушивания, а не на конечную цель — постижение. Действительно, стилистические особенности лирики усиливают акцент на эмпирическом слушании. Звуковая схема, в данном случае серия рифмованных последовательностей в двух — четырех строках, в гораздо большей степени, чем аллитерация, разрушает способность языка создавать образы, двигаясь прочь от репрезентации в пользу слухового опыта.

Чтобы культивировать свою внутреннюю сонастроенность с *canor* в своей службе, Ролл призывает читательниц медитировать с формами внутреннего шума, подчеркивая, что время и практика приведут их к высшей степени духовной самоотверженности. Ролл объясняет текст, приведенный выше:

> If þou wil þynke þis euery day, þou shalt fynd gret swetnesse, þat shal draw þi hert vp, and mak þe fal in wepynge and in grete langynge to Ihesu; and þi þought shal be reft abouen al erthly þynges, abouen þe sky and þe sterres, so þat þe egh of þi hert may loke in to heuyn (Если ты будешь об этом думать каждый день, ты обнаружишь великую сладость, которая возвысит твое сердце и заставит тебя впасть в рыдания и великую тоску по Иисусу, и твоя мысль будет вознесена выше всех земных вещей, выше неба и звезд, так что око твое сможет увидеть небеса) [Rolle 1988: 31].

В описании собственного мистического опыта Ролл использует *canor* как *tinnitum* и окликает (ehoes) его как *clamor*. Согласно ролловскому предписанию, его преданные последователи должны культивировать опыт *canor* как опыт шума и окликать его в качестве *clamor*. Здесь же ролловский вернакулярный эквивалент *clamor* — спонтанное эмоциональное выражение мистического опыта — является «рыданием» (*wepynge*). Со своими коннотациями «sob[bing] aloud» [вслух всхлипывать], а также *обливать-*

ся слезами, глагол имел гораздо более явные связи сауральностью в среднеанглийском, чем в современном английском языке[70]. Так, для учеников Ролла, как и для него самого, крик — это песня.

В других текстах Ролл предлагает куда более полную вернакулярную аппроксимацию фразы «clamor iste canor est» — с рефреном «рыданий и вздохов» (wepynge & seghynge)[71]. Как и глагол *wepen*, глагол *sighen* в среднеанглийском подразумевал более интенсивное и громкое звуковое выражение, чем в современном английском языке[72]. Действительно, глагол *sighen* часто употреблялся в паре с *sobben*, что подчеркивало его связь с вокализированными стонами и причитания, а также с безмолвным глубоким дыханием (suspiration). Заключительная строфа стихотворения «Ego Dormio» начинается так:

> Моя песня — в вздохе. Моя жизнь — в жажде,
> Пока не увижу Тебя, мой Царь, в справедливом сиянии,
> В справедливой в Твоей красоте, введи меня в свет Твой
> И насыти Своей любовью, в ней дай мне созреть,
> Чтобы Ты был вечной моей наградой [Rolle 1988: 32][73].

---

70 См. MED, статья «wepen». URL: https://quod.lib.umich.edu/m/middle-english-dictionary.

71 Рефрен «пения и вздохов» встречается по крайней мере еще в одном тексте, автором которого не является Ролл, что свидетельствует о потенциально более распространенном использовании устойчивого выражения в дискурсе эхоического мистицизма. «Размышление на тему страстей [Христовых]» (Британская библиотека, рукопись Харли, ед. хранения 2253) начинается со слов «I syke when Y singe / for sorewe that Y se» («Вздыхаю я, когда пою, / из-за печального зрелища»).

72 См. MED, статья «sighen». URL: https://quod.lib.umich.edu/m/middle-english-dictionary.

73 Еще одно стихотворение, приписываемое Роллу, начинается словами: «I sigh and sob both day and nyght for on so faire of hewe. / Ther is no thynge my hert may light, bot loue þat euer is newe» («Я вздыхаю и рыдаю день и ночь о том, кто столь прекрасен в небесах. / И ничто не осветит моего сердца, кроме как любовь, которая всегда приходит вновь») [Rolle 1988: 45]. «My songe is in seghynge. My lif is in langynge, / TilI þe se, my kynge, so faire in þi shynynge. / So faire in þi fairhede, in to þi light me lede, / And in þi loue me fede; in loue make me spede, / That þou be euer my mede».

Комбинация песни и вздоха функционирует как формульное выражения любви-тоски по Богу как по возлюбленному, присваивая романтические топосы и языки меланхолии, что соответствует ролловской программе аффективного благочестия. И правда, в убедительном резонансе с лирикой Ролла эта же комбинация обнаруживается в аллитерационном романсе середины XIV века юго-западной части Мидленда, «Уильям из Палермо». Герой романса так описывает физиологию своей любовной тоски по даме:

> «Все так, — сказал Уильям, — я не буду это скрывать:
> Порой жар охватывает столь сильно, что тот огню подобен.
> Но вскоре вслед за ним приходит столь же острый холод.
> И порой пою я и вздыхаю в то же самое время»
> [William of Palerne 1867: 906–909][74].

Подобно ролловскому шумному выражению *calor, dulcor* и *canor*, пение и вздох приходят здесь следом за внутренним жаром как спонтанное эмоциональное выражение меланхолического любовника. Такой резонанс с романтическими тропами усиливает мирскую физиологичность мистицизма Ролла, подчеркивая невнятность, связанную с подобной аффективной интенсивностью.

Может быть, более точно будет сказать, что рефрен «пения и вздохов» напоминает о традиции лирических Марианских плачей, в которых используется романтические язык и его тропы для выражения висцеральной любви-тоски по Христу. В этих ламентациях нарраторка наблюдает Деву Марию и в то же время отождествляет себя с ней, поющей и вздыхающей при распятии Христа[75].

---

74 «I wise,» seide William, «I wol it nouȝt layne, / Sum time iThentis me wiþ hete as hote as ani fure, / But quicliche so kene a cold comes þer-after / Sum time i siȝh & singe samen to-geder».

75 Подробнее об особенностях самоидентификации авторов в традиции ламентаций в честь Девы Марии, особенно о возможной ее связи с плотским вожделением, см. [Lavezzo 1996: 175–198].

Стихотворение, известное как «Вздыхаю я, когда пою», которое, вероятно, транскрибировано в Британской библиотеке из рукописи Харли (ед. хр. 2253) где-то во второй четверти XIV века:

Я вздыхаю, когда пою,
от наблюдаемой скорби,
когда, исходя слезами,
смотрю на древо
и вижу сладкого Иисуса;
его сердце, которое кровоточит
во имя любви ко мне;
его раны становятся влажными;
они плачут, тихо и мерно.
Мария, будь милосердной.
[Fein 2014, 2: 270]

Трудно с точностью определить линии взаимовлияния Ролла и традиции Марианских плачей. Но предельно ясно, что резонанс лирики с такими сетями феминных идентификаций и духовной программой Ролла демонстрирует определенное стремление к тому, чтобы, по выражению Сары Макнеймер, «почувствовать себя женщиной» [McNamer 2010]. Разновидности же шума — крики, всхлипы и вздохи — важнейший элемент этого чувства и его выражения. Что касается поэтики, рефрены побуждают читателя воспринимать язык в качестве шума, усиливая взаимодействие *canor* и *clamor*, переплетая ритм, предлагаемый аллитерацией с дыхательно повторяющимися звуками «s» [в сочетании «signing and singing»]. Сибилянтный вздох языка, наделенный аллитерационным ритмом, становится песней, соединяя *canor* и *clamor* вместе.

Идеи Ролла вызывали споры о подходящих формах религиозности в течение десятилетий. В «Облаке неведения» («The Cloud of Unknowing»), анонимно написанном в конце XIV века, ролловский мистицизм увязывается с наивным благочестием и объясняется тем, что физические ощущения зрелого человека, вызывающие «возмущение» анонимного автора, ошибочно принимаются за «þe fiir of loue» («огонь любви) — фраза, обнаруживающая свой источник, как считается, в «Incendium» [Hodgson 1944: 85][76]. Тем не менее, даже когда идеи Ролла вызывали беспокойство у его ближайших современников, они также испытывали на себе воздействие его инноваций в области религиозного благочестия и его выражении. К рубежу XV века ролловское понятие эхоического мистицизма — включая созерцательные и стилистические представления о *canor* — добралось до Восточной Англии, — к домохозяйке и ремесленнику из Бишоп-Линн, которые читали его работы или, что более вероятно, слушали их чтение. Марджери Кемп, упоминающая об огне любви в описании своего мистического опыта, переводит эхо-мистицизм Ролла на собственный язык, выступая с ним перед горожанами, паломниками и клириками для обоснования своего духовного авторитета и привилегированного доступа к Богу. Ее пронзительная интерпретация Ролла, амплифицирующая и буквализирующая понятие мистического *clamor*, вызывала неоднозначную реакцию современников.

---

[76] Обсуждение реакции автора «Облака неведения» на мистицизм Ролла см. в [Ellis, Fanous 2011: 151].

Глава 2
«Nota de clamore»
Эхоический мистицизм и громогласный стиль Марджери Кемп

> Оле, устрашающий треск снаружи, грозный рокот и рык...
>
> *Джеймс Джойс. Улисс, «Быки Солнца» [Джойс 2022: 405]*

Когда Марджери Кемп издает свой «первый крик... во время созерцания», комментатор XV века добавляет на полях: «nota de clamor[e]» [Kempe 1940: 68][1] (рис. 1). Один из самых ранних редакторов «Книги Кемп», Хоуп Эмили Аллен отмечает, что этот маргинальный комментарий напоминает описание Ричардом Роллом его собственного яростного выражения божественной любви: «clamor iste canor est» [Rolle 1915: 243][2].

---

1 С пометками в рукописи (Лондон, Британская библиотека, манускрипт 61823 (доп.), том 33v) можно ознакомиться в Интернете на сайте Британской библиотеки: URL: http://www.bl.uk/manuscripts/FullDisplay.aspx?ref=Add_MS_61823, где данный манускрипт представлен полностью в оцифрованном виде. Джоэль Фриделл последним провел тщательный анализ комментариев к рукописи и первым предположил, что автором этой и других маргиналий, которого он называет «Малыш Браун», мог быть Салтоус (Salthows), писец, чья подпись стоит в конце рукописи. См. [Fredell 2009]. Фриделл также руководит еще одним весьма полезным проектом по оцифрованному изданию рукописи с транскрипцией текста на развороте — см. URL: http://english.selu.edu/humanitiesonline/kempe/.

2 Сравнение Аллен см. в [Kempe 1940: 323].

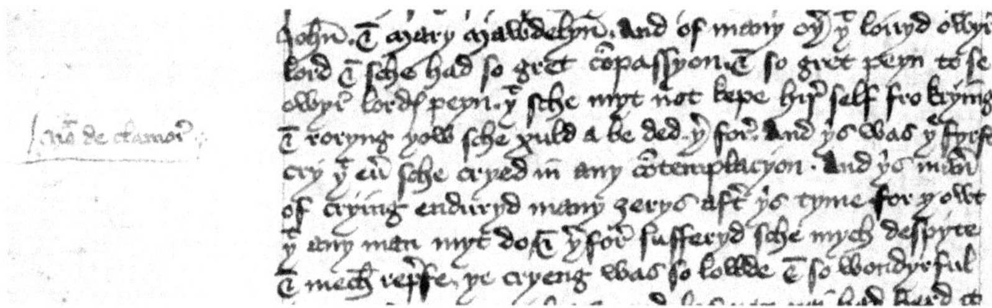

Рис. 1. Маргиналии из «Книги Марджери Кемп», Линн, ок. 1440. «Малыш Браун» (возможно, Салтоус) добавил надпись «nota de clamore» на полях фрагмента, описывающего самый громкий плач Кемп. © Совет Британской библиотеки, манускрипт 61823 (доп.), том 33v

Согласно Аллен, этот комментарий показывает, что читатель — из-за почерка его называют «Малышом Брауном» — вычитал в слезах и крике Марджери Кемп возможность трактовки ролловского *clamor* как буквально физического, а не метафизического и духовного, неверно поняв самого Ролла. Потому Аллен противопоставляет духовное понимание Кемп и ее комментатора другим средневековым мистикам, например автору трактата конца XIV века «Облако неведения», где последний предупреждает:

> Юноша или девушка, едва поступившие в школу благочестия, слышат, как читаются и произносятся эта скорбь и это желание; что человек должен вознести свое сердце к Богу и непрестанно стремиться почувствовать любовь Бога; и тотчас же, любопытные умом, понимают эти слова не духовно, как те задуманы, но телесно и плотски, возмутительно изнуряя плотские же сердца в груди[3].

[3] «A ȝong man or a womman, newe set to þe scole of deuocion, hereþ þis sorow & þis desire be red & spokyn, how þat a man schal lift up his herte vnto God, & vnseesingly desire for to fele þe loue of here God & as fast in a curiouste of witte þei conceyue þees wordes not goostly, as þei ben ment, bot fleschly & bodily, & trauaylen þeire fleschly hertes outrageously in þeire brestes» [Hodgson 1944: 85].

Здесь автор «Облака» предваряет уже знакомое нам различение телесного и духовного восприятий, связывая заблуждение начинающего созерцателя или потенциального мистика с отчаянным «возмутительным» избытком труда — «trauay[l]... outrageously», — возбуждающим плотское сердце до бешеной тоски. Как показывает Сара Беквит, интерпретации, подобные интерпретации Аллен, — возвышающие апофатические, негативные черты в мистицизме (как у автора «Облака») в противовес более пылким катафатическим и аффективным, — обусловлены идеологическим желанием защитить чистоту мистического, удержав его вне времени и тела[4]. Ряд ученых после Беквит работали над тем, чтобы реабилитировать Кемп в качестве мистика тела или, как настаивает Карма Лохри, «плоти» [Lochrie 1991][5] и подчеркнуть эту ее роль. Важное исследование Лохри, на которую повлияли работы французских феминисток, таких как, например, Элен Сиксу, идентифицирует «Книгу Марджери Кемп» как «женское письмо» (écriture féminine), *avant la lettre* — форму выражения, основанную на эмоциях, воображении и теле, которые сопротивляются репрессивной логике авторитетных текстуальных форм[6]. В этой главе моя работа и строится на таких прочтениях: я обращаюсь к тому, как в тексте Кемп — посредством соматических и аффективных элементов языка — на первый план выводится экстатическая, бурлящая коммуникация. Экспрессия такого

---

[4] См. [Beckwith 1993: 7–20].

[5] В этом важном основополагающем исследовании Лохри проводит различение между телом и плотью, показывая, что плоть понималась как олицетворение «всех вздымающихся сил, объединившихся против духа» [Kempe 1940: 3]. Подробнее о телесной природе мистицизма Марджери Кемп см., например, [Gibson 1989: 47–66], а также [Cohen 2003: 154–187].

[6] Более подробно концепт «женского письма» (*écriture féminine)* излагается в программной работе Элен Сиксу «Хохот Медузы» [Cixous 1976]. Также в этой связи большой интерес представляет последняя книга Ребекки Краг [Krug 2017], где анализируется формирование индивидуальной и коллективной идентичности Марджери Кемп, хотя Краг в большей степени ориентируется на философию Адриенн Рич, чем на работы Сиксу и других французских феминисток.

рода очевидна не только в сценах всхлипов, изображенных в «Книге», но также в том, что я называю громогласным стилем (*clamorous style*). Как и в работе Ричарда Ролла, в «Книге Марджери Кемп» шум функционирует как важный модус мирского понимания, висцеральный и непосредственно размещенный в теле. Рассматривая кемповский шум как адаптацию эхо-мистицизма Ричарда Ролла, я хочу привлечь внимание к тому, что ее шум связан со стилем, а не с биологическим полом; в религиозной и литературной культуре Англии позднего Средневековья педагогические и коммуникативные практики эхоического мистицизма считались женскими отчасти потому, что их с энтузиазмом перенимали такие мирянки, как Марджери Кемп. Но на деле перенимали их как женщины, так и мужчины.

Вслед за Беквит, Лохри и другими я буду рассматривать Марджери Кемп всерьез — как самостоятельного теолога. Я утверждаю, что ее описания опираются на теории голоса и звука и перерабатывают их, создавая собственную мирскую теологию шума. Множество ученых исследовали плач Кемп в качестве средства обретения духовного понимания через подражание действиям и чувствам фигур святых, включая Христа и Деву Марию[7]. Что касается внимания этих исследований к материальным и перформативным качествам мистицизма Кемп, — работы бесценны, и тем не менее они неизменно фокусируются на «слезном» аспекте ламентаций Кемп. Роль звука/шума — иными словами, крика Марджери — относительно малоизучена, если не

---

[7] Первое крупное исследование, в котором слезы Марджери Кемп были сопоставлены с мистической практикой других визионерок, было проведено Клариссой Аткинсон [Atkinson 1983]. Наиболее значимый анализ, доказывающий, что слезы Марджери Кемп являются формой *imitatio* (в рамках теологии), проведен Кармой Лохри [Lochrie 1991]: см. в особенности главу 1, в которой обсуждается то, как Марджери Кемп строила свою жизнь после того, как она пришла ко Христу, и главу 5, в которой ее слезы рассматриваются в традиции почитания страстей Христовых и Mater dolorosa (Матери скорбящей). См. также [Gibson 1989: 48–50]. Подробнее о слезливости Марджери Кемп как элементе ее изменчивой личности см. главу «Слезы ей к лицу» («The Becoming-Liquid of Margery Kempe») в [Cohen 2003: 154–187].

считать статьи Жюли Орлемански «Margery Kempe's Noyse» [Orlemanski 2015][8]. Орлемански выводит трехчастный «плачущий сюжет» — повествовательную структуру, общую для всех сцен плача в «Книге» Кемп, «начинающейся с процесса одухотворенного *восприятия*, ведущего к непроизвольной *вокализации*, которая, в свою очередь, вызывает *реакции других*» [Orlemanski 2015: 131–132][9]. Я уверена, что «плачущий сюжет» Кемп является ее собственной адаптацией эхоического мистицизма Ричарда Ролла. Я покажу, что крик Кемп — это такая же форма *imitatio Rollis*, как ее слезы и страдание — *imitatio Christ* и *imitatio Mariae.* Адаптируя ролловский подход к духовному пониманию, Марджери Кемп стремится к обучению не только посредством имитации опыта и эмоций фигур святых, но культивирует собственный опыт Бога посредством погружения в опыт звука. Третий элемент «плачущего сюжета» Орлемански — включение в книгу реакций на крики самой Кемп — показывает, что воплощенный Кемп эхо-мистицизм более социален по своей природе, чем у самого Ричарда Ролла. Вместо того чтобы возникнуть и пребывать в тишине и покое, слезы Марджери Кемп прорываются в качестве результата напряженной деятельности, — интериорно эмоциональной и экстериорно физической, — что и уводит Кемп от созерцательной жизни отшельницы-мистика к активной социальной жизни проповедницы.

Действительно, адаптируя эхо-мистицизм для собственных целей, Марджери Кемп формирует себя не по одному лишь подобию Ролла, но по образу пятидесятнического апостола. В библейском описании Пятидесятницы, которое Кемп переводит на

---

8 См. также [Cohen 2003: 154–187], где при трактовке слез Марджери Кемп рассматривается, пусть и косвенно, тема шума. Коэн подходит к проблеме с применением структурного психоанализа Лакана, когда описывает, что Марджери воспринимает голос Бога как гром. При этом более масштабная цель Коэна состоит в том, чтобы подчеркнуть высокую адаптивность, изменчивость и «текучесть» личности Кемп, а не в том, чтобы изучить ее голос и восприятие звуков в аспекте эпистемологии.

9 Далее Орлемански подробно описывает трехчастную структуру «плачущего сюжета» на примере одного из причитаний Кемп [Orlemanski 2015: 131–136].

собственный домашний вернакулярный язык, жаргон среды, апостолы воспринимают Божье слово как громкий звук и чувствуют ветер и жар; последние же наделяют их «даром языков». Как показывает Кристин Купер-Ромпато, ксеноглоссия — важный агиографический троп в «Книге Марджери Кемп» [Cooper-Rompato 2010: 103–142]. Тем не менее ученые до сих пор не обращают внимания на то, как в кемповском повествовании сочетаются ксеноглоссия и глоссалолическая невнятица, выраженная в плаче и вопле. Также при таком подходе упускается из виду внесемантический язык «Книги». В чудотворной марджеровской коммуникации встречается не только семантический уровень ксеноглоссии, но также, посредством перформативных качеств кемповского грохочущего плача, соматический/аффективный[10].

Внимание к поливокальной перформативности Марджери Кемп — то есть к ее висцеральной коммуникации через воздействующую силу *clamor* — может пролить свет на сложное авторство и стиль «Книги», а также на ее значительную цель «Книги». *Clamor* Марджери работает скорее по-импрессионистски многообразно, но не точечно и догматически. Орлемански называет эту импрессионистскую вокальность Кемп «распределенной экспрессивностью» и подчеркивает, что она «делает ее высказывания радикально уязвимыми для чужих интерпретаций» [Orlemanski 2015: 123]. Действительно, в «Книге» различение сделано осознанно. Хотя порой Кемп, как кажется, принимает на себя конвенциональную священническую роль, произнося свою проповедь, сама

---

[10] Во многом моя задача по описанию коммуникативных связей, возникающих из *clamor* Марджери Кемп, совпадает с целью Джонатана Си, в чьем исследовании ксеноглоссии и стиля «Книги Марджери Кемп» сделана попытка отказа от безальтернативных интерпретаций. Си устанавливает, что вопли Кемп выходят за рамки однонаправленного движения от одного языка к другому и скорее представляют собой случай «взаимного и двустороннего обмена». Мне же хочется обратить внимание на принятие «Книгой» собственной поливокальности, а также на стремление представителей элитарной клерикальной культуры сдержать это многоголосие и переформатировать его. При этом интересующие меня системы языковых коммуникаций функционируют скорее на физическом и аффективном уровне, чем на строго лингвистическом [Hsy 2013: 131–156].

«Книга» представляет ее *clamor* также в качестве педагогического модуса, альтернативного гомилетическому и агиографическому стилям, которые оба принадлежат традиционной религиозной и литературной культуре. Поливокальный крик Кемп и более традиционные коммуникативные модусы литературной культуры церкви находятся в напряженном взаимодействии на протяжении всей ее работы. Но учитывая то, *что* излагается в «Книге» по поводу ее создания, похожей динамики и следовало ожидать: на первый план выдвинуты совместные, с писцами разных квалификаций и способностей, усилия, которые были приложены к записи ее визионерских переживаний спустя 20 лет после того, как те начались. «Книга» обнаруживается между блестящей попыткой записать ее голос, сопротивляющийся репрезентации в своей акустической изменчивости, и «обертыванием» ее *clamor* в лингвистическую/текстуальную формы, позволяющие передать дискретную, но вразумительную часть духовной истины. Это взаимодействие распределенной и заостренной экспрессии очевидно исходя из самой текстуальности «Книги» — как в стиле, так и в ее маргиналиях. И правда, ранние примечания к «Книге» подчеркивают, насколько ее поздних читателей беспокоила чрезмерная плотскость голоса Кемп, но также они, возможно, отчасти принимали его неудержимую материальную природу.

Imitatio Rollis Марджери Кемп

В «Книге Марджери Кемп» прямо заявляется о влиянии Ричарда Ролла. Встретившись во время своего посещения города Норидж с викарием собора Святого Стефана, она рассказывает последнему о своих беседах с Всевышним. В изложении Кемп Бог говорит ей,

> как она должна была любить Его, почитать Его и благоговеть Его в столь превосходной степени, о которой ей не приходилось и слышать ранее ни в одной книге — ни в книге Хилтона, ни в книге Святой Бригитты, ни в «Stimulus Amoris», ни в «Incendium Amoris», ни в любой другой, которую ей доводилось услышать в чтении, — где так высоко говори-

> лось о любви к Богу, если только она не чувствовала столь же высоко в действии в своей душе, если бы вовсе могла, либо иначе могла бы выразить, как она это чувствовала[11].

Здесь подчеркивается, что Кемп слушала чтение ряда современных мистических текстов, включая «Incendium Amoris» Ричарда Ролла; и, в согласии с волей Бога, теперь она стремится превзойти духовную любовь, которая, как ей довелось услышать, описана в трудах других мистиков.

В какой-то степени подобное описание своей цели кажется характерным для изощренной логики соперничества. Время от времени она проскальзывает в повествовании, когда Марджери старается превзойти других святых; например, в видении Кемп становится служанкой юной Девы Марии, и Мария обращается к ней: «Я хочу, чтобы ты была достойной служанкой той, кто будет носить в чреве сына Божия» («I wold I wer worthy to be þe handmaiden of hir þat xuld conseive þe Sone of God») [Kempe 1940: 18]. В целом отрывок намекает на то, что любовь мистика к Богу не может быть выражена в письменной форме, но должна ощущаться как «работа души» (*werkyng of [the] sowle*). Этот акцент на духовном рвении, которое возникает из внутреннего чувства, не является чем-то совершенно новым; но что отличает описание Кемп, так это то, что подобное чувство возникает не из тишины и спокойствия, но в напряженной работе души. Здесь полезно сравнить это ключевое слово с его предшественником, ролловским *calor*. Если существительное *calor* предполагает результат или чувственный итог конкретного набора действий в текстах Ролла, то кемповский герундий «werkynge» подразумевает сами эти действия, повторяющиеся и привычные, в аффективном режиме, который имеет длительность. Действительно, как подчеркивает Орлемански, Кемп настойчиво использует вариации

---

[11] «how sche xuld lofe hym, worshepyn hym, & dredyn hym, so excellently þat sche herd neuyr boke, neyþyr Hyltons boke, ne Bridis boke, ne Stimulis Amoris, ne Incendium Amoris, ne non oþer þat euyr sche herd redyn þat spak so hyly of lofe of God but þat sche felt as hyly in werkyng in hir sowle yf sche cowd or ellys mygth a schewyd as sche felt» [Kempe 1940: 39].

глагола «werken», на протяжении всей «Книги» отсылая к Богу, чтобы обозначить действия Бога *над* ее душой и *внутри* нее [Orlemanski 2015: 133]. Со своими коннотациями тяжелого, изнурительного труда, слово усиливает физическую природу мистицизма Марджери Кемп.

Марджеровские внутренние «werkynge» вызывают у нее, в свою очередь, слезы и крик, «заставляя ее работать», если так можно сказать. Это именно тот вид «возмутительного» труда, или «травли» работы («trauay[l]... outrageously»), от которого автор «Облака» предостерегает в своих ранних текстах. Если, как утверждает Сиэнн Нгаи, «дзанни» — эстетическая категория, характеризующаяся отчаянным трудом, то Марджери Кемп делает дзанни эхом ролловского мистицизма [Ngai 2012: 174–232]. «Дзаннизм», как утверждает Нгаи, существует на пересечении социальной и профессиональной деятельностей, а вместе с ними — игры и труда. Хотя в итоге та утверждает, что «дзаннизм» — это эстетическая категория, вскормленная условиями позднего капитализма, Нгаи также обнаруживает истоки дзаннизма в итальянском театре XVI века, где мы и видим *дзанни* — странствующего слугу. Отследить линии влияния между Кемп (посетившей Италию в XV веке) и итальянской культурой, где возникает дзанни, не входит в задачи этой главы; здесь достаточно отметить, что современная эстетическая теория Нгаи — в частности, артикуляция лиминальной позиции между работой и игрой — созвучна категории, которая, как показывает Элеонора Джонсон, является фундаментальной для средневековых представлений о безделье и расточительстве, охватывая в средневековой Англии и лень, и дело (business) [Johnson 2012]. Охарактеризовать эхо-мистицизм Кемп как дзанни — территоризировать его как форму напряженного безделья в культурном восприятии своего времени, как территорию, подсвечивающую его опасное положение по отношению к установленному клерикальному авторитету.

Одна из целей работы Нгаи заключается в разоблачении и постановке под сомнение мнения ученых, на протяжении долгого времени отвергающих миноритарные эстетические категории, часто увязывая их с гендером и сексуальностью, что крайне производительно связывается с работами Беквит, Лохри и других ученых, которые отмечают, что эффузивные и перформативные практики аффективных мистиков типа Кемп исторически размечаются как чрезмерные и мирские; но также это касается тактик сдерживания и контроля, применяемых, например, автором «Облака неведения»[12]. Здесь я ввожу понятие дзанни-религиозности Кемп, чтобы подсветить трудоемкость ее шумопроизводства. Действительно, понятие дела — как в смысле напряженного труда, так и работы ради получения прибыли — связано с шумом в ряде литературных примеров. «Жалоба на кузнецов» — один из них; стихотворение Чосера «The Former Age» («Золотой век») — второй; в нем спонтанное или естественное приобретение необходимых вещей, сопровождаемое «полным спокойствием» («parfit quiete» [Chaucer 2008: 44]) в прежние времена, противопоставляется «тяжелому делу» («swety bysinesse» [Chaucer 2008: 28]), но также рыданию и крику («wep[ing] and cry[ing]» [Chaucer 2008: 60]). В этом контексте напряжение, усилие, *werkyngs* мистического стиля Кемп говорят о желании принять падшее состояние, трансгрессируя тихую жизнь созерцательного мистика — форму духовного опыта, социально санкционированную для женщин, — и вступить в мирскую, социальную жизнь проповедницы.

Именно для этой цели Кемп и адаптирует эхо-мистицизм. В пассаже, где описывается ее восприятие небесных звуков, «Книга» утверждает, что она наблюдала слуховые феномены («в течение 25 лет [до того], когда была написана эта книга»; «xxv ȝer at þe writyng of þis boke») [Kempe 1940: 91], что почти точно соответствует началу ее мистических ви́дений, произошедших «20 с лишним лет назад» («xx ȝer and mo»)[13] до создания «Книги»,

---

[12] Анализ Лохри того, как Кемп использует смех и «добрую игру» в качестве стратегии для подрыва устоявшихся авторитетов и дискурсов, вполне согласуется с теорией «дзаннизма» Нгаи. См. [Lochrie 1991: 135–166].

[13] «On a nygth, as þis creatur lay in hir bedde with hir husbond, sche herd a sownd of melodye so swet & delectable, hir þowt, as sche had ben in Paradyse. And þerwyth sche styrt owt of hir bedde & seyd, "Alas þat euyr I dede synne, it is ful mery in Hevyn." Thys melody was so swete þat it passyd all þe melodye þat euyr mygth be herd in þis world wythowtyn ony comparyson, & caused þis creatur whan sche herd

согласно ее прологу. Приводя этот слуховой опыт в качестве центрального элемента собственного мистицизма, Кемп, по крайней мере частично, находится под влиянием Ролла. Действительно, в этом пассаже, который чаще всего цитируется в качестве главного источника ролловского *canor*, Кемп описывает слушание ночной музыки[14]:

> Однажды ночью, будучи в постели со своим мужем, она услышала рассеивание мелодии столь сладкой и восхитительной, что ей показалось, будто она была в Раю. И тотчас она вскочила с постели, воскликнув: «Увы, что я когда-либо грешила; на Небесах воистину радостно!» Этот напев был так сладок, что безо всякого сравнения превосходил любую мелодию, которой только и можно внять в этом мире, и так он подействовал на нее, что, когда впоследствии, когда бы она ни слышала радость или мелодию, тотчас принималась она проливать неисчерпаемые и изобильные слезы благочестия с великими всхлипами и вздохами по блаженству Небес, не страшась ни стыда, ни насмешек жалкого мира [Kempe 1940: 11].

Заимствование Кемп у Ролла понятия ангельской *canor* достаточно очевидно в «сладком и восхитительном» («swet & delectable») «рассеивании мелодии» («sownd of melodye») с небес. Менее очевидно то, насколько эффективно Кемп реализует форму эхо-мистицизма Ролла; но подобно тому, как ролловский мистик реагирует на радостные звуки небес, разражаясь *clamor*, Кемп отвечает на «веселую» мелодию с небес, вспыхивая «неисчерпаемыми и изобильными слезами благочестия» («plentyuows & habundawnt teerys of deuocyon») вместе с «великими всхлипами и вздохами» («greet sobbyngys & syhyngys»). Взывание к веселости и радости в этом фрагменте резонирует с местом в другом фрагменте, где приводится проповедь, которая восхваляет смех

ony myrth or melodye aftyrward for to haue ful plentyuows & habundawnt teerys of deuocyon wyth greet sobbyngys & syhyngys aftyr þe blysse of Heuen, not dredyng þe schamys & þe spytys of þe wretchyd world» [Kempe 1940: 3].

14 В частности, на это прямо указывает Эндрю Олбин. См. [Albin 2015: 189].

и «хорошую игру» («good game») [Kempe 1940: 28] и которая же перекликается (echoes) с духовной *iocunditas* Ролла. В итоге резонанс усиливает [понятийное] сосуществование работы и игры в духовной программе, заимствованной Кемп у Ролла.

Опыт небесной радости Кемп показывает, что она следует ролловским рекомендациям для тех из алтарниц, кто желает развить способность к духовной *canor*. Как мы видели, набрасывая назначение лирики, встроенной в трактат «Ego Dormio», Ролл рекомендует женской части своей аудитории следующее: «Если ты будешь об этом думать каждый день, ты обнаружишь великую сладость, которая возвысит твое сердце и заставит тебя впасть в рыдания и великую тоску по Иисусу» [Rolle 1988: 31]. Здесь Кемп следует «плачущему сюжету» по Орлемански, который, как я утверждаю, повторяет (echoes) путь эхо-мистицизма: мистик воспринимает *canor*, затем вторит (echoes) ей с *clamor* (криком), обычно — в форме невнятных всхлипов и вздохов, «sobbyngys & syhyngys».

Средневековая традиция ламентаций часто объединяет *sobbyngys* и *syhyngys* в лирические образы скорбящей Девы; в традиционных ламентациях они звучат рефреном. Как показывает Кэти Лавеццо, эта традиция важна для самоформирования Марджери как фигуры, отождествляющей себя с матерью Христа и желающей ее [Lavezzo 1996][15]. Но Ричард Ролл также использует вариации рефрена, иногда связывая его с песней, чтобы выразить «плач» («wepynge») и «великую жажду» («grete langynge»), которые он надеется развить в алтарницах. Например, поэзия Ролла выражает ламентации фразами «My songe is in seghynge» («Моя песня полна вздохов») или «I sigh and sob both day and nyght» («Я вздыхаю и рыдаю день и ночь»). Эти рефрены усиливают набросанное Роллом созерцание, где алтарницы развивают внутренний опыт *canor* в уме, но выражают в теле. Вариации этой фразы также возникают в других текстах, например в английском описании скорбящей Богоматери XV века «Filius Regis Mortuus

---

[15] О традиции ламентаций в честь Девы Марии в Англии см. в [McNamer 2010: 150–173].

Est», которое начинается со слов «I met a mayde at þe citeys end, / sobbynge & syȝynge sche wes ny schente» («Я встретил деву у края города, / Всхлипывая и вздыхая, она была почти погибшая [от горя]») [Brown 1939: 9]. Карма Лохри цитирует это стихотворение в качестве примера широкой традиции *mater dolorosa*, то есть «матери скорбящей» — религиозного тропа, который, по ее мнению, прямо повлиял на стиль кемповских слез и воплей [Lochrie 1991: 178–187]. Во фрагменте выше кемповские всхлипы и вздохи возникают в решающем опыте небесной мелодии, свидетельствуя о влиянии Ролла на ее саморепрезентацию.

Хотя подробное рассмотрение этого вопроса выходит за рамки главы, стоит отметить, что узел ассоциаций, соединяющий всхлипы, вздохи и песню в работах как Ролла, так и Кемп, может свидетельствовать о том, что эхоический мистицизм был крайне важен в развитии более широкой традиции мирской поэзии, включающей в себя троп *mater dolorosa*. Сара Макнеймер обнаруживает сдвиг в среднеанглийской традиции ламентаций Девы Марии примерно в конце XIV века (незадолго до того, как Марджери Кемп открывается опыт ее видений), утверждая, в частности, что английская традиция углубляет эмоциональную и сострадательную экспрессию своих континентальных предшественников. Выдвигая этот аргумент, Макнеймер — подобно Беквит и другим феминистским ученым до нее — обрушивается на критику, отвергающую эту позднесредневековую лирику за ее «чрезмерную эмоциональность» и «неумеренную скорбь». Я полагаю, что такие возражения против эмоциональной «чрезмерности» выражения являются частью истории шума, как — ненамеренно — и предлагает Макнеймер, отмечая, как один ученый, «кажется, упрекает саму Деву Марию за очевидную бессмысленность ее излияний» [McNamer 2010: 157]. По крайней мере, совершенно ясно, что «Книга Марджери Кемп» следует эхо-мистицизму, разработанному Роллом, но адаптирует его, представляя громкие всхлипы и вздохи Кемп как результат ее опыта встречи с небесной *canor*.

Прочерчивая линию влияния между Роллом и Кемп, я не собираюсь преуменьшать достижения Кемп как религиозной мыслительницы. Пусть она явно находится под влиянием Ролла, Кемп подхватывает его идеи и пробегает по ним, внося инновации, которые служат ее собственной, куда более публичной, как мы видим, духовной программе. Кроме того, я не хочу проводить оскорбительных сравнений между этими двумя мистиками, представляя мистицизм Кемп как незначимую или неверно понятую форму мистицизма Ролла[16]. Это крайне важно — отметить концептуальные и стилистические резонансы между этими мистиками, чтобы сдвинуть акцент в дискуссиях о гендере и мистицизме с женщин-мистиков на саму идею феминности. Делая этот шаг, я стремлюсь к емкому прочтению *écriture féminine* Сиксу, более близкому к «женскому письму», чем к «письму женщин», чтобы подчеркнуть его стилистическую и перформативную природу. Я решусь утверждать, что такой стиль был широко распространен среди женщин в значительной степени потому, что он находится за пределами стандартных литературных форм, из работы над которыми женщины столь часто исключались. Именно эта историческая реальность привела к тому, что такие «простецкие» («lewed») формы выражения, вне зависимости от пола говорящего, настойчиво размечались как феминные, подчиняясь идеалам и стандартам маскулинной грамотности[17].

---

[16] Лохри оправдывает отсутствие в своей работе упоминания таких связей тем, что их выявление другими учеными и критиками слишком часто ведет к сравнению двух мистиков в пользу одного или одной из них [Lochrie 1991: 5–6]. Я полностью разделяю ее стремление уйти от таких иерархий, но считаю, что можно более подробно проанализировать особенности труда Кемп в контексте произведений Ролла, не прибегая к оценочным сравнениям.

[17] Хотя многие читатели со мной не согласятся, я считаю, что сама Сиксу видит в *écriture féminine* в первую очередь феминность как категорию стиля, а не как половую принадлежность автора. Среди множества приведенных ею примеров *écriture féminine* она цитирует речь героини «Улисса» Молли Блум, то есть персонажа, чей голос создан мужчиной. См. [Cixous 1976: 884]. Здесь я опираюсь на работы таких ученых, как Рита Коупленд, которые обратили внимание на то, что нетрадиционные формы чтения среди духовенства считались женскими. См. статью [Copeland 1994]. В другой работе Коупленд показывает, что чтение в позднее Средневековье мыслилось как обучение и не считалось нормальным женским занятием. См. [Copeland 2001].

Эхоический мистицизм ни концептуально, ни стилистически не является общим для всех женщин-мистиков. Я кратко обращусь к Юлиане Нориджской, английскому мистику и одной из духовных наставниц Марджери Кемп. Мистицизм Юлианы ошеломляющ в своем воображении; как его идея, так и ее описание подчеркивает высокоэрудированный и новаторский ум. Однако во многом — возможно, потому, что она не стремилась к публичности, в отличие от Кемп, — Юлиана придерживается традиционного различения между внутренними и внешними ощущениями, подчеркивая этим важность тишины и молчания. Пятое откровение Юлианы, в котором подробно описано то, как дьявольские искушения преодолеваются через Страсти Христовы, начинается так:

> А потом [после четвертого откровения], перед тем как Бог явил какие-либо слова, Он позволил мне вглядываться в Себя достаточное время — все, что я прежде видела, и всю важность этого — настолько, насколько моя душа была в состоянии вместить это. Затем Он, без всякого голоса или отверзания уст, сформировал в моей душе такие слова: «Этим побежден Враг!» [Юлиана Нориджская 2010: 124–126].

Юлиана — визионерка в самом фундаментальном смысле этого слова. Ее мистический опыт начинается не с языка, но с «удерживания взора» («behold[ing]»); язык заступает в видение только после опыта этого внутреннего зрения, но сам является формой языка без посредничества тела. И действительно, идея о том, что Бог говорит с Юлианой «без голоса, не размыкая уст» («without voice and opening of lippis») [Julian of Norwich 1994: 134; Юлиана Нориджская 2010: 126], появляется в «Откровениях» не единожды, — чем еще раз подсвечивается акцент Юлианы на тишине и *неподвижности* ее мистицизма.

Покой, который Юлиана позже назовет «спокойным видением» («restfull shewyng») [Julian of Norwich 1994: 134; Юлиана Нориджская 2010: 375], контрастирует с шумом, который в ее видениях ассоциируется с дьявольской плотскостью и мирской суетой. В одном из видений распятия Юлиана наблюдает сонм бесов и объясняет, что, несмотря на то, она «спокойна и спасена» («seker and save»), когда ей открывается крест, «нигде, кроме Креста, не было безопасности, а только лишь мерзость бесов» («beside the Crosse was no sekernes for uggyng of fends») [Julian of Norwich 1994: 63; Юлиана Нориджская 2010: 145]. Юлиана изображает эту сцену как кишащее множество бесов, контрастирующее с безмятежной сингулярностью креста. Позже она будет вспоминать, как дьявол пытался довести ее до отчаяния, обрушив на нее шумную суету этого мира:

> После этого Враг снова пришел с его жаром и вонью, и я не находила себе покоя. Вонь была такой гнусной и такой резкой, даже до боли, а физический жар — пугающим и изнуряющим. Также я слышала человеческую болтовню как будто двух существ, и оба, казалось мне, болтали в одно и то же время. И все это было бормотанием, поскольку я не понимала ничего из того, что они говорили [Юлиана Нориджская 2010: 377–379].

В этой сцене дьявольского соблазна сенсориум смрада и шума сближается с «делом» как бурлящим подвижным гвалтом и замешательством, сопротивляющимся тишине, которую Юлиана отождествляет с Богом. Несколько необычно используя слово «jangeling», Юлиана заявляет, что дьявольский шумный *jangeling*, то есть болтовню, пробуждают, подобно шумному *clamor* парламента, два различенных тела. Имплицитно парламентской метафорой отрицается публичная жизнь, но усиливается привязанность Юлианы к уединенной и созерцательной жизни. Более того, она связывает публичную жизнь с шумом: чрезмерное и диссонирующее тело дьявола порождает его непостижимое бормотание, препятствует попытке его постичь, так что Юлиана «теперь понимает, что они видят» («understode nowte what they seid»). Урок, который получает Юлиана в этом видении, подтверждает ее относительно традиционный взгляд на внешнее восприятие. Шум и диссонанс, которые сеет дьявол, — это часть стратегии, направленной на то, чтобы отвести ее от единственно верной позиции веры в Бога, вызвать сомнение как форму ментального удвоения и в наконец довести до отчаяния из-за колебаний мысли, не обнаруживающей «спасительной» интерпретации.

Причинно-следственная связь, устанавливаемая Юлианой между телесным ощущением и духовным сомнением, приводит ее к мысли о произнесенной молитве и усиливает значение молчания, но затем приводит к размышлению о том, когда телесная речь приемлема:

> И все это было, подумалось мне, чтобы вогнать меня в отчаяние. Мне казалось, что они высмеивали перебирание четок, и это крикливо произносилось вслух, впустую, без набожного стремления и вдумчивого старания, которыми обязаны мы Богу в наших молитвах. И наш Господь Бог дал мне благодать, чтобы полагаться на Него и доверять Ему, и утешать мою душу телесной речью, как я бы поступила с другим человеком, если б он оказался бы в подобном испытании. Мне думалось, что это занятие нельзя было сравнить ни с одним из телесных занятий [Юлиана Нориджская 2010: 379][18].

Как и в стихотворении Чосера «Золотой век», фрагмент связывает *дела телесные* с шумом. Юлиана осуждает бормочущих бесов, чья извращенная молитва — это «seid boistrosly with mouth», произнесенное грубо, губами. Слово *boistrose,* означающее «грубый/шумный», — от старофранцузского *boisteous*[19], «хромой», — подразумевает, что в такой молитве отсутствует прямой путь от интериорного к действию или «благочестивого стремления и вдумчивого старания» («devowte entendyng and wise diligens»), которыми мы обязаны Богу. Рассогласование «намерения» и речи позволяет звукам, движениям и физическим ощущениям тела

---

[18] «And al this [the vision of muttering devils] was to stirre me to dispeir, as methowte, semand to me as thei scornyd bidding of beds, which arn seid boistrosly with mouth, failing devowte entending and wise diligens the which we owen to God in our prayors. And our Lord God gave me grace mytyly for to trosten in Him, and to comforten my soule with bodily spech, as I schuld have don to another person that had ben travelled. Methowte that bysynis myte not be likenyd to no bodily bysynes» [Julian of Norwich 1994: 135–136].

[19] См. MED, статья «boistous». URL: https://quod.lib.umich.edu/m/middle-english-dictionary.

в молитве обгонять стремление индивидуальной души на ее прямом пути ко Христу. Для Юлианы *seid boistrosly* контрастирует с правильной «телесной речью» — даром Бога, который предлагает Юлиане духовное утешение и позволяет ей утешать других в их «труде» («trava[il]»). Это слово перекликается с «Облаком», где автор осуждает тех, чье сердце *travail*, или же, выражаясь языком Кемп, кто «работает» («werk») в служении. Признавая, что любая телесная речь — форма «bysynis», Юлиана производит различие между правильной речью, дающей утешение, и *делом телесным*, которое вызывает и выражает отчаяние. Здесь Юлиана указывает на свое скромное стремление повлиять на духовное здоровье и знание других через беседу и речь в духе исповедника. Но ее главное внимание сосредоточено на воспитании внутренней стабильности и покоя, которые она считает необходимыми для истинного духовного познания Христа.

Птицы и мехи́ в адаптации Пятидесятницы от Марджери Кемп

Как и Юлиана, Кемп осознаёт эту старую иерархию внутреннего и внешнего восприятия, но в гораздо большей степени стремится ее обойти. Это становится ясно в главе 36, которая, как я утверждаю, занимает центральное место в кемповской адаптации эхо-мистицизма Ролла. В самом начале главы Бог говорит Марджери:

> Ты получаешь больше заслуг на небесах за один год размышлений и дум, чем за сто лет произносимых ртом молитв. И все же, дочь, Я не буду недоволен тобой — думаешь ли ты, говоришь ли или изрекаешь, — ибо Я всегда доволен тобой (þu xalt haue more meryte in Heuyn for o ȝer of thynkyng in þi mende þan for an hundryd ȝer of preyng wyth þi mowth. And ȝet, dowtyr, I wyl not be displesyd wyth þe whedir þu thynke, sey, or speke, for I am al-wey plesyd wyth þe) [Kempe 1940: 89–90].

Здесь Кемп воспроизводит общую идею о том, что внутренняя молитва, возникающая из работы мышления («thynkyng in þ[e] mende»), предпочтительнее и благочестивее, чем та, что физически артикулируется губами («wyth þ[e] mowth»). Однако Марджери добавляет, что Бог дарует ей особую привилегию телесной речи, санкционируя ее собственный голос во всех его телесных эксцессах. Притязание на привилегированный доступ к произнесенному слову открывает путь к позиции активной евангелистки слова, контекстуализируя самопрезентацию Марджери как апостола Пятидесятницы [Kempe 1940: 28][20].

Действительно, к концу главы 36 Кемп формируется как народная проповедница, адаптируя уже свою собственную форму эхо-мистицизма к другой авторитетной модели, божественному вдохновению из уст в уста: библейской сцене Пятидесятницы, где 12 апостолов уполномочивают проповедовать слово Бога[21]. Согласно библейскому рассказу,

> при наступлении дня Пятидесятницы все они [апостолы] были единодушно вместе. И внезапно сделался шум с неба, как бы от несущегося сильного ветра, и наполнил весь дом, где они находились. И явились им разделяющиеся языки, как бы огненные, и почили по одному на каждом из них. И исполнились все Духа Святого, и начали говорить на иных языках, как Дух давал им провещевать[22].

Присутствие Святого Духа дает о себе знать не в виде голоса, но через сенсорные знаки: спонтанный звук таинственного происхождения, ощущение жара и возникновение пламени. Таким образом, описание вызывает в памяти две компоненты го-

---

[20] Исследуя Кемп как проповедницу, я руководствуюсь работами целого ряда ученых, которые провели тщательный разбор того, как происходило явное и скрытое участие Марджери в активной общественной жизни. См., например, [Wright 1995: 497–508; McEntire 2000: 190; Lochrie 1991: 107].

[21] Здесь я опираюсь на наблюдения таких исследователей, как Линн Стейли, которая предположила, что Кемп собиралась создать международную организацию, которую сегодня можно было бы назвать общиной пятидесятников, критически настроенную по отношению к религиозным ритуалам и церковным властям. См. [Staley 1994: 123].

[22] Деяния Апостолов 2:1–4. См. также [Ziolkowski 2010–2013, 6: 616–619].

лоса: дыхание и тело, или, как в этом случае, ветер и язык. Посредством этих пневматических и лингвистических ассоциаций библейское описание формулирует голос Бога в терминах, которые одновременно и близки, и различны: то, что изначально кажется стихийной сверхчеловеческой силой, в то же время чем-то подобно человеку. Такое представление божественного голоса ставит критически важную проблему внутри христианской интеллектуальной традиции: радикальная инаковость (alterity) божественной встречи может быть передана только в слишком человеческих терминах.

В кемповской адаптации библейского сюжета, включающей в себя процесс знакомства, в гораздо более скромной и интимной встрече с голосом Бога воссоздается потрясающий апостольский опыт:

> Это создание получало в своем телесном слухе различные знаки. Один из них напоминал звук от мехов, словно бы ей дули прямо в ухо. Она сначала встревожилась, но душа ее получила предупреждение, что бояться нечего, ибо тот звук шел от Духа Святого. И тогда наш Господь превратил этот звук в воркование голубя, а затем и в голос маленькой птички, называемой малиновкой, которая повадилась весело петь ей в правое ухо. И каждый раз она испытывала великую благодать, получив такой знак[23].

Сцена, как отмечает Джеффри Джером Коэн, показывает «приручение» Пятидесятницы: перевод библейских языка и образности на вернакулярные идиомы английской домохозяйки [Cohen 2003: 161]. Обычный домашний инструмент — мехи — мягкое воплощение «несущегося сильного ветра», ассоциирова-

---

[23] «Thys creatur had diuers tokenys in hir bodily heryng. On was a maner of sownde as it had ben a peyr of belwys blowyng in hir ere. Sche, being a-basshed þerof, was warnyd in hir sowle no fer to haue, for it was þe sownd of þe Holy Gost. & þan owyr Lord turnyd þat sownde in-to þe voys of a dowe, & sithyn he turnyd it into þe voys of a lityl bryd whech is callyd a reedbrest þat song ful merily oftyn-tymes in hir right here. & þan schuld sche euyr-mor han gret grace aftyr þat sche herd swech a tokyn» [Kempe 1940: 90–91].

ние же мехов с камином обращает к памяти библейских «языков огненных» и «огонь любви» Ролла.

Добавляя голоса птиц, — голубя и английской малиновки — Кемп также обыгрывает современную ей иконографию Пятидесятницы, где Святой Дух зачастую изображался в виде голубя. Так Псалтырь Сент-Омера, созданный в Норфолке ок. 1330–1440-х годов, — примерно совпадающий по времени и месту с «Книгой Марджери Кемп», — изображает Святой Дух именно таким образом. Рядом с псалмом 109 среди восьми других сцен из Страстей Христовых есть небольшая сцена Пятидесятницы (рис. 2). Вместе с собравшимися вкруг апостолами в верхней центральной части медальона размещен голубь, из клюва которого линиями расходятся языки пламени, устремленные к головам собравшихся и касающиеся их физическим присутствием божественного[24]. Этим «приручающим» жестом «Книга» формирует Кемп как апостола Пятидесятницы в английском городе Бишопс-Линн и за его пределами.

Действительно, в сцене Пятидесятницы апостолы получают дар языков. Несмотря на то что ранние экклезиасты и церковные комментаторы спорили о точной природе этого дара, они неизменно прочитывали его как божественную награду, авторизующую право апостолов на проповедь и обращение людей по всему миру[25]. Как и апостолы, Марджери наделяется даром языков в виде своей способности общаться через языковые барьеры как на семантическом, так и на соматическом уровне. Как подчеркивают ученые Си и Купер-Ромпато, путешествия Кемп по Европе и Святой Земле предоставляют ей множество возможностей для кросс-языковой коммуникации. Однако оба в основном фокуси-

---

[24] Лондон, Британская библиотека, манускрипт Йетса Томпсона 14, том 120r. Библейская сцена явления Святой Троицы была очень популярна в Англии в эпоху позднего Средневековья и часто изображалась в псалтырях и других религиозных текстах в позднесредневековой Англии. Подробнее о праздновании Троицы и особенностях простонародных ритуалов в этой связи в описываемую эпоху см. [Davidson 2007: 107–138].

[25] Подробное исследование легенды о Пятидесятнице и ее роли в христианской библейской и интеллектуальной традиции см. в [Cooper-Rompato 2010: 6–15].

Рис. 2. Иллюстрация в форме медальона на странице Псалтыря Сент-Омер, где изображается легенда о Пятидесятнице, Норфолк, ок. 1330–1440-х годов. © Совет Британской библиотеки, манускрипт Йетса Томпсона 14, том 120r

руются на моментах, когда Марджери передает (и понимает) семантическое значение вопреки языковым различиям: либо чтобы показать, как Кемп адаптирует агиографический троп удивительной ксеноглоссии, либо чтобы подчеркнуть многоязыкий контекст «Книги». Опираясь на «Книгу», я предполагаю, что ксеноглоссию следует прочитывать в сочетании с ее громким плачем, где последний функционирует как своего рода глоссолалия: перформативный модус коммуникации, побуждающий к опытному знанию посредством эмоций и ощущений тела.

В центральном примере ксеноглоссии Марджери находится в римском соборе Святого Иоанна Латеранского, где в «сильном духовном побуждении» («sor mevyd in spiryt») [Kempe 1940: 82] говорит с немецким священником, позже названным Венславом.

Поскольку священник не понимал по-английски и не мог разобрать, что она говорит, а она не знала никакого другого языка, кроме английского, они общались благодаря *интерпретатору* («jnter-pretowr» [Ibid.]). Через последнего Марджери просит Венслава помолиться о благодати понимания:

> ...спустя 13 дней священник снова вернулся к ней, чтобы испытать действенность ее молитв, и тогда он понял, что она сказала ему по-английски, а она поняла, что он [ей] сказал. И все же он не понимал по-английски, когда говорили [на этом языке] другие люди, хотя и произносили они те же слова, что и она: он вновь их не понимал, пока не заговорит она. Тогда она исповедалась этому священнику во всех своих грехах, насколько ей позволяла память, с детства и до того часа, и приняла свою епитимью с великой радостью[26].

Сцена построена вокруг проблемы, которую языковое различие ставит перед здоровьем духа и добродетелью (virtue) Марджери. Если бы она исповедовалась тому, кто не понимает ее языка, как бы он смог отпустить ей грехи, не понимая их до конца, и предложить покаяние? А если она не сможет понять его предписаний, как она сможет исполнить их должным образом? В более позднем эпизоде «Книги» становится ясно, что такие проблемы — основной источник вражды между Марджери и другими паломниками в Риме, когда эти последние, не понимая природы ее ксеноглоссной коммуникации с Венславом, жалуются, что «ее исповедовал священник, который не понимал ни ее языка, ни ее исповеди» («sche was schreuyn at a preste which cowed not vndirstondyn hir langwage ne hir confessyown») [Kempe 1940: 97]. Ксеноглоссия Марджери решает проблему точного, семантического понимания, позволяя поддерживать необходимые отношения с исповедниками в чужих краях способом, который был санкционирован церковью.

---

[26] «aftyr therten days þe preste cam ageyn to hir to preuyn þe effect of her preyerys, & þan he vndirstod what sche seyd in Englysch to hym & sche vnderstod what þat he seyd. & ȝet he vndirstod not Englisch þat oþer men spokyn; þow þei spokyn þe same wordys þat sche spak, ȝet he vndirstod hem not les þan sche spak hir-selfe. Than was sche confessyd to þis prest of alle hir synnes as ner as hir mende wold seruyn hir fro hir childhode vn-to þat owre & receyued hir penawns ful joyfully» [Kempe 1940: 83].

Что примечательно в конфигурации ксеноглоссии Марджери в «Книге», так это то, что эта ксеноглоссия, казалось бы, отступает перед авторитетом священника и тем не менее делает Кемп главной движущей силой всего процесса. Так, хотя именно священник должен быть заступником Марджери перед Богом, сама Марджери становится заступницей священника, чтобы тот смог исполнить свои пастырские обязанности, несмотря на языковой барьер. И даже если эпизод амплифицирует очевидную подчиненность Кемп священнической власти, он также подчеркивает поразительную степень ее влияния на эту власть: посредством удивительных случаев ксеноглоссии ее «Книга» показывает, что Кемп апроприирует часть священнических полномочий, несмотря на то что скрывается за некой позой подчинения.

Ксеноглоссия Марджери более точно совпадает с апроприацией пасторской власти в другом эпизоде вскоре после ее первой встречи с Венславом, где при помощи своего союзника Марджери осуществляет крайне продуманное представление, приближенное к гомилии или проповеди, чтобы доказать истину своих притязаний сомневающимся собратьям-паломникам. При содействии английского священника, который «доверял ей, как матери» («trost[ed] to hir as to hys modyr») [Kempe 1940: 97], Марджери собирает праздник, куда приглашает недоброжелателей и Венслава. Здесь же Марджери беседует с английским священником, в то время как Венслав сидит «в тягостной печали по причине того, что он не понимал, о чем они говорили по-английски» («in a maner of heuyness for cawse he vndirstod not what þei seyden in Englysch») [Ibid.]. Убедив свою аудиторию в незнании Венславом английского языка, Марджери переходит к гомилии: «Она рассказала на своем собственном языке, по-английски, историю Священного Писания, которую она усвоила от клириков, пока находилась дома, в Англии, потому что она не хотела говорить ни о какой суете, ни о каких вымыслах» («Sche telde in hyr owyn langage in Englysch a story of Holy Writte, whech sche had lernyd of clerkys while sche was at hom in Inglond, for sche wolde spekyn of no vanyte ne of no fantasijs») [Ibid.]. В конечном счете это испытание доказывает толпе, что Венслав «понимал то, что она сказала, и она понимала, что он сказал, и все же он не мог понять ни одного другого англичанина» («vndirstod what sche seyde & sche vndirstod what he seyd, & he cowed vndirstonde non oþer Englyschman vndirstod what sche seyde & sche vndirstod what he seyd, & he cowed vndirstonde non oþer Englyschman») [Kempe 1940: 98]. Как и предыдущий рассказ о ксеноглоссии с Венславом, этот эпизод подчеркивает завуалированную апроприацию Кемп его священнического авторитета. Передавая сюжет из Библии в духе священника, произносящего проповедь, а не фикцию собственной фантазии, Марджери демонстрирует свой прямой доступ к духовной истине. Тем не менее во фрагменте подчеркивается, что Кемп знает эту историю не из собственного чтения, а от писарей, и этот жест показывает ее почтение к классу клириков.

Сложное взаимодействие авторитета и подчинения также вступает в игру, когда ксеноглоссия Кемп пересекается с перформативной коммуникацией, зачастую принимающей форму шумной глоссолалии. Как и ее ксеноглоссия, *clamor* (крик) Марджери преодолевает языковые барьеры, и тем не менее он укоренен не в семантическом понимании, подобно ксеноглоссии, но вместо этого передает информацию на уровне аффектов и ощущений. Хотя англоязычные скептики часто неверно истолковывали его как нечто антисоциальное, *clamor* Марджери глубоко социален и нередко служит средством установления аффективной сострадательной связи с теми, кто не говорит по-английски, — чаще всего с женщинами и иными маргинализированными фигурами. Как показывает Лавеццо, *clamor* Кемп очень часто возникает вместе с другими актами сострадания или исходит из этих актов. Актеры и зрители представлений объединяются в аффективные сети, основанные на желании самих женщин и идентификации между ними[27]. Здесь я покажу, каким образом эти громогласные игры сострадания способствуют материальной

[27] Рассуждения о том, почему к Марджери гораздо хуже относились ее соотечественники по сравнению с паломниками из других стран, приведены в книге [Cooper-Rompato 2010: 128–129]. См. также [Bowers 2000: 22]. Описание аффективных связей, возникающих между женщинами после рыданий Марджери Кемп, приведено у Лавеццо [Lavezzo 1996].

демонстрации этого сострадания в форме милосердия. Устойчивый благотворительный эффект крика Марджери указывает на то, что последний функционирует в качестве соматического средства обучения.

Громогласные глоссолалии Марджери пересекаются с аффективными демонстрациями в нескольких эпизодах в Риме и его окрестностях. Путешествуя из Венеции в Рим со своим проводником, горбуном Ричардом Ирландским, Кемп присоединяется к двум монахам-францисканцам и женщине, которая передвигалась на осле, груженном дорожным сундуком со статуэткой младенца-Христа, «изображающей Господа Нашего» («an ymage þerin mad aftyr our Lord») [Kempe 1940: 77]. Как рассказывает Кемп, «non of hem cowed vndirstand hir langage, & ȝet þei ordeyned for hir euery day mete, drynke, & herborwe as wel as he dedyn for hem-selfe» («никто из них не понимал ее языка, но они каждый день обеспечивали ее едой, питьем и ночлегом, так же как они делают для самих себя») [Ibid.]. Когда все они прибывают в Рим, Ричард предлагает ей остаться с остальными, в то время как сам на целый день отправляется просить милостыню. В это же время Марджери и ее спутники организуют представление чувств, вызывающее еще большее сострадание как к младенцу Христу, так и к собственным страданиям Кемп:

> ...когда они приходили в значительные города, женщина, имеющая образ в своем сундуке, вынимала образ из своего сундука и клала его на колени почтенным женам, и они накладывали на него рубахи и целовали его, как если бы то был сам Бог; и когда творение видела эти почитание и благоговение, которые они оказывали образу, она была охвачена сладостным благочестием и сладостными размышлениями, что она плакала с великими всхлипами и громким криком[28].

[28] «And þe woman the which had þe ymage in þe chist, whan þei comyn in good citeys, sche toke owt þe ymage owt of hir chist & sett it in worshepful wyfys lappys. & thei wold puttyn schirtys þerup-on & kissyn it as þei it had ben God hym-selfe. & whan þe creatur sey þe worshep & þe reuerens þat þei dedyn to þe ymage, sche was takyn wyth swet deuocyon & swet meditacyons þat sche wept wyth gret sobbyng & lowed crying». [Kempe 1940: 77–78].

Здесь проблема языкового барьера порождает перформативные модусы обмена, которые срабатывают на уровне телесности и эмоций. Спутница Кемп демонстрирует свою заботу об Иисусе, используя simulacrum младенца Христа с интерактивной аудиторией «благочестивых жен» («worshepful wyfys»). Наблюдение за заботой, за тем, как они щедры к этому реквизиту, как одевают его и целуют его, вызывает такую же сострадательную любовь к Христу у Кемп, которая выражает свой пыл громкими всхлипами и плачем. Ее плач, в свою очередь, побуждает к состраданию других. Видя игру ее благочестия, «добрые женщины», играющие с куклой, «устроили ей хорошую мягкую постель, уложили ее туда и утешали, сколько могли, ради любви к нашему Господу — да будет Он благословен» («ordeyned a good soft bed & leyd hir þerup-on & comfortyd hir as mech as þei myth for owyr Lordys lofe, blyssed mot he ben») [Kempe 1940: 78].

Похожее пересечение крика глоссолалии, сострадания и милосердия происходит и тогда, когда Марджери встречает в Риме «благочестивую даму Маргариту Флорентийскую» («a worshepful lady, Dame Margarete Florentyn»), и «ни одна из них не могла толком понять другую, и объяснялись они разве что знаками, жестами и несколькими общими словами» («neiþyr of hem cowd wel vndirstand oþer but be signys er tokenys & in fewe comown wordys») [Kempe 1940: 93]. Несмотря на это, флорентийка спрашивает: «Марджери в бедности?» («Margerya in pouerte?»), на что Марджери отвечает: «В великой бедности, мадам» («Ȝa grawnte pouerte, Madam») [Kempe 1940: 93]. Си обращает внимание на этот обмен как на своего рода импровизированный пиджин, который в итоге показывает: «“англичанка” Марджери... может, когда дело доходит до драки, показать вполне функциональное владение по крайней мере одним из вернакулярных языков» [Hsy 2013: 138]. И действительно, когда Маргарита Флорентийская приглашает англичанку Марджери Кемп регулярно посещать ее обеды, начинает казаться, что она понимает «pouerte» Марджери, — слово, которое встречается как в итальянском, так и в среднеанглийском средневековых народных диалектах, которые оба были разбавлены старофранцузским. Но не менее важной оказывается и внесемантическая коммуникация — перформативный крик Марджери и вызываемое, вдобавок к этому обмену, им сострадание. В ответ на доброту Маргариты Марджери «садится и горько плачет» («sat & wept ful sor, sat and wept bitterly»); Маргарита дает Марджери «корзину с другими вещами, из которых она могла бы приготовить себе еду» («hamper wyth oþer stuffe þat sche might makyn hir potage þerwyth») [Kempe 1940: 93]. Как и в описании взаимодействия Марджери с «благочестивыми женами» и куклой Христа, Марджери преодолевает языковые различия с помощью бурной игры эмоций, которые пробуждают у ее аудитории как сострадание, так и милосердие.

Таким образом, *clamor*, возникающий в результате эхоического мистицизма Марджери, играет изощренную педагогическую роль: «Книга Марджери Кемп» явным образом предлагает альтернативу авторитетной форме проповеди. В очередной раз, когда Марджери за границей, в Риме, она оказывается в церкви и слушает «проповеди, которые читают немцы и другие люди, наставляя в законах Божьих» («sermownys wher Duchemen & oþer men prechyd, techyng þe lawys of God»), поскольку чувствует печаль и тяжесть («sorwe and heuynes») в своем сердце, но надеется «освежиться хотя бы крупицей духовного понимания» («to be refreschyd with sum crumme of gostly vndirstondyng») [Kempe 1940: 98]. Подчеркнув таким образом пределы пастырской власти, Кемп вновь обращается к эхо-мистицизму. Вторя ролловскому *canor* и содержательно, и что касается медоточивости аллитераций, Христос обращается к Марджери «мелодичным голосом, сладчайшим из всех вкусов, мягко звучащим в ее душе» («melydiows voys swettest of all sauowrys softly sowndyng in hir sowle») [Ibid.]. Далее описываются последствия такого мистического общения Марджери и Бога:

> Тогда ее душа была столь сладостно напитана сладкими ласками нашего Господа и столь исполнена любви Его, что, будто пьяница, она кидалась сперва на одну, а затем на другую стороны с великими рыданиями и всхлипами, не в силах себя удержать в том неугасимом огне любви, кото-

> рый вспыхнул в душе ее столь нестерпимо. Тогда многие дивились, спрашивая, что с ней; на что она, как творение, израненное любовью, и та, чей отступил разум, кричала громким голосом: «Страсти Христовы убивают меня». Добрые женщины в сострадании к ее скорби и тронутые ее рыданием и ее криком тем больше полюбили ее, и потому они, желая дать ей утешение и поддержку после духовного труда, при помощи знаков и жестов, ибо она не понимала их речи, просили ее и почти принуждали пойти к ним домой, желая, чтобы она не уходила от них[29].

Здесь звук мелодичного голоса Бога делает Марджери похожей на «пьяницу» («a drunkyn man»), у которого «отступил разум» («reson had fayled»). Экстатическое состояние разжигает в Марджери «огонь любви» («fyer of lofe»), выражающийся, как мы уже привыкли ожидать, в великих рыданиях и всхлипах («wepyng & gret sobbyng»), что, в свою очередь, побуждает добрых женщин из ее аудитории предложить ей милосердные «утешение и поддержку» («solas & comfort»). Несмотря на то что сцена начинается с языкового барьера, подсвечивающего границы семантического понимания, Кемп в конечном итоге прибегает к эхоическому мистицизму, чтобы обойти границы и прийти к более глубокому и полному духовному знанию; «духовное понимание» («gostly vndirstondyng»), которого она так жаждет, воспринимает и передает другим в обход гомилетических моделей, скорее неартикулируемо и ощутимо, нежели рационально.

---

[29] «Þan was hir sowle so delectabely fed wyth þe swet dalyawns of owr Lorde & so fulfilled of hys lofe þat as a drunkyn man sche turnyd hir first on þe o syde & sithyn on þe oþer wyth gret wepyng & gret sobbyng, vn-mythy to kepyn hirsilfe in stabilness, for þe vnqwenchabyl fyer of lofe which brent ful sor in hir sowle. Þan meche pepyl won- deryd up-on hir, askyng hir what sche eyled, to whom sche as a creatur al wowndyd wyth lofe & as reson had fayled, cryed wyth lowed voys, "Þe Passyon of Crist sleth me." Þe good women, hauyng compassyon of hir sorwe & gretly meruelyng of hir wepyng & of hir crying, meche þe mor þei louyd hir. & þerfor þei, desiryng to make hir solas & comfort aftyr hir gostly labowr, be sygnys & tokenys, for sche vndirstod not her speche, preyid hir and in a maner compellyd hir to comyn hom to hem, willyng þat sche xulde not gon fro hem» [Kempe 1940: 98–99].

Громогласный стиль Кемп

Быстрый акцент на аллитерации в моменте выше, когда Марджери слышит, как «мелодичный голос, сладчайший из всех вкусов, мягко звучит в ее душе» [Kempe 1940: 98], эхоирует с латинским «Incendium» Ролла, приглашает нас к вопросу о том, как грохот (clamor) голоса Марджери проникает как в стиль, так и в содержание текста. Аллитерация была ключевой стратегией для задействования громогласной *canor* Ричарда Ролла. И хотя аллитерация время от времени проникает в «Книгу Марджери Кемп», как следует из примера выше, я сосредоточусь на том, как стиль приближается к шуму двумя, казалось бы, контрадикторными способами: как в ее кажущемся беспорядке и нелинейности, так и в эпизодах высокоструктурированных синтаксиса и риторики.

Действительно, именно через внимание к способам, которыми «Книга» предлагает себя в качестве громогласного (clamorous) текстуального объекта, и обнаруживаются возможности прочтения как ее составного авторства, так и аффективной педагогической цели. Стремясь понять Кемп как историческую фигуру, в частности как женщину, действующую в мире, где авторство было связано в первую очередь с мужчинами и латинской грамотностью, ученые обращают внимание на ее непростые переговоры с церковными авторитетами и апроприацию агиографических тропов, склоняясь к тому, что «Книга» работает на обеспечение авторитета собственно Кемп, а также на установление ее статуса в качестве святой. Однако при этом упускаются способы, которыми «Книга», в соответствии со многими описываемыми в ней сценами, способна использовать звуки своего языка, чтобы вызвать чувства у аудитории и поспособствовать ее состраданию. Важно, что делается это отчасти благодаря риторике, берущей исток в ученой латинской культуре. А. С. Спиринг подчеркивает, что некоторые стилистические элементы «Книги» указывают на то, что голос Кемп в ней был подвержен процессу «текстуализации и клерикализации»; также он утверждает, что «настало время читать “Книгу Марджери Кемп” не как речь, как она возникает, а как письменный текст, в который эта речь оформляется» [Spearing 2004: 93–94], — что, как я утверждаю, обращает внимание к следующему: громогласный стиль эхо-мистицизма Кемп предлагает альтернативные коммуникативный и педагогический режимы, доступные как мирянам, так и клирикам. Подобно тому, как крик Марджери передает сообщение, побуждая к состраданию, громогласный стиль ее составного автора (притязающего на то, чтобы дать голос чувствам, но не информации) обучает при помощи соматического модуса коммуникации, доступного через любые языковые барьеры и грамоту вообще.

Рассказывая о собственном создании, «Книга Марджери Кемп» неоднократно заявляет о своей цели: записать духовный опыт Марджери языком, подчеркивающим аффективность и воплощенность. После краткого изложения о том, как Марджери получает совет религиозных авторитетов «следовать своим движениям и побуждениям» («folwyn hyr meuynggys & hyr steringgys»), Кемп описывает, каким образом они побудили ее написать о своем опыте:

> Некоторые из этих достойных почтенных клириков приняли это как угрозу для ее души и, поскольку они должны были отвечать перед Богом, свидетельствовали, что эта тварь была вдохновлена Святым Духом, и убеждали ее, чтобы она позволила им писать и сделать книгу о ее чувствах и откровениях. Некоторые предлагали ей писать свои чувства собственными руками, и она никоим образом не соглашалась, ибо ей было повелено в ее душе, что ей не следует писать так скоро. И так прошло 20 лет и более с того времени, как эта тварь впервые имела чувства и откровения, прежде чем она что-либо написала. Впоследствии, когда это было угодно нашему Богу, Он повелел ей и обязал ее, чтобы она позволила писать свои чувства и свои откровения и образ жизни, дабы Его благость могла стать познанной миром[30].

---

30 «Summe of these worthy & worshepful clerkys token it in perel of her sowle and as þei wold answer to God þat þis creatur was inspyred wyth þe Holy Gost and bodyn hyr þat sche schuld don hem wryten & maken a booke of hyr felyngys & hir reuelacyons. Sum proferyd hir to wryten hyr felyngys wyth her owen handys, & sche wold not consentyn in no wey, for sche was comawndyd in hir sowle þat sche schuld not wrytyn so soone. & so it was xx ȝer and mor fro þat tym þis

Здесь Марджери предстает как земной перводвигатель (хотя и подчиненный воле Бога), стоящий позади повествования и текста; поскольку Марджери получает указания не земного, но божественного авторитета, она откладывает транскрибацию своего опыта в текст до тех пор, пока сам Бог не поручит ей сделать это. Акцент «Книги» на божественной авторизации контроля Марджери над повествованием соответствует рекурсивному импульсу предпочесть аффективный и телесный опыт, а не конкретное знание, которое из этого опыта проистекает. «Откровения» («reuelacyons») Марджери — те особые озарения, обнаруживающие себя ей как духовная истина, — подчинены ее чувству этой истины.

Этот акцент на чувствах — эмоциях и ощущениях — Марджери создает инновационную вариацию топоса невыразимости. В соответствии с акцентом «Книги» на чувствах, первый писец Марджери — англичанин из Германии, который «хорошо знал эту персону [Марджери] *и ее желания*» («good knowlach of þis creatur *& of hir desyr*») [Kempe 1940: 4]. Когда этот писец умирает, Кемп передает написанное второму писцу, согласившемуся работать над ней. Но «книга была так плохо написана, что он не смог разобраться в этих писаниях, которые были ни на английском, ни на немецком, а некоторые буквы по своим очертаниям и форме не походили ни на какие другие буквы» («Þe booke was so euel wretyn þat he cowd lytyl skyll þeron, for it was neiþyr good Englysch ne Dewch, ne þe lettyr was not schapyn ne formyd as oþer letters ben») [Ibid.][31]. Ссылаясь на этот фрагмент, Купер-Ромпато называет язык, использованный первым писцом, «гибридным

---

creatur had fyrst felyngys & reuelacyons er þan sche dede any wryten. Aftyrward, whan it plesyd ower Lord, he comawnded hyr & chargyd hir þat sche xuld don wryten hyr felyngys & reuelacyons & þe forme of her leuyng þat hys goodnesse myth be knowyn to alle þe world» [Kempe 1940: 3–4].

[31] Ученые представили неопровержимые доказательства того, что этот первый писец был сыном Марджери Кемп. Обзор исследований, сравнивающих рассказ о замысле и начале создания «Книги» в Прологе и описание взаимоотношений Марджери Кемп и ее сына во второй части, а также новые доказательства, полученные путем анализа рукописей, см. в [Sobecki 2015].

вернакулярным языком», рассматривая вмешательство Марджери как очередной пример чуда ксеноглоссии. «Книга» и правда приглашает к такой характеристике, упоминая «английский [и] немецкий» («Englysch [and] Dewch») [Cooper-Rompato 2010: 110][32]. И хотя «плохое» («euel») письмо первого писца может в буквальном смысле означать его гибридный язык и/или плохой почерк, я хочу подчеркнуть, что эта деталь оттачивает акцент «Книги» на чувствах Марджери, чтобы продемонстрировать, как ее опыт сопротивляется сдерживанию в языке. В результате неразборчивое письмо первого черновика рукописи становится продолжением грохочущего голоса протагонистки. Процесс доработки и перевода «плохих» («euel») записей первого писца — усилие, которое так и не было доведено до конца (возможно, намеренно) воссоздать этот записанный шум в понятный язык.

«Книга» старается показать и то, как Марджери следит за этим процессом. Третий писец делает попытку переписать рукописи, но, как и второй, «никак не мог справиться, ибо книга была плохо сделана и так неразумно написана» («cowd not wel fare þerwyth, þe boke was so euel sett & so vnreasonably wretyn») [Kempe 1940: 4]. Наконец, второй писец, владеющий рукописью, и первый, который пробовал ее переписывать, просят Марджери «молить Бога за них и *выторговать* Его благословение на то, чтобы они смог прочитать [рукопись] и также записать [прочитанное]» («prey to God for hym and *purchasyn* hym grace to redden it and wrytyn it also») [Kempe 1940: 5]. Только после заступничества Марджери «священник, уповая на ее молитвы, стал читать эту книгу, и тогда понять ее оказалось гораздо легче, чем раньше» («Þe prest, trustyng in hire prayers, began to redyn þis booke, & it was mych mor esy, as him thowte, þan it was be-forn-tym» [Ibid.]). Трансакционный среднеанглийский глагол *purchasyn* подчеркивает роль Марджери как *посредницы* (*mediatrix*) в этом обмене, и эта позиция еще раз подчеркивается, когда священник вынужден

---

32 Трактовка Купер-Ромпато истории создания «Книги» как примера ксеноглоссии за счет понимания общего «народного» языка приведена на с. 110–155.

прибегнуть к духовной поддержке Марджери, чтобы получить помощь в ви́дении. Это сложное описание авторства «Книги» указывает на напряжение между *clamor* Марджери и его аффективным воздействием и ясным интенциональным языком культуры церкви. Как пишет Коэн, «Книга» «сопротивляется гармонизации в рамках линейной хронологии» [Cohen 2003: 167]. Ее хаотическая структура, поскольку «эта книга написана не по порядку... но так, как ее содержание приходило творению на ум в тот момент, когда это надлежало записать» («is not wretyn in ordyr... but lych as þe mater cam to þe creatur in mend whan it schuld be wretyn») [Kempe 1940: 5], поддерживает марджеровский *clamor* в качестве стилистического приема, даже если работает над тем, чтобы сделать этот крик более коммуникабельным.

То, что «Книга» старается поддерживать *clamor* Марджери в напряжении с более прямым языком клириков, очевидно и в заключительной молитве. Здесь плач Марджери передается от первого лица. Именно это позволяет установить связь между семантической и соматической коммуникациями. В заключительной главе «Книга» возвращается к сцене Пятидесятницы, прибегая к пятидесятничной же молитве «Veni creator spiritus» («О, Сотворитель Дух приди!»), чтобы призвать Божью благодать прежде, чем Марджери начнет заключительную мольбу. Марджери поясняет, что «когда она произнесла “*Veni creator spiritus*” в стихах, то сказала так: “Я беру в свидетели Святой Дух, Богородицу, Святую Марию, Матерь Божию, весь святой сонм небесный и всех моих исповедников здесь, на земле”» («Whan sche had sayd ‘*Veni creator spiritus*’ wyth þe versys, sche seyd on þis maner, ‘The Holy Gost I take to witnesse, owr Lady, Seynt Mary, þe modir of God, al holy cowrte of hevyn, and all my gostly faderys her in erth’») [Kempe 1940: 248]. В этот момент «Книга» переключается с третьего лица на первое, и на нем же остается до последних страниц. Этот сдвиг создает впечатление куда более прямого доступа к голосу Марджери. В соответствии с каркасом библейского сюжета о Пятидесятнице, голос Кемп инкорпорирует в себя кросс-языковую лексику и синтаксис, ритм которых приглашает читателя к опыту звуков в качестве шума, а не языка. Молитва, которая следует далее, показывает владение латинским и французским синтаксисом и риторическим стилем, что, как я полагаю, свойственно скорее конвенционально грамотной фигуре, чем Марджери Кемп[33]. В предложении почти цицероновского масштаба Марджери возглашает:

> Что же касается моих воплей, моих всхлипов и моих рыданий, Господи Боже Всемогущий, воистину [только] Ты знаешь, какое презрение, какой стыд, какие обличения и какие упреки я претерпела за это, и как воистину не в моей власти ни громко, ни тихо рыдать от благочестивых чувств или сладости, но только по дару Святого Духа, так же воистину, Господи, оправдай меня пред всем миром, чтобы тот знал и верил, что это Твоя работа и Твой дар, ради возвеличивания Твоего имени и для умножения любви других людей к Тебе, Иисус[34].

Трехчленная паратактическая структура предложения, заданная словосочетаниями «as wistly», «as wistly» и «so wistly», основана на общеупотребительных классических тропах триколона и *variatio,* где *variatio* — это варьированное повторение троек для того, чтобы создать чувство сбалансированного дисбаланса. Не столь масштабная анафора и структурный параллелизм этой молитвы очевидны во фразах «what scornys, what schamys, what despitys, & what repreuys» («какое презрение, какой стыд, какие обличения и какие упреки») и «for magnifying of þi name & for encresyng of oþer mennys lof to þe» («ради возвеличивания Твоего имени и для умножения любви других людей к Тебе»). Как отмечает Джонатан Си, другие анафорические эпизоды — например,

---

[33] Подробнее о том, как риторика Марджери в ее последней молитве активно использует патриархальный язык, см. [Mahoney 1992: 47–49].

[34] «As for my crying, my sobbyng, & my wepyng, Lord God almythy, *as wistly* as þu knowist what scornys, what schamys, what despitys, & what repreuys I have had, þerfor, &, *as wistly* as it is not in my power to wepyn neyþyr lowde ne stille for no deuocyon ne for no swetnes, but only for þe ȝyft of the Holy Gost, *so wistly,* Lord, excuse me a-geyn al þis world to knowyn & to trowyn þat it is þi werke & þis ȝyfte for magnifying of þi name & for encresyng of oþer mennys lof to þe, Jhesu» [Kempe 1940: 249].

описания бурных заграничных путешествий в начале первой главы — демонстрируют скорее «бюрократический синтаксис французских деловых документов». Меркантилистские контексты этого романского синтаксиса, обязанного своим присутствием более ранним латинским формам, в данном случае интересует меня меньше, чем его связи с французским языком [Hsy 2013: 153]. Многоязычие, в котором среднеанглийские слова размещаются в латинских и французских структурах, связывает ксеноглоссию пятидесятничной молитвы с ее стилем. Повторение такой анафоры, отмечает Си, производит «убаюкивающий ритмический эффект», который, как я бы добавила, комбинируется с рифмами по типу «to knowyn & to trowyn», а также с большой длительностью каждого предложения, приглашая к переживанию, сходному с криком Марджери, — звуков, а не языка.

Таким образом, заключительная молитва «Книги», столь тесно связанная с собственным голосом Марджери, приближается к буйному громогласному шуму, отождествляемому с протагонисткой. Действительно, многоязычие, анафора и параллелизм в значительной степени структурируют всю молитву, простираясь от страницы к странице, когда Кемп называет имена людей и групп, за которых она молится, фразой «I cry ȝow mercy» («Я плачу о милосердии»). Эта фраза, встречающаяся в эпизоде не менее десяти раз, в своем настойчивом повторе слова «плакать» вызывает образ громогласных слез, характерных для эхоического мистицизма Марджери Кемп. Воздвигнутая на этой повторяющейся фразе, на мгновение молитва предлагает заманчивый мультиязычный каламбур, подчеркивающий как многоязычие пятидесятников, так и интерес самой «Книги» к звукам. После повторяющихся просьб о милосердии Марджери в конце концов переходит к благодарности, твердя:

> Gra-mercy, Lord, for all þo synnys þat þu hast kept me fro whech I haue not do, and gra-mercy, Lord, for al þe sorwe þat þu hast ȝouyn me, for þo þat I haue do, for þes *gracys* & for alle oþer *graces* which arn nedful to me & to alle þe creaturys in erth (Благодарю Тебя, Господи, за все грехи, от которых Ты меня удержал и которых я не совершила, и благодарю Тебя, Гос-

> поди, за всю скорбь, которой Ты воздал мне за те [грехи], что я совершила; [благодарю Тебя] за Твои *милости* и за все другие *милости*, которые необходимы мне и всем тварям на земле) [Kempe 1940: 253].

На первый взгляд, эти строки, в которых используется заимствованное из французского среднеанглийское словом *gramerci*, выражают благодарность Богу за то, что Он уберег Марджери от греха, за пережитые ею печали и за всю ту благодать, которой Он ее одарил. Однако они отсылают нас к повторению английского «I cry þe mercy», напоминая о разнообразных просьбах к Богу, чтобы тот «даровал милость» («grant mercy»). Таким образом, этот мультиязычный каламбур одновременно благодарит Бога за страдание и в то же самое время взывает к со-страданию в своем прошении о милосердии. Сложные «слои» значений, семантические и аффективные, которые возникают в этой заключительной молитве, характеризуют громогласный стиль Марджери в качестве дающего голос опыту и чувствам, звукам языка на странице и состраданию, которое они провоцируют.

Эхоическое наследие Кемп

В тексте, как и в самой жизни, этот стиль Марджери вызывает значительное беспокойство аудитории, о чем свидетельствуют маргиналии рукописи. Ряд ученых, изучающих маргиналии «Книги», подчеркивают, что читатели Кемп реагировали на ее повествование, в той или иной степени стараясь его приручить и сдержать[35]. Маргинальные примечания и глоссы «Книги» об-

---

[35] См. [Keiser 1987]. О том, как первопечатники пытались «замолчать» Марджери, см. [Goodman 1978: 357–358]. В книге [Staley 1994] наглядно демонстрируется, как Красные Чернила (комментатор, делавший свои пометки красными чернилами, — кстати, ведущий исследователь маргиналий к «Книге» Фриделл позже доказал, что речь идет о нескольких людях, пользовавшихся красными чернилами) пытается навести порядок в повествовании Кемп, разбивая его на главы. Подобным образом было сформировано и раннее издание [Kempe, Wynken 1501], упорядочивающее хаотичное повествование Кемп в печатный формат ин-кварто. Полное описание маргиналий к «Книге» см. в [Fredell 2009].

наруживают фундаментальное напряжение: ее комментаторы постоянно стремятся навязать тексту порядок, делая его подчеркнуто разборчивым в пику непосредственности и импрессионизму Марджери. В то же время, как свидетельствует «Nota de clamore», открывающая главу, некоторые примечания указывают на обращенное иными из церковных читателей внимание кауральности «Книги» и к буйному (boisterous) голосу Кемп, которому они старались дать место.

Джоэль Фриделл разграничивает шестерых отдельных комментаторов «Книги», включая Малыша Брауна, который сделал «note the clamor» в тексте Кемп, а также три разные руки, пишущие красными чернилами; из этих трех Комментатор Красные Чернила является самым поздним и демонстрирует наибольшее разнообразие в комментариях. Фриделл идентифицирует сходные задачи всех переписчиков и комментаторов рукописи, отмечая эпизоды, которые следуют узнаваемой агиографической форме. Так, например, Малыш Браун навязывает тексту то, что Фриделл называет «агиографической надстройкой», добавляя *notae* напротив таких эпизодов, как первый серьезный приступ Марджери, ее провидческая исповедь Иоанну Крестителю и т. д. [Fredell 2009: 9]. Аналогично, Большой Красный N указывает на эпизоды, которые могут объединиться в форму *passio* о «мученичестве» Кемп из-за клеветы. Все эти устремления к прочтению текста Кемп в качестве конвенционального жития святой свидетельствуют о перспективе, в рамках которой из ее повествования упускаются *clamorous elements*, формируя его как более легко узнаваемую и сугубо дидактическую литературную форму.

Редакторское желание комментаторов разбивать предложения и размечать параграфами начало новых разделов свидетельствует о той же цели. Несмотря на то что рукопись «Книги» не лишена пунктуации, работа редко предлагает даже признаки окончательных точек или пауз, подчеркивая эффузивную экспрессию повествовательного голоса тем, что Линн Стейли называет «паводком языка» [Staley 1994: 98]; и поздние читатели рукописи добавляли скобки и другие знаки препинания, пытаясь этот паводок сдержать. Комментатор Рубиновый Параф, единственные

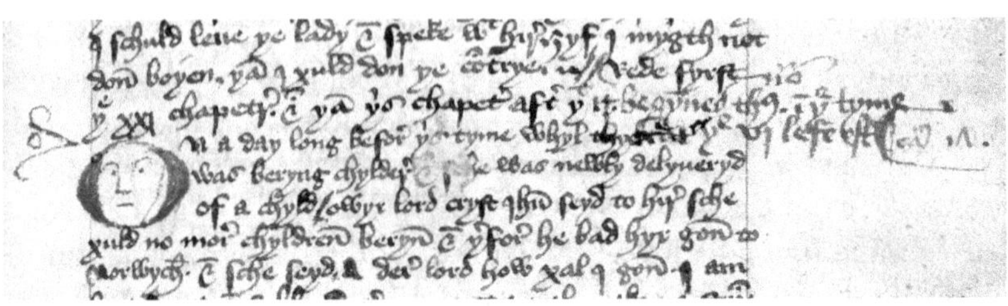

Рис. 3. Маргиналии из «Книги Марджери Кемп», Линн, ок. 1440 года. Комментатор Красные Чернила пытается упорядочить повествование Кемп, направляя читателя к чтению в хронологическом порядке. © Совет Британской библиотеки, манускрипт 61823 (доп.), том 19r

комментарии которого представляют собой красночернильные парафы особого характерного цвета, упорядочивает повествование, указывая на начало важных эпизодов. Схожим образом в моменты, когда в рукописи двоится время, комментатор Красные Чернила навязывает ей более строгий порядок, направляя читателей к совпадающей по времени главе. Так, если 17-я глава начинается словами «В один день, задолго до этого времени...» и следует за встречей с архиепископом Арунделом из 16-й главы, комментатор Красные Чернила направляет читателя к совпадающей по времени главе словами: «Так начинается “это время”, оставленное нами ранее» («the vi lefe efter») (рис. 3)[36]. Он часто добавляет собственные большие парафразные примечания на полях, чтобы предложить перерыв в повествовании, когда эти большие темпоральные разрывы происходят в отдельных главах. Например, в 18-й главе, когда Марджери переходит от изложения своей дискуссии с духовником в Линне к совершенно отдельному воспоминанию о вдове, не верящей в ее духовный авторитет, — он использует фразу «То было раньше» («On a tyme before»), чтобы указать non sequitur[37].

[36] Британская библиотека, манускрипт 61823 (доп.), глава 17, том 19r.

[37] Британская библиотека, манускрипт 61823 (доп.), глава 18, том 22v.

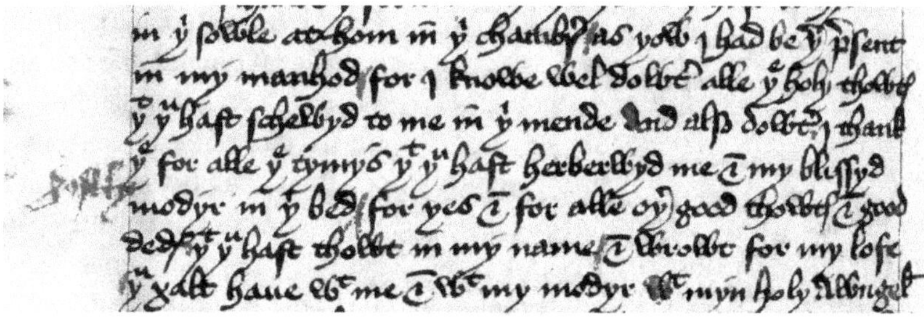

Рис. 4. Маргиналии из «Книги Марджери Кемп», Линн, ок. 1440 года. Красные Чернила добавляет «бестелесно» («gostly») к описанию того, как Иисус благодарит Кемп за то, что она укрывала его с матерью в собственной постели. © Совет Британской библиотеки, манускрипт 61823 (доп.), том 103v

Также Красные Чернила часто добавляет формулировки или меняет язык, настаивая, что описанные интимные и приятные переживания Кемп размещены в духовной сфере внутренних чувств, а не в мирской области ее физического тела. В одной из самых чувственных глав книги, в которой Марджери переживает *languor amoris*, обменивается брачными обетами с Богом и приветствует потусторонние частицы пыли сакраментальными благословлениями на латыни, «Книга» описывает, как «Отец взял ее [Марджери] за руку в ее душе» («the Fader tok hir be the hand in hir soule»). Рядом со словом «рука» в этом пассаже Красные Чернила добавляет *gostly*, то есть «бестелесно», настаивая, что близость Марджери с Богом скорее духовная, чем мирская[38]. Явно рассчитанное минимизировать физиологичность описаний Кемп, слово *gostly* возникает — и возникает красным — рядом с разделом, где сам Иисус является Марджери и благодарит ее за то, что она укрывает его и его «благословенную мать» («blessyd modir») в своей постели (рис. 4)[39].

---

[38] Британская библиотека, манускрипт 61823 (доп.), глава 35, том 43r.

[39] Британская библиотека, манускрипт 61823 (доп.), глава 86, том 103v.

Иногда эта корректирующая страсть, размещающая переживания Марджери в духовной сфере, кажется заглушающей ее голос в буквальном смысле — как в том случае, когда Красные Чернила пишет «sylance» («молчать!») прямо над пассажем, где описывается, как Марджери «удивительно много плакала» («wept wonder sore») во время видения (рис. 5)[40]. Добавление соответствует его поспешности обозначить: мистическое восприятие размещено в душе Марджери, следовательно, вне базовых чувств тела.

Раннее издание «Книги», напечатанное Уайнкеном де Вордом, — продолжение схожих попыток придать тексту Кемп форму дидактического повествования через умаление значения самой Кемп как персонажа и выдвижения речи Христа на первый план. Издание содержит значительные выдержки из оригинальной рукописи и организует хаотичное повествование Марджери ин-кварто, почти полностью исключая ее голос посредством умаления физической игры ее благочестия для того, чтобы сфокусироваться на прямой речи Божества (Godhead) [Erwin 2006: 75–94]. Например, на титульном листе издания де Ворда заявлено, что книга — «краткий трактат о созерцании, [созданный] Господом Иисусом Христом, / или взятый из книги Марджери Кемп из Линна» («a shorte treasyse of contemplacyon by oure lorde Jhesu cryste / or taken out of the boke of Margerie Kempe of lyn»). В соответствии с заявлением, что автором книги является сам Христос, первая страница прочитывается как компиляция серии фрагментов от первого лица Иисуса к Кемп: «Daughter, thou mayst no better please God than to thynke contynually in his love» («Дочь, ты не можешь угодить Богу лучше, чем постоянно думая о Его любви») или «haue mynde of thy wyckedness and thynke on my goodness» («помни о своем нечестии и подумай о Моей благости) [Kempe, Wynken 1501]. Подобного рода форматирование дает все основания полагать, что де Ворд стремится навязать шуму порядок, опосредуя любопытный гибридный нарратив духовной автобиографии Кемп в более узнаваемую общую форму компилированных образцовых максим.

---

40 Британская библиотека, манускрипт 61823 (доп.), глава 35, том 42v.

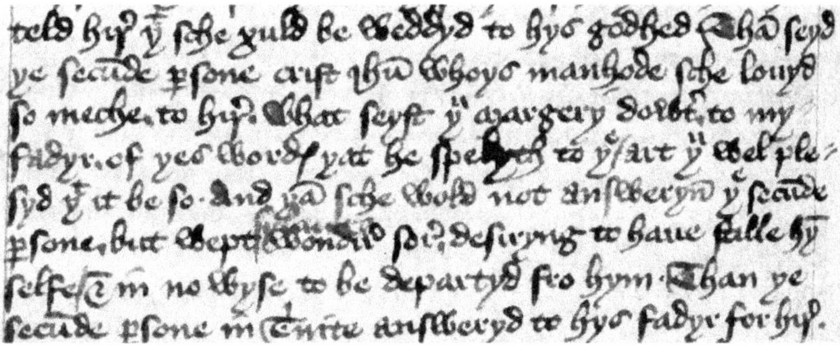

Рис. 5. Маргиналии из «Книги Марджери Кемп», Линн, ок. 1440 года. Красные Чернила добавляет слово «молчать!» над пассажем, описывающим, как Кемп «удивительно много плакала». © Совет Британской библиотеки, манускрипт 61823 (доп.), том 42v

Но даже несмотря на то, что редакторские вмешательства указывают на озабоченность чрезмерной физиологичностью голоса Кемп, другие детали — например, *nota de clamore* Малыша Брауна — оставляют, как кажется, место для ее крика. Так, Красные Чернила настроен на голос Марджери. Как показывает Кэтрин Керби-Фултон, его маргиналии свидетельствуют об искреннем желании понять источник мистических переживаний Кемп. При всем этом он подвергает ее текст почти юридической проверке в процессе, напоминающем *discretio*, или «различения духов», в церковном суде [Kerby-Fulton 2013b: 234–239]. Я не совсем согласна с тотализирующим заявлением Керби-Фултон о том, что «самое замечательное в работе этого комментатора — то, что в ней никогда не встречается женоненавистничества». Мизогиния может принимать более тонкие и коварные формы, когда ее объектом является феминность — в данном случае «чрезмерная» чувственность, — а не женщина в целом [Kerby-Fulton 2013b: 238]. И все же работа Керби-Фултон по смягчению репутации этого писца от авторитарного патриарха до, как она говорит, «обнадеживающего скептика» заслуживает внимания.

Действительно, Красные Чернила свидетельствует о внимании и уважении к духовному авторитету Марджери; быть может, даже к марджеровскому акценту на ауральности. Его внимание к 36-й главе, которая, я думаю, является ключевой в адаптации Кемп эхоического мистицизма Ролла, особенно суггестивно. В этой главе Бог говорит Марджери о ее особой привилегии говорить посредством губ, отмечая, что, хотя обычно ему более приятна молитва, произносимая мысленно, а не устно, он «не будет недоволен, думает ли она, произносит слова или говорит» («wyl not be displesyd wyth þe whedir þu thynke, sey, or speke») [Kempe 1940: 90]. Вблизи следующего пассажа, где Бог и Марджери общаются «как дома», подобно мужу и жене, Красные Чернила добавляет на поля сердце с характерным рисунком трилистника (рис. 6), имеющегося, по предположению Фриделл, значение для небольшой группы комментаторов-картезианцев [Fredell 2009: 7]. Возможно, Красные Чернила выделяет этот фрагмент, так как он особенно значим для картезианских интересов и их духовности.

Следующий комментарий подкрепляет этот интерес и указывает высокую оценку голоса Марджери самим Красными Чернилами. 36-я глава заканчивается тем, что Марджери слышит голос Бога как звук мехов и затем — как голубя и малиновки, что, я полагаю, является переводом Пятидесятницы, рассчитанным на авторизацию ее гомилетического *clamor*. В рубрикационном колонтитуле главы, непосредственно следующим за сценой, комментатор Красные Чернила прочерчивает три линии между монограммой Христа, заполняющей его начальную букву, и названием главы (рис. 6)[41].

Как относительно редкие знаки — других примеров в «Книге» мне не обнаружить не удалось — они достойны внимания. Да, они могут быть случайны. Или же могут указывать на нечто, еще не раскрытое. Но также они могут работать на репрезентацию и усиление прямой связи между Богом и Марджери, выраженную в весьма бытовом образе в 1-й строке 37-й главы, когда Бог гово-

41 Британская библиотека, манускрипт 61823 (доп.), глава 37, том. 44v.

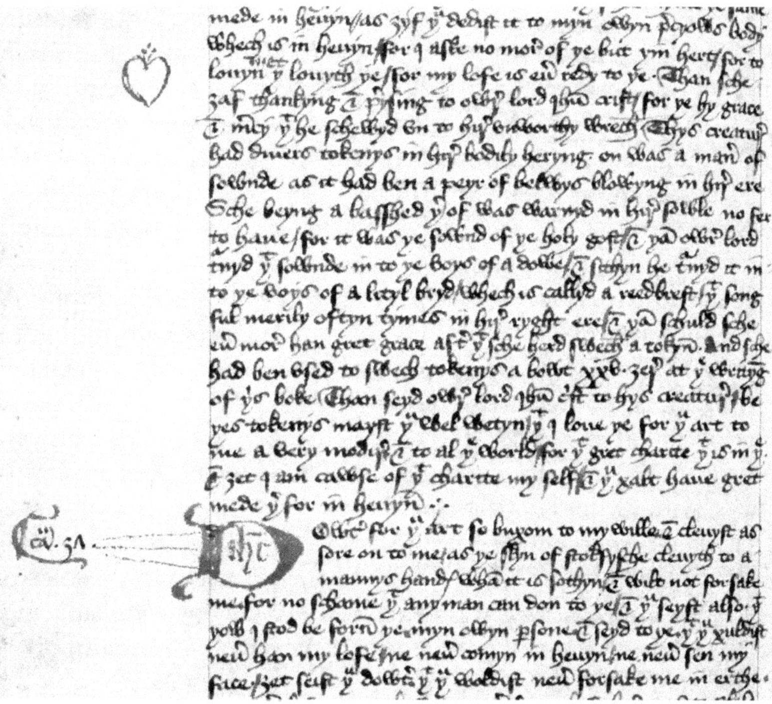

Рис. 6. Маргиналии из «Книги Марджери Кемп», Линн, ок. 1440 года. Картезианское сердце с трилистником рядом с отрывком, в котором Христос выражает любовь к Марджери. В названии главы, следующей сразу за кемповским «приручением» библейской сцены Пятидесятницы, комментатор Красные Чернила добавляет линии, соединяющие монограмму Иисуса Христа с рубрицированной первой буквой раздела. © Совет Британской библиотеки, манускрипт 61823 (доп.), том 44v

рит Марджери, что та настолько покорна Его воле, что «прилепляется» к Нему так же, «как кожа вяленой рыбы прилипает к руке человека» («cleuy to me as þe skyn of stock-fysche cleuyth to a mannys handys») [Kempe 1940: 91]. Но я полагаю, что важно и то, что эти строки размещены в самом конце той критической сцены, где интенсивная висцеральная любовь к Христу сочетается с аудиальным мистицизмом, связав сети чувств с Пятидесятницей особым жестом авторизации голоса Марджери Кемп. И маргиналии усиливают эту динамику. Тринитарный узор картезианского трилистного сердца вновь возникает в виде трио линий, связывающих имя Христа с текстовым маркером. Эти линии подчеркивают материальную связь между Христом и текстуальностью «Книги», усиливая прямую сценку голоса Бога и самого текста Марджери Кемп. Эта «жизнь после смерти», несомненно, показывает: голос Марджери Кемп в течение почти столетия после того, как «Книга» была составлена, подвергался регуляции и сдерживанию со стороны тех, кто обладал конвенциональной грамотностью и властью. Тем не менее все эти настойчивые усилия свидетельствуют и о неудержимой природе ее голоса, его способности разрушать и превосходить устоявшиеся языковые и коммуникативные режимы. Именно неудержимость может быть одной из причин, почему Марджери так часто разоблачали как радикально неортодоксальную или, словами толпы монахов в Кентербери, «fals lollare» [Kempe 1940: 26] — «лоллардскую фальшивку». Акцент Кемп на непосредственном познании Бога без медиации церковной власти близок одному из главных постулатов уиклифов, называемых лоллардами. Однако же висцеральная и телесная природа опыта Кемп, переживаемого и выражаемого как шум, проблематична для уиклифских мыслителей. Действительно, как раз в то время, когда мирская религиозность начинает смещаться в сторону непосредственных и в куда большей степени основанных на чувстве эпистемологий, с подъемом уиклифской ереси на первый план английской культуры выводится проблема взаимодействия звука и смысла. Если «Книга Марджери Кемп» предлагает теологию и поэтику шума в связи с «werkyng», то «Видение о Петре Пахаре» Уильяма Ленгленда, по крайней мере частично старающегося обосновать и осмыслить звуки своей поэзии, теоретизирует шум и поэтический голос в связи с медленным и продолжительным бездельем.

Глава 3
«Wondres to Here»

Шум, игра звуков и поэтика болтанки Уильяма Ленгленда в эпоху Уиклифа

С задумчивой бороды на язвительный череп переходил его взгляд, дабы напомнить, дабы укорить без недоброты, переместившись затем к тыкве лысорозовой лолларда, подозреваемого безвинно.

Джеймс Джойс. Улисс, «Сцилла и Харибда»
[Джойс 2022: 194]

Во всех версиях «Видения о Петре Пахаре» с первых же строк подчеркивается, что слух опережает зрение. Так, мечтатель Уилл отправляется в духовные поиски ранним летом, надев грубую шерстяную одежду отшельников. Экипированный таким образом, он идет в «дальше, в мир, чудеса слушать, / И видеть много вещей, необыкновенных и редких» («forth in the world wondres to here, / And say many selles and selkouthe thynges») [Langland 2008: C. Prol. 3–4][1]. Слух вновь акцентуируется в конце пролога, когда его последние строки обращаются в какофонию уличных песен городских торговцев и музыкантов, нашедших пристанище в конце сна мечтателя Уилла. Петр Пахарь набрасывает и перерабатывает топос сновидения, где сновидца убаюкивают птицы (или, в случае «Птичьего парламента» Чосера, пробуждают его), в совершенно разных местах, в том числе в первом сне, когда Уилл

[1] Я также консультировалась с изданием [Langland 1995], по которому приводятся отрывки из версий A и B.

засыпает под шум стремящихся вод, которые «столь сладко шумят» («sweye[s] so murye») [Langland 1995: A. Prol. 10; B. Prol. 10], или позже, когда он признает: «Благозвучное пение птиц остановило меня, / Сладость из их уст усыпила меня» («Blisse of þe briddes abide me made / Murþe of hire mouþes made me þer to slepe») [Langland 1995: B. 8. 64–67; Langland 2008: C. 10. 63–66][2].

В поэме, зависимой от нарратива о видении, акцент на слухе несколько удивителен[3]. Подчеркивая таким образом звук, поэма расширяет визионерский фокус до слушания (которое мы видели у Ролла и Кемп), изображая паломничество Уилла в поисках моральной и духовной истины как процесс вслушивания в то, что мир может сказать ему — не меньше, чем показать[4].

Как мы наблюдали в эхо-мистицизмах Ролла и Кемп, слух неразрывно связан с чувством в качестве ощущения и эмоции[5]. Так, «Видение о Петре Пахаре» становится важным текстом в критической дискуссии по поводу средневековой провидческой литературы и ее выражении аффективных духовных эпистемологий. Подобно Роллу до и Кемп после, Ленгленд работает над теорией аффективного значения голоса, делая акцент на неартикулируемом или, согласно Ленгленду, «праздном» языке, то есть словах, — порой просто плохо произнесенных, порой тех, что обходятся без адекватного внутреннего содержания, — которые, как кажется, ничего не значат или значат не более, чем простой звук. Исследователи, как правило, сходятся во мнении, что поиск эмпирических путей познания формирует некоторые из наиболее важных эпизодов и тем

---

[2] Также вариация данной темы появляется в [Langland 1995: A. 9, 58).

[3] Текла Бьюд [Bude 2015] опубликовала значимое исследование роли звука и слуха в «Видении о Петре Пахаре», уделяя особое внимание тому, как Ленгленд развивает идеи Ричарда Ролла о взаимодействии слуховых и вкусовых ощущений. Моя цель состоит в том, чтобы пойти дальше и соотнести восприятие звуков с поэтикой болтанки и, в частности, разобраться в соотношении звука и смысла.

[4] Анализ связи мистических практик Ролла и Ленгленда представлен в [Hanna 1997: 46].

[5] Такой дуалистический подход к понятию «чувства» в медиевистике представлен в следующих исследованиях: [McNamer 2007; Trigg 2012].

поэмы[6]. К примеру, в тексте C Ленгленд развивает идеи о медленном времени (slowtime) в связи со звуком и языком в добавленных пассажах про *болтающихся* (lollares) и их болтанке (lolling). Лолларды Ленгленда привлекли внимание ученых прежде всего благодаря суггестивной драматизации современных им дебатов о бедности и нищенстве[7]. Задача не столько в том, чтобы внести вклад в дискуссию о том, представляют ли *лолларды* настоящих уиклифцев (многие ученые уже сделали это ранее и гораздо лучше, чем это возможно здесь)[8]. Скорее, я хочу обратить внимание на связь *лоллардов* с позднесредневековыми представлениями о звуке, смысле (sense) и физических удовольствиях языка, то есть с понятиями, которые оживляли споры вокруг уиклифской ереси в этот период.

---

[6] См. [Simpson 1986]. Автор возвращается к рассматриваемому вопросу в статье [Simpson 1996]. Более позднее исследование о том, как тема желания, стремления и вожделения раскрывается в «Видении о Петре Пахаре», было проведено Николеттой Зееман [Zeeman 2006]. Хотя Зееман рассматривает роль аффекта в средневековых теориях познания только в применении к ряду моментов, я нахожу, что ее общая трактовка роли «желания, стремления и вожделения» (наряду со «страданием» и «неудачей») в качестве важного эпистемологического модуса в «Видении о Петре Пахаре» оказалась крайне полезна для моей интерпретации звука.

[7] О научных исследованиях в данной области см. [Scase 1989: 125–137, 155; Middleton 1997: 284–287; Pearsall 2003: 11–13]. Пирсолл затрагивал тему «сумасшедших болтунов» и раньше в своих лекциях [Pearsall 1990]. Полезное резюме критических и исторических взглядов на тему нищенства в связи с «Видением о Петре Пахаре» см. в [Adams 2013: 98]. Также представляет интерес специальный выпуск «Yearbook of Langland Studies», 2003, vol. 17, посвященный Ленгленду и ллолардам.

[8] См. [Cole 2008: 25–71]. Коул утверждает, что Ленгленд, с одной стороны, «заново изобретает» социальный тип «благородного нищего», практикующего «идеальную форму апостольства» [Cole 2008: 40], в противоположность тем предающимся праздности монахам, которые, по его мнению, своим поведением способствуют материальному и экономическому истощению общества. С Коулом спорят такие ученые, как, например, Венди Скейз [Scase 1989], которая утверждала, что бормотуны Ленгленда не имеют ничего общего с учением Джона Уиклифа, а вместо этого на их примере проводится различие между «хорошим» и «плохим» нищенством как формой труда, поскольку число невежественных монахов, просящих милостыню, значительно выросло в Англии в то время после эпидемии чумы, и они стали социальной проблемой.

Фиона Сомерсет подчеркивает важность рассмотрения глагола «loll» для понимания позднесредневековых аллардских текстов — диссидентской литературы, созданной последователями Джона Уиклифа, притом отдельно отмечая двойную коннотацию глагола, как положительную, так и отрицательную, в лоллардской и антилоллардской литературе [Somerset 2014: 18–20]. Меня особенно интересуют выявленные в ее работе противоречивые оттенки этого слова, когда дело касается времени: его ассоциации с положительной концепцией «проведенного в рефлексии времени» и в то же время с концепцией «времени, потраченного на сомнительные занятия» [Somerset 2014: 19][9]. Во всех версиях поэмы Ленгленд выражает беспокойство по поводу безделья, что касается и поисков духовного знания, и стремления к нравственной и справедливой жизни. Обеспокоенность очевидна в его постоянной озабоченности праздным языком, который, как я утверждаю в этой главе, возникает из ленной воли и поэтому считывается только как звук или шум. Однако именно это темпоральное удлинение и запаздывание оказываются духовно полезными для Ленгленда, позволяя понятию *болтанки* (lolling) окружить себя более позитивными ассоциациями с медитацией и рефлексией. Для Ленгленда термин «lollare» (болтун, бормотун) обозначает широкую социальную и религиозную идентичность, основанную на театрализации, множественности и физиологичности опыта, включающего игру со звуками и чувством языка. В конечном счете Ленгленд формулирует то, что я буду называть *поэтикой болтанки* (lolling poetics): модус поэтического внимания или сонастройки, при котором язык выталкивается в царство шума, подчеркивая тем самым материальные и сенсорные качества языка. Эти *болтанные поэтики* и обеспечивают процесс интерпретации, расширяя полноту порождаемых ими смыслов.

Поэтика болтанки Ленгленда содействовала созданию слуховых и текстуальных условий, благодаря которым разгорелись уиклифские и антиуиклифские дебаты о взаимоотношениях

---

[9] Более полно о роли времени в спасения души в «Видении о Петре Пахаре» см. [Goodrich 2019].

между звуком и смыслом в конце XIV и в XV веке[10]. Обе стороны дебатов обвиняли своих оппонентов в праздной болтовне (idle talk) и предостерегали друг друга от поверхностного прочтения Писания, при котором божественное намерение не замечается из-за его же благозвучия. Однако, как следует из поэмы XV века «Молчальник и Правдоруб» («Mum and the Sothsegger»), более поздние поэты — в традиции Петра Пахаря — подхватили этические убеждения Ленгленда, вложив в шум поэзии язык опыта, уникально подходящий для мирской социальной критики.

Намерение и ленная артикуляция в исповеди Лени (версия В)

При составлении текстов A/B «Петра Пахаря» Ленгленд исходит из давних философских беспокойств о том, что звук может преобладать над смыслом, и критикует (critique) «пустую» речь, ассоциируемую им с праздным духовным благочестием. Обращение Ленгленда к *Лени* (Sloth) подчеркивает, что он рассматривает шум — этот звук без содержания — как результат духовной рассеянности и лености. Однако в эпизоде, выражающем эту тревогу, Ленгленд уже начинает предполагать, что Сновидец обращается кауральным, воплощенным аспектам языка, — то есть к опыту языка как шума, — чтобы приблизить себя к духовной истине.

Фрагмент 5 версии В начинается с того, как Уилл, чувствуя себя интеллектуально и духовно неудовлетворенным и сетуя на то, что «не спал более крепким сном и не увидел больше» («ne hadde sleped sadder' and yseighen more» [Langland 1995: B. 5. 4]), просыпается после виде́ния Мзды (Meed) при дворе короля. Далее — и это важно — Уилл реагирует на эту неудачу с видени-

[10] В более ранней версии этой главы, опубликованной в «Studies in the Age of Chaucer» [Lears A. 2016], я придерживалась той точки зрения, что поэтика болтанки Ленгленда отвечала на труды Уиклифа и уиклифцев. Более тщательное изучение исторической хронологии убедило меня в том, что, скорее всего, верно обратное. Я благодарна Фионе Сомерсет за ее опыт и консультации по данному вопросу.

ем, обращаясь к ауральной текстуре языка, чтобы достичь более глубокого духовного знания. Он перебирает четки и молится, рассказывая: «Я тихо сел и произнес свою веру; / И, бормоча молитвы на четках, заснул» («i sat softely adoun and seide my bileue; / And so I bablede on my bedes, þei brouȝte me aslepe») [Langland 1995: B. 5. 7–8]. По крайней мере, на первый взгляд усыпляющий эффект молитвы Уилла ставит под вопрос внутреннее содержание его, казалось бы, благочестивых практик. Примечательно, что Ленгленд использует слово *bablen*, эхоическое слово, отмеченное повторением согласных, которое воплощает в себе шум, им же обозначаемый[11], исходя из современной ему обеспокоенности ленной молитвой, считающейся не обусловленной ни волей, ни намерением молящегося.

Яснее всего Ленгленд осуждает ленную молитву в обращении к «пролившейся речи» (spilled speech) (модус небрежно артикулированной молитвы) в B9. Остроумие (Wit) очерчивает идеальную жизнь, где «делается все возможное»:

> Вернее всех поступает тот,
> кто отстраняется днем и ночью
> от пролившейся речи и потери любого времени:
> кто согрешает в одном, тот повинен во всем.
> Время в растрате — поистине, истина знает —
> всего на земле ненавистнее теми,
> кто обитает на небе;
> тем более — пролившаяся речь: росток благодати,
> и менестрель Бога, и небесная игра.
> Верный Отец никогда не желал бы виэле Своей расстройства,
> Своему певцу — быть бродягой в тавернах[12].

---

[11] Обсуждение того, как звукоподражательные слова сигнализируют о речи «без внутреннего наполнения», см. в [Zieman 2008b: 75–76].

[12] He dooþ best þat wiþdraweþ hym by daye and by nyȝte To spille any speche or any space of tyme: Qui offendit in vno in omnibus est reus. [Tynynge] of tyme, truþe woot þe soþe, Is moost yhated vpon erþe of hem þat ben in heuene; And siþþe to spille speche þat [spire] is of grace And goddes gleman and a game of heuene. Wolde neyere þe feiþful fader [h]is fiþele were vntempred, Ne his gleman a gedelyng, a goere to tauernes.

Д. А. Барроу полагает, что Ленгленд исходит из гомилетического описания демона Тутивилла, который собирает слова и часто упоминается в гомилиях и моральных трактатах в связи грехом лености и при референсах к «праздным» разговорам (особенно в церкви)[13]. Несмотря на то что сюжетные образцы встречаются в самых разных видах, один из них, приближенный к «Петру Пахарю», касается святого, который встречает демона, несущего тяжелый мешок, полный «ошибок и небрежностей» («faylynges, & of neglygences») в словах и слогах псалмов и стихов, которые бормочутся в церкви; демон намерен представить каждую такую ошибку (misarticulation) Богу в день расплаты грешников. Слова-болтанки, которые Остроумие уподобляет расстроенной скрипке, позабывшей свой такт, есть искаженные неразличимости просителя, одолеваемого леностью, — того, кто молится фрагментарно, среди шепота пересудов или, быть может, шепота местных новостей. «Бормочущий» (babbling) ленглендовский Сновидец и представляет этот модус неартикулированной и неудержимой молитвы. Речь, в которой отсутствует активная воля (или в данном случае Воля), — не более чем звук без содержания, а именно: шум.

Идея шума как следствия ленной воли становится очевидной в исповеди Лени, которая замыкает (в соответствии со своей медлительной натурой) процессию грехов. После того как «бормотание с четками» убаюкивает Уилла, его второе видение начинается с авторитетной аллегорической фигуры («Совести» в версии А и «Разума» — в В и С), которая произносит жупельную (fire-and-brimstone) проповедь, увещевая широкий народный круг принять покаяние и покинуть свои греховные пути прежде, чем они навлекут на себя гнев Божий. В конце ее проповеди входит персонифицированное Покаяние, обязуясь выслушать исповеди семи смертных грехов. Почти каждый грех из процессии в той или иной степени невнятнен, в большинстве случаев сочетаясь с какой-либо телесной деформацией тела либо исходя в своей

---

13 [Burrow 2003: 192]. О влиянии образа Тутивилла на средневековую литературу см. [Jennings 1977: 1–95] и [Cawsey 2005: 434–451].

невнятности из этих деформаций. Зависть, к примеру, так глубоко охвачена яростью, что кусает губы при разговоре [Langland 1995: B. 5. 83–85]. Однако более, чем другие грехи, согласно Ленгленду, с шумом связана Лень. В конечном счете шумопроизводство Лени свидетельствует о нехватке духовных инвестиций и ее неуместной ориентации на собственные желания, что резонирует с бормотной молитвой Сновидца в начале эпизода.

Лень начинает с бесстыдного признания: «Ни один колокольный звон не поднимет меня, пока не созрею обедать» («Sholde no ryngynge do me ryse ar I were rype to dyne») [Langland 1995: B. 5. 390]. Проигнорировав сельские колокола, которые отбивают время, созывая общину на богослужение, Лень проявляет себя в качестве «плохого» слушателя: того, кто игнорирует предписание участия в общественной жизни в пользу собственных удовольствий, в данном случае — аппетита к еде[14]. В соответствии с этим «неправильным» слушанием — поглощением звука без смысла, который ему сопутствует, — Лени нечего сказать по существу. И действительно, она стремится к шуму. Сразу же за признанием в «плохом» слушании она начинает свою исповедь с серии громких звуков: «Она начала “Благослови” с отрыжкой, грудь ее колотилась, / Она зевала и ревела и под конец захрапела» («He bigan *Benedicte* with bolk, and his brest knokked, / And raxed and rored, and rutte at þe laste») [Langland 1995: B. 5. 391–392]. Последующие за этим рыгание, толчок в грудь и ревущий зевок Лени, когда она приступает к исповедальной формуле, ставят под вопрос действительность ее покаяния, тем самым укрепляя ленглендовские ассоциации шума и нехватки интенции в высказывании или эмоционально-интеллектуального *вложения* в слова. В самом деле: чуть позже Лень признается в нарушении клятв («Я дала сорок обетов и забыла их к утру»; «I have made vowes fourty and foryete hem on the morne» [Langland 1995: B. 5. 398]) и отмечает, что, за исключением молитв, продиктованных гневом, «то, что я говорю моим языком, — в двух милях от моего сердца»

[14] Обсуждение семантической роли колоколов в обозначении времени и в построении жизни общин в Средние века см. в [Arnold, Goodson 2012].

(«That I tell wiþ my tongue is two myle fro myn herte») [Langland 1995: B. 5. 402].

Соответствие между речью без интенции и шумной, неверной артикуляцией становится более очевидным, когда Лень подчеркивает свои незавершенность и несовершенство молитвы и других покаянных речей: «Как следует и “Отче наш” я не смогу — так, как его распевает священник» («I can noughte parfitly my Paternoster as the prest hit syngeþ») [Langland 1995: B. 5. 395]. Соответственно, в своих грехах она исповедуется нечасто и то — только тогда, когда «догадывается» («gesse») [Langland 1995: B. 5. 415] пойти к исповеди («Likewise, he confesses his sins so seldom that he must “gesse” at them when he goes to recall them») (B. 5. 415). Ей нет никакого дела до духовно назидательных текстов, подобных житию святых или проповедям; вместо этого она слушает и фокусируется на историях вроде «рифм о Робине Гуде и Рандольфе, эрле Честерском» («rymes of Robyn hode and of Randolf erle of Chestre») [Langland 1995: B. 5. 396–397]. Дни же ее проходят за «пустыми речами за элем, порою в церкви» («ydel tales atte ale and otherwhile in cherches») [Langland 1995: B. 5. 404] — фраза, витиеватый ритм которой усиливает физиологичность и мирскость описываемых ею песен. В этой разрушительной церковной своей болтовне, мешающей артикулировать молитву, Лень уподобляется грешнику, которого посещает демон Тутивилл, собирающий его пропущенные и синкопированные слоги ко дню расплаты. Действительно, Ленгленд усиливает ошибки в артикуляции Лени, связывая эти ошибки с обсуждавшимся выше фрагментом, в котором Остроумие противопоставляет молчаливое созерцание «пролившейся речи». Когда она просит Покаяние о прощении, то признается:

> Доброту, какую мне прежде являли мои собратья-христиане, / Я, Лень, шестьдесят раз забывала тотчас же / За разговором и воздерживаясь от разговора, и так происходило много раз (The kyndenesse that myne euene-cristene kidde me femyere / Sixty siþes Y, Sleuþe, haue foryete hit siþþe; / In speche and in sparynge of speche[,] yspilt many a tyme) [Langland 1995: B. 5. 435–436].

Связав таким образом шум Лени с «речью-болтанкой» и неверной артикуляцией, поэма помещает бормотание Сновидца в неловкое сопоставление с грехом, усиливая потенциально опасную и чрезмерно физическую природу его молитвы. Тем не менее было бы слишком поспешным утверждать, что поэма показывает Уилла (или его бормотание) как всецело негативный пример. Опять же, стоит отметить, что Уилл переходит на свою болтанку уже после того, как первое видение не дает ему ясности видения / духовного знания. В сочетании с выраженным недоверием к безынтенциональному языку, обращение Уилла к молитве как к опыту, который углубляет его провидческие способности, говорит об амбивалентном отношении Ленгленда к тому, как ауральная текстура языка вообще может помочь — или помешать — поиску духовного знания. Это напряжение вокруг звучащих и чувственных аспектов языка и волнует Ленгленда в некоторых из его наиболее значительных переработок текста версии C, и особенно тех, что связаны с изображением странствующих лоллардов и лоллардов безумствующих (lunatyk lollares).

***Болтающиеся*, болтанка и ленные звуки**

В текстах A и B «Видения о Петре Пахаре» слово *lollare* (от средненидерландского *ollaert(d)* — бормочущий) и его варианты встречаются очень редко. Существительное *lollare* никогда не встречается в тексте A и появляется только один раз в тексте B, когда Душа (Anima) описывает Петра Пахаря Уиллу, говоря ему, что Петр «nys noȝt in lolleris ne in londleperis heremytes» («не в лоллардах и не бродячих отшельниках») [Langland 1995: B. 15. 213][15]. Здесь, а также в других местах версий A и B, лолларды и болтанка связываются с праздным уклонением от работы некоторых нищенствующих проповедников — в качестве ассоциации, обращающей внимание на неверное направление их воли в сторону мате-

[15] Перечень употребления Ленглендом слова «*lollare*» и его вариантов, включая случаи, прямо не описываемые мною в этом разделе, — см. «lollare» (сущ.) и «lolleþ» (гл.) в [Wittig 2001].

риальных, а не духовных вещей. Но несмотря на устойчивые ассоциации с пустой тратой времени, Ленгленд не отвергает болтанку всецело. Например, в B16 Уилл наблюдает за прокаженным («lazar») на коленях Авраама; здесь он персонифицирует Веру. В этой любопытной инсценировке библейского Авраамова лона как места, где мертвые праведники ожидают суда, ленглендовский прокаженный лежит вместе с «патриархами и пророками, что играют вместе» («patriarkes and profetes, pleyinge togideres») [Langland 1995: B. 15. 256][16]. Когда же Уилл расспрашивает об этой сцене, Авраам объясняет ему, что только Христос может спасти их, либо «[они] останутся лежать там навсегда, / болтаясь в лоне Авраамовом» («or [they] ligge þus evere / Lollynge in [Abraham's] lappe») [Langland 1995: B. 15. 268–269]. Здесь болтанка эквивалентна ожиданию: это состояние приостановки, предшествующее совершенному блаженству небес[17]. Однако, как напоминает ранее упомянутое Ленглендом слово «pleyinge», состояние болтанки представляет собой комфорт и удовольствие в кругу других. Для Ленгленда болтанка — квинтэссенция человеческого бытия: она может быть как социально бесполезной, так и духовно поддерживающей.

Ленгленд отталкивается от этих сложных и противоречивых валентностей «болтанки» в некоторых из своих наиболее примечательных дополнений к тексту C, поскольку он старается различить жадных и обманчивых лоллардов и другой, более положительный их вид, «лоллардов безумствующих» («lunatyk lollares»), которые, как кажется, имеют больший доступ к духовной истине. Происхождение и значение термина *lollare* было областью серьезных дебатов в исследованиях Ленгленда[18]. Вдобавок к тому,

---

16 См., например, Евангелие от Луки 16:22: «Умер нищий и отнесен был Ангелами на лоно Авраамово» (Синодальный перевод Библии), или даже: «И вот нищий умер, и ангелы отнесли его в объятия Авраама» (Новый Завет, перевод Десницкого).

17 Содержательную трактовку этого раздела поэмы, которая указывает на возможность спасительного безделья, когда «праздность и неопределенность — это состояние надежды», см. в [Goodrich 2019: 30].

18 См. примечания 4 и 5 в данной главе. Также см. [Somerset 2014: 15–16], где приводится ценный обзор указанных исследований.

что лолларды Ленгленда демонстрируют его вовлеченность в позднесредневековые дебаты о бедности и нищенстве, они также свидетельствуют и о более глубокой вовлеченности в проблемы языка и интерпретации, которые впоследствии станут фундаментальной заботой как уиклифцев, так и антиуиклифцев. Здесь я покажу, как Ленгленд работает со сложными ассоциациями праздной болтанки и звуков языка в своей трактовке лоллардов и шире — в своей поэзии.

Сомерсет отмечает, что слово *lollare* часто ассоциируется с глаголом *lollen*, коннотации которого в среднеанглийском языке охватывают целый ряд моральных установок касательно безделья — от ленного отлынивания от работы до куда более положительной коннотации созерцательных размышлений в отрыве от мира. Действительно, первое засвидетельствованное употребление глагола *lollen*, согласно Словарю среднеанглийского языка (MED), как раз и приходится на версию А «Видения», в то время как С демонстрирует целенаправленное усилие по определению термина *lollare*. Сомерсет осторожно полагает, что, несмотря на утверждение Ленгленда о более раннем использовании в С, и глагол, и существительное могли появиться в среднеанглийском языке примерно в одно и то же время и что Ленгленд оказал влияние на изобретение и распространение этих слов [Somerset 2014: 19]. Эндрю Коул также предполагает, что Ленгленд был первопроходцем в переизобретении термина *lollare*, восстановив слово для обозначения апостольского идеала терпеливой бедности, предлагаемого мирянам [Cole 2008: 46–71]. Подчеркивая терпение как добродетель такой апостольской бедности, Коул невольно обращается к идее болтанки в том вербальном смысле, который Ленгленд использует для описания прокаженного на коленях Авраама. И если более положительные лолларды терпеливо переносят бедность, ибо ждут духовной награды, то эти существуют в состоянии духовно производительного безделья. В своих дополнениях о лоллардах к тексту С Ленгленд расширяет их ассоциации с шумом как праздной болтовней, которые он развивает в тексте В, используя термин *lollare* в качестве подражательного или эхоического слова, как *bablen, janglen* (бормотать, болтать, лепетать) и др. Эти *шумные* слова сигнализируют о пустой и двуличной театральной речи, которую автор ассоциирует с другими лжерелигиозными, манипулятивными церковными законами, которые были созданы в угоду чьих-то желаний. Тем не менее, как можно увидеть из приведенной выше интерпретации болтанки прокаженного, Ленгленд обнаруживает безделье, ассоциируемое с лоллардами и их болтанкой, и как духовное, и, как мы увидим далее, как поэтически производительное.

В ходе второго видения Уилл исследует праведное управление индивидуальной душой, став свидетелем исповеди семи грехов и встречаясь с благой фигурой Петра Пахаря. Служа Истине, Петр стремится управлять и победителями, и расточителями общества — то есть и тружениками, которые поддерживают общественный порядок, усердно работая на общее благо, и мошенниками (faitours), которые заботятся лишь об индивидуальном благополучии. Прямо перед помилованием Истины фрагмент 8 версии C (фрагмент 7 версии B) завершается апокалиптической сценой драматического, страшного голода, к которому ведет повсеместный отказ от работы. Истина вступает в текст, чтобы помиловать тех, кто, подобно Петру Пахарю, трудится ради всеобщего блага.

Именно в этом контексте Ленгленд добавляет фрагменты о разных типах достойных и недостойных нищих и создает набросок жизни лолларда в обширном фрагменте, где лолларды сравниваются со святыми отшельниками:

> И все святые отшельники будут иметь то же самое;
> но отшельников, обитающих при дороге,
> в городках среди пивоваров, нищенствующих в церквях, —
> святые отшельники ненавидели и презирали
> подобно богатству и милости богачей.
> Эти лолларды, нахлебники, эти несведущие отшельники,
> жаждут обратного, ибо живут как бездомные паразиты.
> Одни лишь мальчишки, болтающие за элем,
> ни рода, ни капли учености, ни святой жизни отшельников,
> что некогда жили в лесу с медведями, львами,

одни из которых имели не более пропитания от семей;
другие жили своим учением и трудом своих рук;
третьи принимали помощь товарищей,
что присылали им пищу.
Иным же из них приносили хлеб птицы, которым те жили.
Все те святые отшельники были высокого происхождения:
Они отреклись от земли и власти и телесной услады[19].

Для Ленгленда лолларды — это «несведущие отшельники» («lewede ermytes»), которые резко противопоставлены «святым отшельникам» («holy eremytes») конвенциональных жизнеописаний святых. В то время как лолларды живут в городе, «обитающие при дороге, в городках среди пивоваров, нищенствующие в церквях», святые отшельники обитают в дикости, поселяясь «в лесу с медведями, львами». В описании Ленглендом этих мест есть ирония: живя вдали от людей, святые отшельники отрекаются от «телесной услады». И все-таки Ленгленд не подразумевает, что их удел заключен в простой жизни разума. Он, кроме этого последнего, также состоит в развитии отношений с существами неговорящими: например, с медведями и львами, вблизи которых те обитают, и с птицами, которые обеспечивают их хлебом.

Посредством референсов к окружающей среде и связям с животными Ленгленд размещает святых отшельников в невербальном мире, отсылая этим, в частичной вдохновенности августиновской теологией мистического безмолвия, к идеализированному топосу безмолвия и прелапсарианской тишины. Этот идеал

[19] «And alle holy eremytes haue shal the same; / As eremytes that inhabiten by the heye weye / And in borwes among brewesteres and beggen in churches— / Al that holy ermytes hatede and despisede, / As rychesses and reuerences and ryche menne almesse— / Thise lollares, lache-draweres, lewede ermytes / Coueyten the contrarye, for as coterelles they libbeth. / For hit ben but boyes, bollares at the ale, / Noyther of lynage ne of lettrure ne lyf-holy as ermytes / That wonede whilom in wodes with beres and lyons. / Summe hadde lyflode of here lynage and of no lyf ells / And summe lyuede by here lettrure and labour of here hands / And somme hadde foreynes to frendes that hem fode sente / And briddes brouhte somme bred that they by lyuede. / Al they holy ermytes were of heye kynne, / Forsoken londe and lordschipe and alle lykynges of body» [Langland 2008: C. 9. 188–203].

выражен в различных работах от Античности до эпохи Ленгленда. Так, в стихотворении Чосера «The Former Age» («Золотой век») говорится о времени, когда люди жили в «полном покое» («parfit quiete») [Chaucer 2008: 44], не нуждаясь ни в труде, ни в технологиях, обеспечивающих их необходимыми для выживания вещами. Обитатели прежней чосеровской эпохи едят «зерно, проросшее без руки человеческой само по себе» («corn up-sprong, unsowe of mannes hond») [Chaucer 2008: 10]; святые отшельники Ленгленда — *fode*, приносимую frendes, и хлеб, приносимый *briddes*. В агиографической литературе о святых отшельниках этот идеал покоя иногда принимает форму невербальной коммуникации с помощью знаков. Так, в жизнеописании Святого Гутлака, написанном на латыни, англосаксонский монах Феликс Кроулендский описывает, как Гутлак без слов общался с двумя ласточками, прилетавшими в его скит: он помещал в корзину одну соломинку, чтобы указать птицам, где строить гнездо; по словам Феликса, те реагировали на это так, «как если бы им подали знак» («velut notato signo inbuti») [Felix 1956: 122]. Так, несмотря на то что Ленгленд не ставит своих отшельников в явную зависимость от звука или речи, его аллюзии на эту традицию — жест к идеалу созерцательной тишины и сопровождающей ее жестовой коммуникации.

Эта аллюзивная связь отшельников с прелапсарианской тишиной неявно связывает лоллардов с шумом. В отличие от святых отшельников, лолларды Ленгленда — *lewd*, простаки, которые бродят по городу, притворяясь религиозными авторитетами:

> Но эти отшельники, что так строятся у большой дороги,
> некогда были ткачами, портными, чесальщиками шерсти,
> возчиками-плутами и клириками без благодати.
> Держали голодные дома и испытывали очень много нужды,
> долгий труд и малую прибыль; в конце же концов заметили
> сытые щеки тех из щеглов, что одеты в одежды монахов.
> И потому, несведущие плуты, оставили они труд
> и облачились в копы, подобно клирикам,
> или как принадлежащие некоему ордену, либо как пророки,
> живя вопреки закону, если только латынь не лжет:
> *Non licet vobis legem voluntati, sed voluntatem coniugere legi*
> («Не дозволено подчинять закон своей воле, но наоборот»).

По природе, клянусь я Христом, таких называют лоллардами,
как по английскому языку, языку наших предков,
по учению древних, тот, кто *болтается (lolleth),* — хром,
чей сустав подвернулся, тот изувечен недугом.
Слово к несчастью склоняется;
Также отшельники эти
хромы против веры, законности святой церкви[20].

Хотя они тяжело работают за «малую прибыль» («litte wynnynge»), они отказываются страдать от бедности. Вместо этого они следуют за «сытыми щеками тех из щеглов, что одеты в одежды монахов» («faytede in frere clothinge [and] hadde fatte chekes»). Лолларды прибегают к мошенничеству, облачаясь «в копы, подобно клирикам, / или как принадлежащие некоему ордену, либо как пророки» («cloth[ing] hem in copes, clerkes as hit were, / Or oen of som ordre or ells a profete»). Тезис на латыни — «Non licet uobis legem voluntati, set voluntatem coniugere legi» («Не дозволено подчинять закон своей воле, но наоборот») — подчеркивает их отступничество от религиозного права. Выдавать себя за монаха ради личной выгоды — значит пренебрегать божественным законом, трансцендентной истиной, позволяя себе руководствоваться желанием творить самому, но не руководствуясь Творцом. Эта искаженная направленность отдает предпочтение человеческой воле перед божественной и обманчиво манипулирует религиозным законом как знаком божественной истины. Именно этот аспект природы лоллардов, говорит нам Ленгленд, и дал им их имя.

---

[20] «Ac thise ermytes that edifien thus by the heye weye / Whilen were ischie, webbes and taylours / And carteres knaues and clerkes withouten grace, / Helden full hungry hous and hadde much defaute, / Long labour and litte wynnynge, and at the laste they aspyde / That faytede in frere clothinge hadde fatte chekes. / Forthy lefte they here labour, thise lewede knaues, / And clothed hem in copes, clerkes as hit were, / Or oen of som ordre or ells a profete, / Ayen the lawe he lyueth, yf Latin be trewe / Non licet uobis legem voluntati, set voluntatem coniugere legi. / Kyndeliche, by Crist, ben suche ycald "lollares / As by the Engelisch of oure eldres, of olde mennes techynge, / He that lolleth is lame or his leg out of ioynte / Or ymaymed in som ischi, for to ischief hit souneth, / Rihte so sothly such manere ermytes / Lollen ayen the byleue and the lawe of holy churche» [Langland 2008: C. 9. 203–219].

Следующая далее образная (imaginative) этимология объясняет, что лолларды так названы *kyndeliche* («естественно, очевидно, само собой»), то есть их название выражает нечто фундаментальное в их природе. В соответствии с «английскому языку, языку наших предков» («the Engelisch of oure eldres»), Ленгленд утверждает, что термин *lollare* возник из вербальной формы слова, обозначающего тех, кто «loll» — *валяется*. Отшельниками являются как те, чьи увечья не позволяют им работать, так и те развратные отшельники, чья ленная воля *валяется* вдали от веры и законов церкви. В этом фрагменте можно увидеть, как Ленгленд, судя по всему, опирается на латинское *lolia* (сорняк) и средненидерландское *lollaert* (бормотун) при характеристике лоллардов, поэтически используя сети гомофонных ассоциаций вокруг этих терминов, чтобы в итоге сконструировать фиктивную идентичность, основанную на театральности и материальной установке на мир[21]. Строго говоря, в своей тенденции выдавать себя за религиозных авторитетов без воли должной и желающей, без намерения, лолларды являются примером того, что Энн Миддлтон называет «религиозностью не к месту»: атрибуты религиозного благочестия размещаются там, где им нет места, подобно сорняку среди плодов или, говорит один из паломников Чосера, отвергая ханжество священника, «сорняку среди нашего чистого зерна» («cokkel in our clene corn») [Chaucer 2008: II, 1183]. Как напоминает Миддлтон и другие ученые, термин *lollare* стал использоваться не только для обозначения последователей Джона Уиклифа, но и в куда более широком смысле: как *критический* (critique) — чтобы критиковать нехватку приличий (lack of decorum) в религиозной практике и выражении, особенно тех, кто выступал за громкую ханжескую религиозную демонстрацию[22]. Используемый Ленглендом термин *lollare* начинает приобретать

---

[21] Дополнительные сведения об этимологии слова «лоллард» (lollard) от латинского «lolia» см. в [Cole 2008: 78], а о связи его с нидерландским «lollaert» см. [Cole 2008: 160].

[22] См., например, отождествление Энн Миддлтон существительного «lollare» с понятием «социального раздражителя» и указанием на «религиозность не к месту» [Middleton 1997: 280–285].

перформативный характер, который далее будет ассоциироваться с этим словом — возможно, под влиянием значения латинского *lolia*.

Другая предполагаемая этимология слова — от средненидерландского *lollaert*, «бормотун» (a mumbler) — также потенциально входит в игру, хотя Коул и отвергает ее как «фальшивую этимологию», отмечая, что лоллардов осуждали за громкость, а не за тихое бормотание [Cole 2008: 160]. И все же я бы сказала, что из какого бы языка ни происходило слово, ленглендовский интерес к звуку и омофонии мог заставить его ввести в игру не только латинское *lolia*, но и *lollaert* из и средненидерландского (вместе с его связью с невнятным бормотанием), поскольку звуки не менее важны для Ленгленда, чем смыслы. Несмотря на то что в своих фрагментах о лоллардах Ленгленд не говорит об их голосах прямо, он — через каламбур и омофонию — передает звуки их голосов, когда описывает, как некоторые лолларды «ymaymed in som membre, for to meschief hit *souneth*» («любой его член искалечен, указывая на злое деяние»). Среднеанглийский глагол *sounen* обладает удивительно широким семантическим спектром, в основании которого — этическая связь намерения, слова и действия, столь волновавшая Ленгленда. В определение *sounen* входило (1) «издавать звук, шум или музыку», (2) «указывать, раскрывать или обозначать» и (3) «быть связанным [с делом или действием]»[23]. Ленгленд же задействует весь этот семантический спектр, подразумевая, что лолларды отмечены пороком, а также то, что их плохое поведение свидетельствует об этом пороке и их раскрывает. Действительно, акцент на внешнем проявлении злого умысла очевиден в одной из строк, где говорится, что лолларды «провозглашают» или «звучат» с «озорством»; *mischief* — термин, который будет ассоциирован с опасной речью в последующие века. Например, в пьесе XV века «Человечество» пародийные латинские обороты персонифицированного Озорства (Mischief) подражают благозвучному гомилетическому

[23] См. MED, статья «sounen». URL: https://quod.lib.umich.edu/m/middle-english-dictionary.

языку его добродетельного двойника Милосердия (Mercy), даже превращаясь в певучий нонсенс, подчиняющий смысл звуку[24].

Так, ленглендовские лолларды показывают и обозначают свои ленные намерения отчасти через свои пустые голоса, которые звучат или даже производят шум. Именно так, как полагает Ленгленд, они и получили свое имя. Как в средне-, так и в современном английском языке слова «loll» и «lollare» — как «babble», «mumble» («бормотать», «лепетать», «бубнить») и др. — входят в список звукоподражательных или эхоических слов, смысл которых завязан на игре звуков. В Оксфордском словаре английского языка (OED), в котором этот отрывок из «Видения о Петре Пахаре» отмечен среди самых ранних примеров употребления глагола «loll», предполагается, что последнее *возникло* «благодаря выразительности повторяющегося звука *l*, наводящей на мысль о колебании и раскачивании»[25]. Иными словами, не только семантика слова с его ассоциациями делает *lollare* для Ленгленда само собой разумеющимся, *kyndeliche*, но и звуки слова, которые передают означенную ими лень языку и губам, к которым те относятся. В словоупотреблении Ленгленда есть и ирония: так, слово *lollare* частично обличает пустые голоса, но в то же время расширяет и реализует их в вокализации.

Отчасти именно это любопытное сходство с болтанкой вокализации, напоминающее ролловское определение растягивания-замедления мистического выражения, заставляет Ленгленда частично реабилитировать некоторых из лоллардов и даже отождествить их со своим поэтическим двойником, Уиллом-Сновидцем. Ленгленд сообщает нам:

> Но есть и другие нищие, они в добром здравии,
> и тем не менее им, как женщинам, так и мужчинам,
> недостает ума.

---

[24] Во вступительной речи Озорство умоляет Милосердие: «leve yowr calcacyon. / Leve yowr chaffe, leve yowr corn, leve yowr dalyacyon», затем просит Милосердие ответить на вопрос, задаваемый им в виде набора бессмысленных рифм: «Mysse-masche, dryff-draff, / Sum was corn and sume was chaffe, / My dame seyde my name was Raffe» [Coldewey 1993: 109].

[25] См. OED, статья «loll», значение 1.

Обезумевшие лолларды и бродяги с лепрой,
то меньше, то больше безумствуют,
зависят от стойки луны.
Им нет дела до холода, и они не считаются с жаром,
но движутся вслед за луной: они ходят без денег,
по доброй воле и многим далеким землям, и без ума,
будто Петр и Павел — за тем исключением, что
без проповеди и не творя никаких чудес —
но, как бы в игре, случаются с ними
пророчества о народе[26].

В отличие от тех хитрых ленглендовских лоллардов, лолларды безумствующие не блещут тонкими интеллектуальными способностями. Ленгленд дважды подтверждает это, отмечая, что им «недостает ума» («wan[t] wyt») и они «без ума» («witteles»). Примечательно, что также они ходят «без проповеди и не творя никаких чудес» («preche nat / Ne none muracles maken»), но вместо этого «как бы в игре, случаются с ними / пророчества о народе» («profecye of the peple, pleyinge as hit were»). Этот акцент на пророчестве является центральным для понимания *лоллардов безумствующих*.

Рассматривая более поздний эпизод поэмы, «Пир Совести» (B, глава 13; C, глава 15), Джеймс Симпсон демонстрирует, как речь Терпения скользит от загадок к пророчеству. Он утверждает, что обе эти формы речи являются «литературными приемами», связанными с поэзией: во-первых, с ранней английской традицией библейских комментариев, а во-вторых, с драмой самого банкета. По мнению Симпсона, загадочная речь Терпения, которую отвергает коррумпированный доктор богословия, задает контраст между интеллектуальным и аффективным подходами

[26] «Ac yut ar ther othere beggares, in hele as hit semeth, / Ac hem wanteth wyt, men and women bothe, / The whiche aren lunatyk lollares and lepares aboute / And madden as the mone sit, more other lasse. / Careth they for no colde ne counteth of non hete / And aren meuynge aftur the mone; moneyeles they walke / With a good will, *witteles*, mony wyde contreyes, / Riht as Peter dede and Poul, saue that they preche nat / Ne none muracles maken—ac many tymes hem happeth / To profecye of the peple, pleyinge as hit were» [Langland 2008: C. 9. 105–114].

к знанию, в итоге полагая важный пример общего движения поэмы «от разума к аффективному знанию» [Simpson 1986: 16–18].

Эти ассоциации между пророчеством и поэзией — и их связь с загадкой (позднее в поэме) — имеют решающее значение для понимания лоллардов безумствующих и их загадочной речи. Хотя в этом фрагменте нет в явном виде комментариев к их голосам или к способности производить шум, сопоставление пророчества и проповеди — деятельности, которую мы наблюдали в ее связи с «озорством» (*mischief*) в обсуждении других лоллардов, — предполагает, что мы можем понимать пророчества лоллардов безумствующих как способ вербального исполнения, близкий к проповеди. Более того, этот устный модус расширяет границы интерпретации. Заключительная строка фрагмента сама по себе похожа на ребус: загадочная фраза «как бы в игре» («pleyinge as hit were») напоминает нам об ограниченности языка в процессе передачи идей. Путаница отражает модус речи, предпочитаемый лоллардами безумствующими. Вместо того чтобы проповедовать (или претендовать на проповедь прямой и непосредственной истины доктрины) они «играют» («ple[y]»). Этот термин усиливает их приверженность миметическим/репрезентативистским аспектам фикции — как драматическим, так и поэтическим, — включая язык в его материальной иауральной формах.

Связь между безумствующими лоллардами и «игрой» может объяснить, почему Уилл-Сновидец, он же рассказчик в поэме, входит в начале 5 C «одетый как лоллард» («yclothed as a lollare») [Langland 2008: C. 5. 3]. Примечательно, что одежда Уилла, напоминающая одеяния лоллардов, выступает способом манипулирования — или игры — с поверхностями. Вскоре после этого появления Уилл вынужден оправдывать свое призвание ученого и поэта перед лицом обвинений в безделье со стороны Разума, олицетворяющего ментальную способность, которой столь часто, как принято считать, недостает у людей, неверно читающих и невнятно говорящих. Зачастую именуемый «автобиографическим», отрывок версии C вызывает немало споров среди ученых; правда, в основном по поводу того, насколько он соответствует исторически реальной жизни Ленгленда[27]. Я не приведу никаких доказательств, что детали этого фрагмента связаны с известными фактами об исторической фигуре Ленгленда, но полагаю, что переодевание Уилла в костюм лолларда кое-что говорит о *literary persona* Ленгленда; костюм связывает рассказчика и предполагаемого автора поэмы с идеей и звучанием лоллардов и их болтанки. Тем самым поэтический проект поэмы смыкается, по крайней мере частично, с сетью ассоциаций, которые Ленгленд выстроил вокруг терминов. Лоллардов костюм Сновидца — признак его воли-болтанки, ориентации на безделье и промедление. Он отождествляет Уилла с теми, кто манипулирует и играет с ауральной структурой языка таким образом, что звук обгоняет смысл, откладывая постижение и превращая интерпретацию в эмпирический, физический процесс.

Добавленные Ленглендом отрывки о лоллардах и болтанке заставляют читателя задаться вопросом: какими должны быть отношения между звуком и смыслом? Как я показываю выше, Ленгленд подчеркивает свою обеспокоенность праздным и даже обманчивым разрывом между звуком и смыслом в своей характеристике Лени и лоллардов. Однако в итоге, как свидетельствуют его безумствующие лолларды, Ленгленд стремится реабилитировать звук в качестве материального элемента языка, содействуя режиму воплощенного слушания. Он делает это, артикулируя поэтику болтанки, приглашающую к опыту языка как шума, используя его звучание и текстуры для углубления процесса интерпретации и наращивания значений и смыслов.

Поэтика болтанки Ленгленда

Чтобы осознать и понять ленглендовские поэтику болтанки и способствующий ей модус поэтического мышления, мы должны обратиться к ее звучанию. При этом полезно вспомнить аргумент Энн Миддлтон о «спотыкающихся» (возможно, *болтанных*?)

---

[27] Работу [Middleton 1997] можно считать фундаментальным исследованием по вопросу. См. также [Kerby-Fulton 1992].

структурах некоторых орнаментированных модусов древнеанглийской аллитерации. В «Беовульфе» Миддлтон видит аллитерацию, работающую против смысла поэмы, так как «постепенное наращивание орнаментов приводит к замиранию и спазматическому встречному противодействию» [Middleton 1973: 87]. И напротив, аллитерационная орнаментация в прозе Элфрика Эйншамского оттеняет и амплифицирует содержание и значение слов, так что звук и смысл «сплетаются в безупречную линию» [Middleton 1973: 88]. Иными словами, если воспользоваться предписанием Джонатана Свифта, звук — это эхо чувства. Как монах, ответственный за перевод гомилетики и дидактики, Элфрик обязывался способствовать конкретному духовному пониманию у своей аудитории. Однако Ленгленд критически относился к устоявшимся авторитетам и их настойчивости в утилитарном использовании языка, направленном на донесение конкретной морали. Вместо этого, подобно Роллу и Кемп, он использует аффективные и импрессионистские возможности языка с помощью того, что я называю поэтикой болтанки. Заминки и встречные противодействия, выявленные Миддлтон в «Беовульфе», сродни болтанной поэзии «Видения о Петре Пахаре», работающей против линеарного размещения звука и смысла, создавая структуру, которая способствует рекурсивному и ассоциативному мышлению.

Как мы видели на примере прозы Ричарда Ролла, аллитерация — формальный прием, благодаря которому звуковой паттерн легко начинает преобладать над смыслом, а потому он как раз подходит поэтике болтанки. Здесь я обращусь к конкретному моменту, когда аллитерация Ленгленда сочетается с другими орнаментациями звуковой игры, акцентуируя ауральную текстуру языка таким образом, что на первый план выводится игровое и ассоциативное взаимодействие между звуком и смыслом. Игра с языком — тема вовсе не новая в дискуссиях о Ленгленде и уже обсуждалась с различных точек зрения. Мэри Клемент Дэвлин в исследовании игры слов в «Видении о Петре Пахаре» (B) утверждает, что игра слов у Ленгленда — «не некий случайный удачный прием, а характерный способ письма и мышления, то есть ключ к тому, как поэт видел мир» [Davlin 1989: 10][28]. Рискуя придраться, добавлю, что игра слов у Ленгленда — это жест, указывающий не просто на то, как он *видел* мир, но и на то, как он его *слышал*, стремясь уразуметь его мистерии. Здесь же я сосредоточусь на таких риторических формах каламбура, как *significatio* (одно слово с двумя значениями) и *traductio* или *adnominatio* (два и более слов со схожим звучанием и разным значением). Обращая внимание на то, как Ленгленд играет с ауральными и материальными аспектами языка, мы получаем важнейший способ осмысления его этико-поэтического проекта в «Петре Пахаре».

В «Петре Пахаре» немало и формальных, и ауральных элементов, приглашающих к переживанию ленглендовской поэзии как шума и усиливающих этим ее значение. Теперь я обращусь к другому пассажу о лоллардах, добавленному в текст С, в котором Ленгленд описывает «невежественных отшельников» («lewed ermytes») и их образ жизни («lollarne lyf») [Langland 2008: C. 9. 140]. Такие отшельники — те, кто

> ...исподлобья глядит и вытягивает из людей милостыню
> в надежде под вечер сидеть у горячих углей,
> растянуть ноги врозь, в свое удовольствие лечь,
> отдыхать и поджаривать, оборачивать спину к огню,
> вдоволь и глубоко пить, затем тащиться в постель;
> когда нравится и захочется, его воля — встать,
> и когда он встал, повсюду бродить, высматривать зорко,
> где бы скорее добыть себе угощение или ломоть бекона[29].

---

[28] Подробнее об игре слов Ленгленда см. [Schmidt A. 1987], который противопоставляет громкое «бренчание» менестрелей более изощренной поэтике Ленгленда, но, как мне кажется, пренебрегает свойственными творчеству Ленгленда сложными взаимоотношениями между шумом и поэзией. См. также последнюю статью Шмидта на данную тему — [Schmidt A. 2012].

[29] «...loken louhliche to lache men almesse, / In hope to sitte at euen by the hote coles, / Vnlouke his legges abrood or ligge at his ese, / Reste hym and roste hym and his rug turne, / Drink druie and depe and drawe hym thenne to bedde, / And whenne hym liketh and luste, his leue is to ryse / And when he is rysen rometh out and right wel aspyeth / Where he may rathest haue a repaest or a ronde of bacoun» [Langland 2008: C. 9. 141–148].

В этом отрывке обыгрываются омофонные глаголы *скрывать* и *раскрывать*. Хотя первичное значение глагола *loken* — «смотреть» или «являться», от древнеанглийского *locian*, омофон от древнеисландского *loka* означает «запирать» и даже «скрывать», что подчеркивает двуличную сущность *роллардов*[30]. *В совокупности с утверждением строками ниже о том, что роллард «Vnlouke[s] his legges» («растянуть ноги врозь»), эти строки создают нимб игры вокруг понятий сокрытия и раскрытия, закрытия и открытия*, что резонирует с собственно двуличной и обольстительной речью *роллардов*. Эта игра слов продолжается с помощью слова *lacchen* (от древнеанглийского *læccan*, «схватить»/«захватить») в той же строке, чтобы обозначить несправедливые действия роллардов по сбору милостыни[31]. Однако он также прибегает к омофону этого слова, происходящего от того же древнеанглийского корня, который означает «защелкивать», «связывать», «охранять», что закрепляет мотив секретности и потаенных намерений[32]. И вдобавок к этим значениям Ленгленд может прибегнуть к еще одному омофону, *lachen*, который происходит от старофранцузского *laschier*, что означает «расслабиться», «захромать» — в среднеанглийском он означает «быть вялым/ленивым», что также вполне применимо к роллардам[33].

Важно отметить, что игра слов в этом отрывке наиболее очевидна, когда звучание слов отклоняется от их значения. Иными словами, автор не каламбурит, а придумывает несколько правдоподобных значений одновременно. Так, значение «loken» —

---

[30] См. MED, статья «loken», значения 1 и 2. URL: https://quod.lib.umich.edu/m/middle-english-dictionary.

[31] См. MED, статья «lacchen», значение 1. URL: https://quod.lib.umich.edu/m/middle-english-dictionary. Кстати, определение 5b для данного глагола — «высовывать (язык)», и оно также, возможно, участвует в игре слов, задуманной Ленглендом для характеристики бродяг-lollares, тайно издевающихся над правилами и установлениями.

[32] См. MED, статья «lacchen», значение 2. URL: https://quod.lib.umich.edu/m/middle-english-dictionary.

[33] См. MED, статья «lachen». URL: https://quod.lib.umich.edu/m/middle-english-dictionary.

«являться», а не «запирать». Однако бурный поток омофонов — средство, которым автор ставит читателя в тупик и приглашает к обдумыванию смыслов. Этот импульс к приостановке и запаздыванию также очевиден в звучании открывающих строк фрагмента, в заявлении, что *поллард* есть тот, кто «loken louhliche to lache men almesse» («исподлобья глядит и вытягивает из людей милостыню») [Langland 2008: C. 9. 141]. В пассаже повторяются звуки *l-o-l-o*, изображающие движение болтанки языка и губ, расширяются и преобразуются в хиастические звуки *l-a-a-l* в *lache* и *almesse*. Эта игра с языком препятствует прямолинейному пониманию. Но в момент прекрасного недоумения поэзия Ленгленда активирует динамическое взаимодействие между звуком и смыслом, замедляющее процесс интерпретации, но умножающее значение.

Именно этот момент, это интеллектуальное пространство смятения — а вместе с тем игровую направленность к пониманию — Ленгленд находит этически и духовно производительными. Несмотря на глубину ассоциаций с двуличностью поллардов, важно то, что Истина, ни разу не заговорившая в этом фрагменте, является конечным источником идей, доносимых этим болтанным языком. Августин может только описать мистический опыт, который он разделяет со своей матерью Моникой в Остии, прибегнув к риторическим протезам слов [Августин 2013: кн. 9, стих 25][34]. Ленгленд драматизирует мистическую теологию безмолвия Августина, переосмысливая ее через английский вернакулярный язык: персонификация Истины молчит, но о ее взглядах лучше всего сообщает язык, который болтается (lolls).

Этот импульс к болтанке языка и сопровождающая эту болтанку направленность к истине становится фундаментальным элементом ленглендовской вернакулярной теологии даже в тексте B, то есть до того, как Ленгленд добавляет свои пассажи о *поллардах*. Шестое видение (B 18; 20 C), изображающее Страсти Христовы, искупление и сошествие в ад, во многом является кульминацией поэмы, за которой следует пятидесятническое

---

[34] Обсуждение этого отрывка см. в главе 1.

основание церкви и апокалиптическое пришествие Антихриста в последних двух пассажах поэмы. Хотя Стивен Барни называет зрение или «активное видение» важнейшей темой этого шестого видения, я утверждаю, что слух здесь как минимум не менее важен [Barney 2006: 6].

Это видение начинается и заканчивается фрагментами о музыке. Когда Уилл погружается в сон, громко хор «рыча» («rutt[ing]») [Langland 1995: B. 18. 6], он слышит хор «молодых» («gerlis») и хор «пожилых людей» («olde folke»), поющих хвалебные песни [Langland 1995: B. 18. 7–8]. Эти звуковые детали резонируют с акцентом на игре звуков в языке — подспудном очаге напряженности в последующем споре четырех дочерей Господних: Милосердия, Истины, Праведности и Мира[35]. Дэвлин утверждает, что в этих дебатах Милосердие и Мир уводят сестер от жесткого языкового буквализма к более свободному и откровенному модусу языковой игры, — и я добавлю: туда, где звук играет решающую роль. После того как Милосердие и Истина заключают пари, в игру («pleying») вступает Мир [Langland 1995: B. 18. 167], чтобы приспособить модель взаимной справедливости своей сестры Праведности в новую форму. Праведность насмехается над идеей искупления, напоминая Покою, что Господь наказал человечество за грехи Адама и Евы. В ответ на это Мир, «в терпение одетая» («in pacience y-clothed») [Langland 1995: B. 18. 167], выдвигает понятие *felix culpa*, или «счастливого падения»: грехи плоти искуплены Словом, которое стало плотью, воплотившись

[35] В частности, было установлено, что начало разговора между сестрами определяется созвучием слов «joust» («поединок, борьба») и «just» («справедливый»). Как Вера объясняет Уиллу суть противостояния, «this Iesus of his gentries wole iuste in Piers armes» («Иисус в благородстве своем [а возможно, и «в кротости своей». — *Прим. пер.*] будет сражаться в доспехах Петра») [Langland 1995: B. 18. 22]. Эта строка также содержит скрытую омофонию: «gentrice» здесь в первую очередь «кротость» или «благородство», но также оно созвучно французскому «genitrices» и латинскому «genetrices», то есть «мать». Поединок (*joust*) Иисуса против дьявола справедлив (just). Такая справедливость проистекает из благородства и кротости Иисуса, равно как и от Его матери, которая наделила Христа телом и человеческим образом.

в Христе. С этой точки зрения, несмотря на то что тело — источник греха и ошибок, оно также есть место искупления. Мир трансформирует теологию *felix culpa* в теорию противоположностей: «ибо ни один человек не узнает, что есть благо, не познав скорби» («For no wighte woot what wele is þat neuere wo suffrede») [Langland 1995: B. 18. 205]. Невозможно не заметить косноязычие этой строки, ее языковую трудность. В гипераллитерации четыре слова, начинающиеся с буквы «w», и они произносятся в быстрой последовательности. Первые три слова — «wighte», «woot» и «what» — добавляют консонанс к этой аллитерации, повторяя конечные звуки «t» так, что эхоизирующие «w» и «t» разделяются разными гласными звуками. Эта трудность произношения, а вместе с ней — постижения, на мгновение порождает «wo», которое в итоге ведет к «wele», *добру*.

Похожим образом Покой повторяет (in an echo) эту строку ближе к концу своей речи к Праведности, когда та говорит: «Woot no wight what werre is þer þat pees regneþ, / Ne what is witterly wele til 'weylawey' hym teche» («Не знает ни один, где правит мир, что есть война, / И истинного блага не узнает, пока "увы" не обучит его») [Langland 1995: B. 18. 227–228]. Как нельзя познать мир без войны, так и познание добра приходит, когда этому обучает «[W] eylawey», функционирующая в качестве квазиперсонификации междометия «weylawey» (невнятного крика/плача); каламбурная игра звуков очевидна, поскольку «weylawey» указывает дорогу или «путь» (way) к добру (well)[36]. Эта звуковая игра не совсем то же, что гипераллитерация и консонанс в более раннем утверждении Мира. Тем не менее оба поэтических приема играют со звуками таким образом, что отдают предпочтение физическому опыту языка как элементу интерпретации.

Кульминационный момент поэтики болтанки в версии В случается в тот момент, когда Христос обращается к Люциферу. Его речь акцентуирует взаимную справедливость, подчеркивая, что спасение придет от обольщения обольстителя:

---

[36] Версия С разъясняет этот каламбур, поскольку в ней «weylawey» заменяется на «wel-a-way». См. также о фрагменте в [Davlin 1989: 100].

Ты, Люцифер, в облике злобной змеи,
коварством получил возлюбленное Богом;
и Я, в облике человека, — Я, Владыка небес,
милостиво воздал твоей хитрости:
да будет же хитрость против хитрости!
И как Адам и все через дерево вновь обратятся к жизни,
так хитрость обольщена и в собственной хитрости пала:
Et cecidit in foveam quam fecit.
И пал он в яму, которую сам себе выкопал[37].

Такая парадоксальная формулировка опирается на появление Христа в облике рыцаря в начале пассажа: драматургия боговоплощения в Христе есть модус театрального представления. Более того, игривая артистичность действия находит себя в языке: повторы слов «guile» («хитрость», «коварство») и «beguile» («обольщать») в сочетании с аллитерациями и ассонансной игрой создают языковое бормотанье. Помимо аллитерации и повторов, звуковые игры этой болтанки, пожалуй, наиболее очевидны и значимы в словах, обозначающих главных действующих лиц космологической драмы и роли, которые они берут на себя: «L*u*cyf*er*» принимает облик злобной ядовитой змеи, «l*u*th*er*», в то время как «lord*e*» воплощается в человеке «leod*e*». В обеих формулировках актер и персонаж перекликаются с открывающими и закрывающими ауральными элементами. Это взаимодействие звука и смысла подчеркивает изощренное искусство поэзии Ленгленда. Именно здесь, в версии B и в подобных ей фрагментах, Ленгленд начинает формировать поэтику болтанки как вопрос и комментарий к поэзии, которые он будет развивать и оттачивать в тексте C.

Подобная игра усиливает болтанку Ленгленда, обращая поэтические ассоциации и игру в саму материальность спасения, и, кажется, это подходящее место, чтобы завершить поэму.

---

37 «Thow Lucifer, in liknesse of a luþer addere / Gete bi gile þyng þat God loued; / And I, in liknesse of a leode, þat lorde am of heuene, / Graciousliche þi gile have quyt: go gile ayein gile! / And as Adam and alle þoruȝ a tre shal turne to lyue, / And gile is bigiled, and in his gile fallen / Et cecidit in foveam quam fecit» [Langland 1995: B. 18. 355–361].

Но вместо этого поэма продолжается. В седьмом видении, непосредственно предшествующем апокалиптической развязке, Уилл видит реконструкцию библейской сцены Пятидесятницы, в которой Петр Пахарь и его собратья-апостолы исполняются Святого Духа, называемого Совестью Благодатью. В ответ на это видение Совесть советует Уиллу спеть «Veni creator spiritus» («О, Сотворитель Дух приди!»), гимн Пятидесятницы. Этот выбор неслучаен. Действительно, библейская история Пятидесятницы из Деяний Апостолов 2:1–4 — важный и авторитетный пример божественного откровения и божественного же понимания как аурального опыта. Двенадцать апостолов впервые воспринимают Святой Дух как звук («И внезапно сделался шум с неба, как бы от несущегося сильного ветра, и наполнил весь дом, где они находились. И явились им разделяющиеся языки, как бы огненные, и почили по одному на каждом из них. И исполнились все Духа Святого, и начали говорить на иных языках, как Дух давал им провещевать»)[38]. Шум этого могучего ветра наполняет каждого из апостолов в отдельности, позволяя им говорить на неведомых языках, понимая друг друга и объединяясь друг с другом через звук, несмотря на то что они не знают значений слов. Для Ленгленда эта сцена христианского единения оттенена тонами неудачи и тоски, поскольку это видение об основании церкви ведет к другому видению — к восьмому, в котором Антихрист и его приспешник, *Penetrans Domus*, осаждают Житницу Единства. Уилл вместе с «многими сотнями», «manye hundred», других персонажей и совместно с Совестью возвышает свой голос и требует «Help vs, God of grace!» («Помоги нам, Господь, во всей милости своей!») [Langland 1995: B. 19. 212–213; Langland 2008: C. 21. 211–212]. Таким образом, представление христианского общения через погружение в ауральный опыт в седьмом видении предвосхищает повторяющиеся мольбы Совести о помощи, когда Антихрист разрушает Единство в восьмом видении Уилла [Langland 1995: B. 20. 76, 78, 140, 165, 201, 228; Langland 2008: C. 22. 76, 78, 140, 165, 201, 228].

---

[38] Деяния Апостолов 2:1–4. См. также [Ziolkowski 2010–2013, 6: 616–619].

После падения Единства вой Совести обращается в другую форму ауральной невнятицы, когда та дает обет начать жизнь пилигримки. Поэма завершается тем, что Совесть движется и *слышимо* движется, блуждая и плача и «стремясь к благодати» («gradde[s] after Grace») [Langland 1995: B. 20. 387; Langland 2008: C. 22. 386]. Как и *clamor* Ролла, как всхлипы и вздохи Марджери Кемп, голос Совести невнятен, что свидетельствует об ориентации на те язык и голос, что полагаются на внесемантические значение и звук для выражения глубоко чувственного знания. Подобные формы чувственного знания и их отношения с материальными обстоятельствами чтения, включая ауральные и оральные звуковые элементы языка, были в центре внимания уиклифских антидебатов о чтении, религиозном образовании и поисках духовной истины. Поэтика болтанки Ленгленда способствовала конструированию ауральных и текстуальных условий, ожививших дискуссии о месте звука и материальных элементов языка в библейской герменевтике.

Уиклиф, лолларды и *vox verborum*

Приблизительно в то время, когда Ленгленд завершает работу над текстом B «Видения» (или вскоре после того), Джон Уиклиф вносит последние правки в свой трактат по толкованию Священного Писания «De Veritate Sacrae Scripturae» («Об истине Священного Писания»)[39]. Благодаря этому тексту (и многим другим)

---

[39] Исследователи продолжают дискутировать о точной датировке «Видения о Петре Пахаре». Достаточно приблизительная хронология может быть установлена на основе аллюзий на современные автору события, присутствующие в поэме. По мнению большинства исследователей, текст A был закончен в 60-х годах XIV века, текст B — между 1377 и 1381 годами, а версия C — около 1388 года. Впрочем, Ральф Ханна называет эту хронологию «в лучшем случае грубым приближением». См. [Hanna 2014: 38]. В мои намерения не входит предлагать дополнительные или неопровержимые доказательства точной датировки «Видения о Петре Пахаре», но, помня об этой общей последовательности, я добавляю трактат «De Veritate» (ок. 1377–1378) как еще один современный источник для осмысления хронологии редакций поэмы. Датировку «De Veritate» см. в [Levy 2001: 2].

Уиклиф стал главой движения религиозных реформаторов, стремившихся покончить с тем, что они считали упадком (decadence) католической церкви и коррупцией в ней, — широко известного впоследствии в качестве лоллардов[40]. С раннецерковных времен христианские мыслители беспокоились о том, что звук способен взять верх над смыслом[41]. Уиклиф и его последователи возобновили дискуссию, пытаясь реформировать коррумпированную церковь, проповедуя, что надлежащая духовность требует внимания к рациональным сущностям, а не к внешним физическим знакам[42].

Взгляды Уиклифа на звук и значение были частью общей философской тенденции к универсалистскому реализму. Говоря в общем, Уиклиф придерживался позиции, что познать вещь — значит познать ее бытие или ее универсальную сущность (прямое отражение Бога), а не ее сингулярные чувственные качества, через которые она

---

[40] Вопрос о том, когда словом «лоллард» стали обозначать последователей Уиклифа, в последние годы подвергся определенному пересмотру. В течение многих лет считалось, что первое употребление слова «лоллард» произошло по отношению к тем его последователям, что были осуждены Блэкфрайарским советом в 1382 году. В своем рассказе об этих событиях в «Fasciculi Zizaniorum Magistri Johannes Wyclif Cum Tritico» [Shirley 1858] монах-кармелит и теолог Томас Неттер сообщает о задержании цистерианца Генри Крампа за нарушение спокойствия «quia vocavit haereticos Lollardos» («потому что он призывал еретиков-лоллардов»). Тем не менее Эндрю Коул недавно доказал, что в отчете Неттера (датируемом между 1393 и 1399 годами) термин «лоллард» применяется *ретроспективно* к тем, кто был осужден Блэкфрайарским советом в 1382 году, и приписал использование термина Крампу. Коул использует этот и другие примеры, чтобы подчеркнуть, насколько осторожно с точки зрения историографии нужно подходить при обнаружении первоначального употребления слова в этом смысле. Отчет Неттера см. в [Shirley 1858: 311–312]. Рассуждения Коула приведены в [Cole 2008: 25–33, гл. 2].

[41] Обсуждение практик, применявшихся Уиклифом для толкования священных текстов, в частности в связи с августинианской герменевтикой, см. в [Ghosh 2002: 10–11, 23].

[42] Полезный обзор философского реализма Уиклифа см. в статье: Hudson Anne, Kenny Anthony. Wyclif [Wycliffe], John [called Doctor Evangelicus] (d. 1384), theologian, philosopher, and religious reformer // ODNB. URL: https://www.oxforddnb.com.

воспринимается органами чувств. Но Уиклиф признавал, что постижение бытия формально неотделимо от таких чувственных сингулярностей; они всегда познаются и постигаются вместе и отделимы только в теории. Тем не менее, по его мнению, из-за чрезмерной пристрастности человеческого вида к конкретным физическим свойствам объекта или бытия философ, стремящийся познать его поистине, будет склонен фокусировать внимание скорее на чувственной сингулярности, чем на универсальной сущности, или *pura natura*. Эту динамику он и надеялся скорректировать, особенно в контексте библейской герменевтики[43]. Универсалистский реализм Уиклифа проник в его идеи о чтении и интерпретации Библии. Основываясь на платонизме, где устанавливается иерархия между душой или разумом — продолжением Бога в человеке — и падшим телом и чувствами, Уиклиф возводил Священное Писание в область чистой идеи, а не физического присутствия. Как пишет Дж. И. Катто, «[в Писании] прежде всего был лик Божий, который обращен к человеку» [Catto 1992: 196].

Таким образом, Уиклиф разрабатывает понятие истины Писания и духовной истины как некоего неощутимого, но тем не менее познаваемого внутреннего ядра, окруженного акцидентальной материей, воспринимаемой посредством органов чувств, которые экзегетика стремилась уничтожить любой ценой. Неоплатонизм Уиклифа в «De Veritate» в своем акценте на репрезентативной природе языка, удаленности знака или слова от его референта, от самой вещи, был августинианским. Действительно, благоговение Уиклифа перед Августином прослеживается во всей работе. «Посмотрите на этого святого [Августина]! — пишет Уиклиф. — Столь скромный, но сколь тонкий логик при этом»[44]. Например, Уиклиф обращается к комментарию Августина к Псалтырю,

---

[43] Более полное изложение универсализма Уиклифа в «De Veritate» см. в [Ghosh 2002: 22–66]. Интересная дискуссия об универсализме Уиклифа в контексте позднесредневекового антифратернализма приведена у [Szyttya 1986: 152–182, особ. 154–160]. Обсуждение универсализма Уиклифа в терминах логики см. в [Catto 1992: 190–191].

[44] «Ecce iste sanctus, humilis logicus, sed subtilis» [Wyclif 1905–1907, 1: 12; Wyclif 2001: 49].

чтобы объяснить, как правильно толковать Священное Писание: используя его собственные язык и логику, не ставя себя на один уровень с автором. Согласно Уиклифу, правильный способ толкования заключается в том, чтобы принять Библию в ее тотальности, но не частями, используя ее логику для интерпретации глубинных (и предполагаемых) смыслов ее фигур[45]. К примеру, мы можем понять новозаветное представление Иисуса агнцем только в том случае, если мы сможем начать понимать, что эта речевая фигура подсвечивает Его жертву ради человечества [Wyclif 2001: 74–75]. Уиклиф стремился устранить все человеческие импликации вечной трансцендентной истины о Боге, акцидентальные и материальные грани текста, включая такие, как вид слов на странице и звук голоса при устном исполнении.

В своих попытках сформулировать программу корректного извлечения духовной истины посредством интерпретации Священного Писания Уиклиф предостерегал от того, чтобы звуки слова преобладали над значением. В самом начале «De Veritate», излагая свои идеи относительно интерпретации, он цитирует «Книгу нравственных поучений» Григория Великого: «Ибо звуки слов Писания есть не что иное, как только листья, уступающие место плоду смысла. Поэтому, если они препятствуют [постижению смысла], сбивают с толку, уводят [нас в сторону], они должны быть оторваны, отделены или иным образом исправлены»[46]. Как и в более ранних богословских текстах, *vox* Уиклифа — это материальная форма слова, включающая звуки этого слова в отрыве от семантического значения. Идея же о том, что звуки слов подобны листьям, прикрывающим «плоды» смысла, согласуется

---

[45] Стивен Лейхи дает предельно ясный обзор идей Уиклифа, изложенной в «De Veritate», об истолковании Священного Писания в соответствии с его логикой и соотносит ее с другими богословскими трактовками библейской герменевтики. См. [Wyclif 2001: 136–143].

[46] «Voces enim verborum scripture non sunt nisi ut folia ad fructum sensus proficiencia. Unde si odumbrant sensum, si confundunt, si distrahunt, vel quomodocunque impediunt, sunt extirpanda, figuranda, vel aliter aptanda» [Wyclif 1905–1907, 1: 21]. Здесь я руководствуюсь переводом этого отрывка Гоша, где «voces... verborum scripture» переданы как «звуки слов Писания». См. [Ghosh 2002: 24].

с его позднейшим стремлением к прозрачному и непосредственному пониманию. Подобно Августину, желавшему слышать «ушами сердца», Уиклиф жаждет непосредственного, надлингвистического понимания святых избранников, и происходит оно в тишине. «Было бы лучше, — утверждает Уиклиф, — как широко известно в [случае] блаженных, постичь предложение без слов, если бы [только] наша неполноценность не мешала [нам]»[47].

Звучание языка было гибельным именно потому, что могло привести к неправильному или неполному пониманию. Уиклиф подчеркивает опасную поверхностность самого внимания к звуку, а не значению. Подобное поверхностное слушание превращает осмысленный язык в шум. Следуя за апостолом Павлом в 1-м Послании к Коринфянам, а также глоссам Дионисия Ареопагита, Уиклиф подчеркивает, что толкователь Священного Писания должен стремиться открыть божественный замысел:

> Поэтому, понимая Священное Писание, мы должны отбросить ребяческий смысл и принять тот смысл, которому учит Бог, как говорит апостол в главе 13 Первого послания к Коринфянам: «Когда я был младенцем, то по-младенчески говорил, по-младенчески мыслил, по-младенчески рассуждал; а как стал мужем, то оставил младенческое»[48].
> По этой причине блаженный Дионисий ясно сказал об этом в трактате «О Божественных именах»: «Ведь, в самом деле, неразумно и глупо, мне кажется, обращать внимание на букву, а не на смысл речения (*diccionibus*). Это несвойственно людям, желающим уразуметь Божественное, но присуще лишь тем, кто воспринимает одни звуки» (*sonos nudos*)[49].

---

47 «Melius foret, ut patet in beatis, capere sentencian sine verbis, si nostra inferioritas non obesset» [Wyclif 1905–1907, 1: 21, 12–14]; перевод [Ghosh 2002: 24].

48 1-е Послание к Коринфянам 13:11.

49 «Debemus ergo intelligendo scripturam sacram sensum puerilem abicere ad sensum, quem deus docet, accipere iuxta illud apostoli prima Cor. tredecimo: quando eram ut parvulus, sapiebam ut parvulus, loquebar ut parvulus, quando autem factus sum vir, evacuavi ea, que errant parvuli. [I]deo signanter dicit beatus Dionisius in De Divinis Nominibus quarto cap. 'est,' inquit, 'irraciona- bile, ut estimo, et stultum, non virtuti intencionis attendere, sed diccionibus, et hoc non est divina intelligere volencium proprium, sed sonos nudos suscipiencium» [Wyclif

Сопоставляя взгляды этих двух богословов, Уиклиф приравнивает такое сверхвнимание к звучанию языка к неразвитому, детскому пониманию Священного Писания. Обращать внимание на слова или речь — значит сосредоточиваться «только на звуках», упуская из виду божественную волю. Потому цель уиклифской экзегезы состоит в том, чтобы очистить язык от заслоняющих его смысл сенсорных аспектов, как ауральных, так и визуальных, — все, чтобы предоставить необработанную (raw) истину о божественном замысле.

Сведения же о последователях Уиклифа из лоллардов несколько сложнее[50]. Сомерсет демонстрирует, что, вопреки устоявшимся научным трюизмам, во многих текстах лоллардов наблюдается глубокая озабоченность воздействием на эмоции и воображение аудитории[51]. Оценка Сомерсет важности внутренних чувств или эмоций в сочинениях лоллардов вполне убедительна. Однако здесь я хочу подчеркнуть, что в этих текстах остается подозрительность по отношению к внешним чувствам или физическим ощущениям, подобно тому, как Ленгленд критиковал «пустой язык», а Уиклиф отвергал *vox verborum*. Вместо того чтобы видеть такие ощущения как путь к эмоциям, в текстах лоллардов идея шума зачастую используется для того, чтобы обличить внешние признаки, воспринимаемые органами чувств, поскольку последние отвлекают от истинного эмоционального понимания. Об этом свидетельствует и тот факт, что вернакулярные сочинения уиклифцев полны ре-

---

1905–1907, 1: 42–43]. Гош рассматривает этот отрывок для анализа позиции Уиклифа в контексте общих теорий библейской экзегезы: см. [Ghosh 2002: 43]. Благодарю Джоэла Д. Андерсона за то, что он помог мне разобраться с трудной последней латинской фразой в данном отрывке.

50 О различных течениях среди последователей Уиклифа и их отношении к идеям своего учителя и вдохновителя см. [Somerset et al. 2003]. В принципе, многие ответы на вопросы о том, что или кого следует считать лоллардами, я нашла в труде Патрика Хорнбека, который выступает за то, чтобы применять в данном случае релятивистский, а не эссенциалистский подход. Он считает, что ученые, изучающие верования и практику последователей Уиклифа, должны сосредоточиться на выявлении «семейного сходства» внутри тогдашних еретических сообществ. См. [Hornbeck 2010].

51 См. [Somerset 2014: части 2 и 3].

ференсов к шуму и пустой вокализации. Так, один автор даже персонифицирует такой «звук пустой» в фигуре под именем Треп (Gabbing), который дебатирует с Разумом, разыгрывая нехватку рациональных суждений или намерений, которые должны сопровождать речь, состоящую из одних только звуков [Somerset 2009: 43–53]. Для более полного рассмотрения звука и слушания в связи с пониманием Писания я обращусь к сочинениям обвиняемого уиклифца Уильяма Торпа, который написал автобиографический отчет о допросе у архиепископа Арундела около 1407 года.

Торп постоянно прибегает к шуму для обозначения внешних признаков преданности и для фреймирования религиозного опыта тех, кто поклоняется неправильно, уделяя слишком много внимания внешнему физиологическому опыту вместо того, чтобы культивировать верное внутреннее понимание. Так, когда Арундел допрашивает Торпа об учении Евхаристии, которое тот передавал своей пастве в Шрусбери, Торп уклоняется от приглашения Арундела к дискуссии, рассказывая историю о событии, которое произошло, когда он читал там проповедь:

> И я сказал: «Сэр, я говорю вам истинно: я не касался там ничем таинства алтаря, кроме лишь таким образом, как я, с Божией благодатью, хочу здесь показать вам. Когда я стоял там на кафедре, стараясь учить заповедям Бога, *один зазвонил в призывающий к мессе колокольчик*, и из-за этого многие люди резко отвернулись и с *великим шумом* побежали вперед, ко мне. И я, видя это, сказал им так: “Добрые люди, вам было бы лучше стоять здесь спокойно и слушать слово Божие! Ибо, воистину, сила и заслуга пресвятого таинства алтаря гораздо более пребывают в вере в него, которую вы должны иметь в ваших душах, чем во внешнем видении его. И потому вам было бы лучше стоять тихо и слушать слово Божие, поскольку через слушание люди приходят к истинной вере”. И иначе, сэр, я уверен, я не говорил там о почитаемом таинстве алтаря»[52].

---

[52] «And I seide, “Ser, I telle ȝou truli, I touchide no þing þere of þe sacrament of þe auter, no but in þis wise as I wol wiþ Goddis grace schewe here to ȝou. As I stood þere in þe pulpitte, bisiing me to teche þe heestis of God, *oon knyllide a sacring*

Подчеркнув, что «через слушание люди приходят к истинной вере» («þoruȝ heeringe that men comen to very bileue»), Торп производит вариацию наставления апостола Павла о том, что вера идет от слуха[53]. При этом его подозрение о том, что слух плох, сохраняется, и он отмечает, что легче всего услышать глас Божий там, где «тихо» («quyetefulli»). Как и Лень Ленгленда, неверно слушающие прихожане Торпа не могут распознать духовно значимые звуки, и эта их неспособность приводит к шумным аурaльным взрывам[54]. Торп сетует, что прихожане предпочитают обращать свое внимание на более приятные внешние облики предметов («outward siȝt[s]»), даже если они — как здесь — скорее слышны, чем видны. Он идет дальше и предполагает, что такое внимание к звукам, а не смыслу, иррационально или даже «звероподобно», как предполагает Элизабет Ширмер [Schirmer 2009: 275]. В соответствии со своей звериной натурой прихожане не говорят, но создают «великий шум» («gret noyse»). Чуть позже в своем «Свидетельстве» Торп обличает лжепаломников, продвигающихся «с шумом их пения, со звуком их свирели, с бренчанием их кентерберийских колокольчиков и с лаем собак им вослед» («wiþ noyse of her syngynge, and wiþ þe soun of her pipinge, and wiþ þe gingelynge of her Cantirbirie bellis, and wiþ þe berkynge out of dogges aftir hem»); тем самым этот пассаж перекликается с его предыдущим предположением о том, что внимание к внешним

---

belle, and herfor myche peple turned awei fersli and *with gret noyse* runnen frowardis me. And I, seynge þis seide to hem þus 'Goode men, ȝou were better to stoonden here stille and to here Goddis word! For certis, þe vertu and þe mede of þe moost holi sacrament of þe auter stondiþ myche moore in þe bileue þereof þat ȝe owen to have in ȝoure soulis þan it doiþ in þe outward siȝt þerof. And þerfore ȝou were better to stonde stille quyetefulli and to heeren Goddis worde, siþ þoruȝ heeringe þerof men comen to very bileue.' And oþer wise, ser, I am certeyne I spak not þere of þe worschipful sacrament of þe auter» [Hudson 1993: 52].

53 «Итак, вера — от слышания, а слышание — от слова Божия», Послание к Римлянам 10:17. — *Прим. пер.*

54 Примечательно различие в отношении авторов этих повествований колоколам. В то время как для Ленгленда колокола имеют духоподъемное и социальное значение, для Торпа они отвлекают от поисков духовного смысла.

признакам, а не к духовным сущностям, приводит к тому, что прихожанин в одно и то же время и слушает, и производит шум [Hudson 1993: 64].

Динамика шума, возникающего из рассредоточенного внимания или иррационального слушания, появляется в ряде случаев позднесредневековой английской литературы, — самым заметным из которых, возможно, является провидческое описание крестьянского восстания 1381 года Джоном Гауэром, написанное, вероятно, в то же время, что и версия C «Видения о Петре Пахаре». Здесь сойка, «сведущая в риторике», взмывает к верхушке дерева и обращается к толпе зверей, которые «внимают сомнительным словам»[55]. Возникающий в результате шум — животное блеяние, лай и рев — обсуждался довольно много, в основном в качестве консервативной стратегии, направленной на маргинализацию голосов крестьян, изображаемых Гауэром неспособными к коммуникации и неразумными[56]. Не отбрасывая эту точку зрения, я добавлю, что в этой сцене гораздо более остро стоит вопрос о манипулятивной орации Уота Тайлера (которого, в соответствии с широко принятой трактовкой, представляет сойка) и воздействии этой орации на неразумных и «звероподобных» крестьян, которые глухи к содержанию речи Тайлера. Вместо этого они уступают успокаивающим звукам, усиливая общий шум — голос, подчеркивающий звук без содержания, — своими животными криками по всему ландшафту.

Показательное эхо этого эпизода из «Гласа вопиющего» (*Vox*) Гауэра — в уиклифском «Трактате об игре в чудеса» («Tretise of Miraclis Pleying»), где приводится примечательно схожая аналогия с птицами, чтобы отвергнуть пустую театральность продажных

---

55 «Graculus unus erat edoctus in arte loquendi Arboris in summum conscendit, et oris aperti / Voce suis paribus talia verba refert»; «Vocibus ambiguis deceptam prebuilt aurem / Vulgus» [Gower 2011: 74–77].

56 См., например, [Justice 1994: 205–208]. Джастис анализирует шум как троп или риторическую стратегию для подавления крестьянских голосов не только в повествовании Гауэра, но и в произведениях других летописцев Крестьянского восстания.

проповедников[57]. Их «игра в чудеса», утверждает автор, является своего рода «праздным развлечением» («waytynge vanite[e]») сродни «разглагольствованиям» («shrew[ing]») священника во время мессы, который «целый день надрывает горло, подобно сойке, упивающейся своими криками» («shrewyn hemsilf al day, as a iay þat al day crieþ 'Watte shrewe!' shrewynge himself») [Davidson 1993: 100]. Настойчивое повторение автором глагола *shreuen* в сочетании с «птичьей» аналогией в стиле Гауэра наводит на мысль, что такая проповедь — не более чем животный шум. Происходя из староанглийского слова *screawa*, или *shrewmouse* (землеройка), существительное *shreue* (от которого происходит *shreuen*) использовалось в среднеанглийском языке для обозначения плута или дьявола, или — в употреблении, которое наиболее настойчиво сохранялось в раннее Новое время и далее, — для обозначения строптивой, властной женщины (overbearing woman)[58]. Глагол *shreuen* чаще всего ассоциировался с опасными и пустыми речевыми актами вроде ругательств. Сравнивая такое поведение с неразумным шумом сойки, автор-уиклифец обращает внимание на нехватку духовного содержания этих выступлений. Подобно орации сойки-ритора Гауэра или же звону «святого колокола» Торпа, такая проповедь — один только звук без всякого духовного смысла.

Считается, что Гауэр был ортодоксальным автором, написавшим «Vox» за несколько десятилетий до еретического «Свидетельства» Торпа и «Трактата об игре в чудеса» одного из уиклиф-

---

[57] Идентификация «Трактата» как текста одного из последователей Уиклифа в последние годы оспаривается. В частности, Лоуренс Клоппер, опираясь на более раннюю работу РутНиссе, в которой исследуются нюансы изложения того, что считать «игрой» («pleying»), доказывает, что текст не может считаться частью литературы лоллардов. В то же время Фиона Сомерсет, исходя из тех же предпосылок, показывает, как работы уиклифцев описывали чувства своих читателей и слушателей, — причисляя к ним «Трактат». См. [Nissé 1997; Clopper 2003; Somerset 2014: 147–152].

[58] См. MED, статья «shreue» (сущ.) и «shreuen» (гл.). URL: https://quod.lib.umich.edu/m/middle-english-dictionary. Для понимания последнего значения существительного вспомним «The Taming of the Shrew» («Укрощение строптивой») Шекспира.

цев. И все же, вопреки разным целям и контекстам, все эти тексты свидетельствуют о всеобщей обеспокоенности тем, что звук может преобладать над смыслом, — как во времена Ленгленда, так и в последующие десятилетия. Важно помнить, что не сам Уиклиф изобрел идею о способности звука затмить смысл. Как я уже показывала выше, эта идея циркулировала в разных ортодоксальных теологических формах еще до Августина. Но по мере того, как идеи Уиклифа набирали обороты в позднесредневековой Англии, отовсюду раздавались обвинения в шумопроизводстве. Аргументация против лоллардов фокусируется на громкости, шумности и бессодержательности лоллардовского стиля аргументации, выявляя его мистериальное, неуловимое воздействие на аудиторию и полемически подчеркивая способность уиклифцев к опасной суггестии посредством приятных звуков. Так, соглашаясь с тем, что они «красноречивы», летописец конца XIV века и августинец Генри Найтон называет уиклифцев «чрезмерными крикунами», или даже «сверхкрикунами» («superclamantes»), подчеркивая эту пронзительную громкость их голосов[59]. Он также отмечает, что в стиле своей аргументации ученики Уиклифа «не руководствуются здравым смыслом», а говорят «шумными и сбивчивыми голосами»[60].

В вернакулярном письме также используется этот троп, — троп шума уиклифцев. Так, в ламентации «Защити нас всех от лоллардов» начала XV века шум лоллардов ассоциируется с некорректным чтением и интерпретацией и подчеркивается, что громогласность сторонников Уиклифа обусловливается их неправильным чтением, *myswent*, извращенно или искаженно. В своей ошибочной экзегезе они «трезвонят об Иове и Иеремии» («iangle of Iob or Ier-

---

59 Подробнее о биографии и хронологии жизни Найтона см.: Martin G. H. Knighton, Henry, (d. c. 1396), chronicler and Augustinian canon // ODNB. URL: https://www.oxforddnb.com.

60 «Nam sicut magister eorum Wyclif potens erat et validus in disputationibus... sic isti [Wyclif discipuli] licet recenter ad sectam illam attracti nimis efficiebantur eloquentes... in litigiosis deceptationibus omnes superclamantes. Et sic quod non poterant recta ratione quasi pugnanti impetuositate cum voca clamosa et turbida et altisonis verbis supplebant» [Knighton 1889–1895, 2: 187].

emye») и «болтают Библию день и ночь» («bable þe bible day and niȝt»)[61]. Столь настойчивое отвержение проповеди и аргументации Уиклифа и уиклифцев привлекает внимание к экстремальности герменевтической практики лоллардов как радикальной программе, расширяющей возможности читателей из мирян, что представляло собой серьезную угрозу для клерикальных властей, контролирующих толкование Писания, и в конечном счете для институциональной церкви в целом. Этот импульс к расширению возможностей мирян также очевиден в текстах, родство которых с уиклифской традицией остается спорным, но которые тем не менее разделяют фундаментальное стремление к социальным и религиозным реформам. В заключение я обращусь к аллитерационной поэме начала XV века «Молчальник и Правдоруб» («Mum and the Sothsegger»), чтобы показать, как ленглендовское приобщение к поэтике шума — и резонанс, который создается между звуками и мирскими голосами, — пробивает себе дорогу в более позднюю поэзию социальной критики.

Шум и публичная поэзия в традиции «Видения о Петре Пахаре»

Благодаря общей аллитерационной форме и пересекающимся социальным проблемам «Молчальник и Правдоруб» зачастую рассматривается как часть традиции «Видения о Петре Пахаре» — собрания текстов середины XIV — начала XV века, посвященных реформированию экклезиологического и секулярного аппаратов. Подобно Ленгленду, автор «Молчальника» убежден в важности мирской формы грамотности, то есть грамотности, укорененной в опыте и выражении языка в качестве шума; вероятно, он понимает и куда более явно, чем Ленгленд, что ориентация на язык — важное средство социальной критики.

В самом широком смысле «Молчальник и Правдоруб» — размышление о роли поэтического обличения в справедливом обществе, то, что Энн Миддлтон назвала «идеей публичной поэзии»

---

[61] См. [Robbins 1959: 152–157].

[Middleton 1978][62]. Как и в «Видении», нарратор предпринимает попытку разобраться в природе и относительной ценности (*virtue*) двух модусов вербального общения: молчания и прорицания перед лицом тирании и коррупции. Обе эти ориентации на язык периодами рассматриваются абстрактно, а порой персонифицируются в персонажах, взаимодействующих и дебатирующих друг с другом. В отличие от многих других средневековых поэм-дебатов, в «Молчальнике и Правдорубе» предпочтение отдается прорицанию и правде, а не тишине. Молчальник настойчиво ассоциируется с лестью, Правдоруб же высказывается поучительно и назидательно. Как и «Видение», «Молчальник...» подозрителен к пустой и праздной болтовне с ее способностью скрывать корыстные намерения. Но также обличение в нем фреймируется как «бормотание» — с использованием эхоического слова, утверждающего важность мирских голосов, говорящих правду властям.

В пассаже, напоминающем ленглендовское описание безумствующих лоллардов, автор «Молчальника» подчеркивает шаткое положение Правдоруба по отношению к властям:

> «Александр без ливреи» следовало бы быть ему именем,
> ибо тот не выдерживает ни в одном доме и полугода,
> леди и лорд тяготятся его словами,
> домочадцы не сходятся,
> потому наконец он срывает все начисто рассказами правды.
> Он не умеет сказать ни ко времени, ни к месту,
> грубо бормочет наружу, подобный необученному дитя,
> и все же всегда попадает гвоздю прямо в голову —
> так что чистое его острие
> пронзает правду,
> пока подгнившая плоть не станет пустой от яда[63].

---

[62] См. также [Giancarlo 2003].

[63] «Saunder the serviselees” shuld be his name, / For he abideth in no houshold half a yere to th'ende / But the lord and the lady been loeth of his words, / And the meyny and he mowe not accorde, / But al to-teereth his toppe for his trewe tales. / He can not speke in terms ne in tyme nother, / But *bablith* fourth *bustusely* as barn un-ylerid / But ever he hitteth on the heed of the nayle-is ende, / That the pure poynte pricketh on the sothe / Til the foule flesh vomy for attre» [Dean 2000: 44–53].

Правдоруб, которого за его прямоту порицают и леди, и лорд, говорит без «терминов» (в смысле специализированного вокабуляра или «жаргона»), без «временных рамок» и «не вовремя» (*ne in tyme*). Хотя Правдоруб совсем не безумен (*lunatic*), ему решительно не хватает остроумия и учености тех, кто наделен духовной властью. Его пылкая критика, говорит нам поэт, похожа на бурный лепет необученного ребенка. Почти во всех контекстах среднеанглийский глагол *babelen* обозначает «пустую» речь или неартикулированный звук. В Словаре среднеанглийского языка (MED) приводятся значения «заикаться, мямлить, бормотать» (так Сновидец Ленгленда в начале второго видения «бормочет молитвы, перебирая четки»), «тараторить» или «пустословить». Однако здесь и в других местах поэмы автор «Молчальника и Правдоруба» использует глагол *babelen* для обозначения более содержательной формы речи: далеко не пустой, лепет Правдоруба критичен и поучителен.

Я полагаю, что, как и Ленгленд, поэт использует это слово, чтобы подчеркнуть не просто грубость или громкость голоса Правдоруба, но воплощенное мирское понимание и выражение *soth,* правды, или истины (*truth*). Настойчивая физиологическая природа его высказываний очевидна не только в эхоическом глаголе *babelen*, но и в утверждении, что его лепет *bustusely*, бурный. Здесь это слово прежде всего отсылает к грубости и неучености голоса Правдоруба. Но его предполагаемое происхождение от старофранцузского *boisterous* — «хромой, грубый, шумный» — напоминает о «заикании» (*balbuciens*) Ричарда Ролла и эхоирует с «увечным», «ленивым», «болтанным» произношением, встречаемым в описании *лоллардов* у Ленгленда. Эти резонансы подчеркивают материальную природу речи Правдоруба. Так, и Ленгленд, и автор «Молчальника» работают над переоценкой взглядов, похожих, например, на взгляды Юлианы Нориджской, которая различает корректно произнесенную молитву и ту, что «произносится грубо, ртом, без благочестивого намерения» [Julian of Norwich 1994: 136], осуждая несоответствие внимания и голоса.

Показательны и другие случаи употребления *babelen* автором «Молчальника». В Словаре среднеанглийского языка (MED) поэма «Молчальник и Правдоруб» приводится в качестве единственного примера употребления *babelen* как глагола, обозначающего пение или щебет птиц, как, например, когда нарратор наблюдает в ландшафте своего сна следующее: «in every bussh was a brid that in his beste wise / Bablid with his bile, that blisse was to hire» («в каждом кусте была птица, которая по-своему лучшим образом / лепетала своим клювом, и это было для нее блаженством»)[64]. Хотя мы не можем с уверенностью сказать, что это единственные примеры употребления *babelen* в таком значении, есть основания полагать, что это слово могло быть несколько идиосинкразическим для автора «Молчальника». Заманчиво прочитывать подобную корреляцию — лепета и правды с пением птиц — как попытку автора переизобрести сценарий с характеристиками, какие были, к примеру, представлены у Гауэра, где критика Уотом Тайлером светских властей изображается как пронзительный крик сойки. По крайней мере, констелляция ассоциаций — лепет, прорицание, пение птиц — соотносит голос Правдоруба с голосом птиц, подчеркивая его воплощенную природу, а также выражая анималистические способы познания.

Действительно, в другом месте поэмы автор предполагает, что некоторые животные звуки предлагают некий эгалитарный идеал коммуникации. Так, в сновидческом видении рассказчика пасечник рассматривает упорядоченное общество пчел в качестве модели человеческого правительства и государственного устройства. Пасечник говорит, что пчелиный успех отчасти заключается в их шуме, который доступен для пчел на всех стадиях их развития:

> Гудение пчел, как рассказывает Бартоломью,
> их шум и их ноты, вечером и поутру —
> воистину поверь,
> язык их известен и самой последней из них[65].

---

64 См. MED, статья «babelen» (гл.), значение 1. URL: https://quod.lib.umich.edu/m/middle-english-dictionary.

65 «The bomelyng of the bees, as Bartholomew us telleth, / Thair noyse and thaire notz at eve and eeke at morowe, / Lyve (believe) hit wel, thair lydene the leste of thaym hit knoweth» [Dean 2000: 1028–1030].

В том, что даже самая «последняя» — самая маленькая и молодая — пчелка может понять язык, разделяемый всеми, — строки предлагают яркий пример того, как публичная поэзия делает акцент на общем языке, который одновременно является и обыденным, и общедоступным. Как отмечает Миддлтон, в публичной поэзии часто подчеркивается, что такой язык — «лучший посредник для того, чтобы поддерживать моральное знание деятельным и чистосердечным» [Middleton 1978: 99]. Автор «Молчальника» опровергает заученные теории *vox*, относящие животный звук к иррациональному, сбивчивому высказыванию. Вместо этого автор подтверждает важность подобных звуков как языковой модели, уничтожающей социальные иерархии, тем самым способствуя созданию справедливого и упорядоченного общества.

Подобно этому «гудению», лепет Правдоруба — несовершенная материальная форма выражения, которая, как полагает Миддлтон, предлагает наиболее полный способ дать голос общему опыту [Middleton 1978: 99]. Эффект, оказываемый грубым лепетом Правдоруба, — гораздо более богатая и совершенная артикуляция истины: «и все же всегда попадает гвоздю прямо в голову — / так что чистое его острие пронзает правду» («hitteth on the heed of the nayle-is ende, / That the pure poynte pricketh on the sothe») [Dean 2000: 51–52]. Здесь поэт задействует язык ремесел: молоток, ударяющий по гвоздю, и *poynte*, который мы можем принять за острый конец ножа, иглы, пера или *stylus*, но также и многого другого из того, что «укалывает». Эти строки также можно рассматривать в терминах медицинской аналогии, которая возникает далее в поэме, когда поэт подчеркивает, что «язвы королевства» («sores of the royaulme») могут быть вскрыты речью, чтобы «прорвать наружу все нарывы и волдыри сердца» («burste oute alle the boicches and blaynes of the hert») [Dean 2000: 1120–1122], — и заключает, будто он слышал, что подобные язвы «тем лучше заживают, / Когда весь гной и яд из них истек» («hellen wel the rather / Whan th'anger and th'attre is al oute yrenne») [Dean 2000: 1125–1126]. В самом деле, столь же настойчиво, как воплощается голос, возникающий в Правдорубе, он воздействует и на слушателя — физиологически. Острие, *poynte*, правдорубского лепета вскрывает правду и выпускает ее, «пока подгнившая плоть не станет пустой от яда» («Til the foule flesh vomy for attre») [Dean 2000: 53]. В обоих отрывках фигура прорицания изображается как силовое избавление от «яда» или скверны. Если, как полагает Миддлтон, публичная поэзия традиции «Видения о Петре Пахаре» задается вопросом «что мы должны делать и говорить *в этом мире*?», то одновременно она спрашивает, *как* мы должны это делать и говорить [Middleton 1978: 109]. И Ленгленд, и автор «Молчальника и Правдоруба» мыслят этическую речь как социальную критику на языке опыта, языке, который подчеркивает свое место во времени и в теле и воздействует на слушателей на висцеральном и материальном уровнях. Для Ленгленда идеи и звуки, связанные с болтанкой и лоллардами, оказываются плодотворными для артикуляции этой вербальной этики. В своем раннем видении «Дома славы» Чосер также локализует значимость опыта — и знания, которые тот производит — в форме «праздных» толков, осмысляемых и именуемых в терминах шума.

Глава 4
«Litel sercles»
Резонанс и шум языка в «Доме славы» Чосера

> Тахх. Нижний талер ближайшей машины выдвинул вперед доску с первой — тахх — пачкой сфальцованной бумаги. Тахх. Почти как живая тахает, чтоб обратили внимание. Изо всех сил старается заговорить. И та дверь тоже — тахх — поскрипывает, просит, чтобы прикрыли. Все сущее говорит, только на свой манер. Тахх...
>
> *Джеймс Джойс. Улисс, «Эол» [Джойс 2022: 124]*

Как объясняет орел и гид-провидец «Дома славы» Чосера, путешествие Сновидца в Дом славы — награда за годы усердной службы богу любви; но это также внесение коррективов в его напыщенную поэзию, что остается несведущей в каком бы то ни было любовном опыте. Полууничижительная Чосерова характеристика задействует ключевую проблему авторства и авторитета, определявшую исследования поэмы на протяжении последних нескольких десятилетий. Идея опыта была важна еще в прочтении «Дома славы» в рамках влиятельного исследования Шейлы Делани, где поэма помещается в широкий интеллектуальный контекст, характерный для позднесредневековой философии, то есть в озадаченность познанием невыразимого и растущее «осознание сосуществования контрадикторных друг другу истин» [Delany 1994: 1]. В прочтении Делани Чосер-Сновидец должен идти к истине в соответствии с принципом, который та называет «скептическим фидеизмом»: в конечном счете он находит ее не в авторитетах латинских литераторов, но в «плюрализме» собственного опыта. С момента проведения этого исследования Делани в научных работах, посвященных «Дому славы», продолжает подчеркиваться критика текстуальных авторитетов в пользу опыта[1]. Также начинает обсуждаться, где и как Чосер размещает альтернативную модель литературного авторитета, при этом часто подчеркивается важность вернакулярного языка и голосов[2].

Понятие вернакулярности этимологически связано с *коренным* (indigenous) и *домашним* через корень латинского слова *verna*, означающего «раба, родившегося в доме хозяина». Такое происхождение указывает на подчиненное положение вернакулярного выражения в отношении к авторитету латыни. И действительно, такие ученые, как, например, Лесли Кордецки, показывают, как идея вернакуляра оказывается в основании иерархических дихотомий, помимо латынь vs английский, в «Доме славы», — которые включают в себя среди прочего ауральное vs письменное, мирское vs церковное, животное vs людское, феминное vs маскулинное. Этот контраст полюсов и будет разыгран в настоящей главе, но также я добавлю пары неартикулированное vs артикулированное и звук vs смысл в качестве имеющих решающее значение в подходе к идее вернакулярности в Средние века. Для Чосера наиболее острое чувство происходит из прослушивания невнятных голосов, ассоциируемых им с мирянами и вернакулярным языком, на котором те говорят. Как было показано в предыдущих главах, переживание языка в его звуке и чувстве было решающей особенностью телесных эпистемологий, развивавшихся среди важных фигур мирского благочестия и вернакулярной религиозной письменности на рубеже XV века. В следующих двух главах будет показано, как именно Чосер переводит эту динамику

---

1 Например, [Gellrich 1985; Irvine 1985, 1994; Jordan 1987; Minnis 1995; Zieman 1997].

2 Многие из этих исследований подчеркивают значение вводимых Чосером в текст поэмы устной речи и просторечий, делая их тем самым литературным языком. См., например, [Kordecki 2011: 25–51; Arnovick 1996; Klitgård 1998].

в светскую среду: во-первых, звук является важным медиумом эмпирического мирского знания для Сновидца в «Доме славы», во-вторых (как будет показано в главе следующей) — для Батской ткачихи.

Чтобы перейти к рассмотрению отношений звука, чувства и тела в секулярных теориях познания, я обращаюсь к недавним работам по истории музыки. Разыскания Вейта Эрлманна, касающиеся важности «резонанса» с его связями с ассоциацией и симпатическим (sympathy), оказали большое влияние на мое осмысление шума [Erlmann 2010]. Библиография книги позволяет предположить, что понятие резонанса (либо чего-то, крайне близкого к нему, *avant la lettre*) было задействовано в позднеанглийском Средневековье задолго до появления в XVIII веке резонансных теорий слуха, на которые обращает внимание Эрлманн. Действительно, в «Доме славы» приводится довод, сходный с доводом Эрлманна о слухе, который предлагает форму непосредственного и симпатического познания, работающего в тандеме с познанием рациональным. Ключевой чосеровский термин для обозначения такого чувственного познания — «опыт», решительно подчеркивающий мирскую природу познания. Звук — и знание, которое он приносит, — не целиком оторван от разума и интеллектуального понимания, как становится ясно из описания Эрлманна. Чосер также обращает внимание на кооперативность и взаимодействие опыта, то есть телесного понимания, сопротивляющегося артикуляции, и интеллектуальной интеллигенции, духа (intellectual intelligence), эффективно размещающей вернакулярный поэтический авторитет не в оппозиции к опыту, а внутри него.

Движение поэмы к опытному вернакулярному познанию — это также движение к шуму. Ключевой термин *tydynge* («ве́сти» со среднеанглийского языка) имеет решающее значение в этом отношении. Этот термин используется в поэме на протяжении всего виде́ния Сновидца для обозначения конечного источника опытного знания, в котором герой испытывает нехватку. Как общее слово, обозначающее «новость», «сообщение» или иной способ устного общения, слово *tydynge* напоминает о том, что среднеанглийское существительное *noise* и родственный ему глагол *noisen* могли обозначать новости, передаваемые по слухам и устным сообщениям[3]. Среднеанглийское существительное *tydynges* является однокоренным с существительным *tide*, означающим «время», «сезон» или «приливное течение» (ср. современное *tide* — прилив. — *Прим. пер.*), а также с глаголом *tiden*, «случаться», «происходить». Благодаря столь близким этимологическим связям *tydynges* было тесно связано с изменчивостью случайных событий[4]. Чосер подтверждает эту связь в «Доме славы», в первую очередь называя «Aventure» [Chaucer 2008: строка 1980] — термин, обозначающий судьбу, славу, удачу (*fortune*) или случай, — матерью «tydings». Далее он делает это, опираясь на боэциевские сочинения о богине Фортуне, которая, как сообщает Чосер, является сестрой Славы [Chaucer 2008: строки 1547–1548]. Ребекка Дэвис подчеркивает, что идеи текучести и движения являются важнейшими тематическими и эстетическими компоненты в «Доме славы», отмечая: «Подобно текучим приливам, которые являются их семантическими родственниками, *tydynges* черпают свою потенцию из своего движения, своей неустойчивости и своей способности без усилий преодолевать большие расстояния» [Davis 2015: 116]. Как и Дэвис, меня интересует изменчивое движение информации и значений и то, как Чосер передает эту изменчивость через форму поэмы. Но к этому вопросу я подойду с точки зрения звука, показывая, как чосеровское употребление *tydynges* опирается на давние ассоциации между шумом и случайностью (в отличие от музыки осмысленной речи). Решение проблемы Сновидца с отсутствующим опытом состоит не только в том, чтобы слушать, но и в том, чтобы погрузиться в мир шума: гул мирских голосов, завязавшихся с физиологичностью, избыточностью и случайностью, встроенных в то, что средневековые грамматики назвали бы *vox confusa*.

---

3 См. MED, статьи «noise» и «noisen». URL: https://quod.lib.umich.edu/m/middle-english-dictionary.

4 См. MED, статья «t¯ıding(e)». URL: https://quod.lib.umich.edu/m/middle-english-dictionary.

Подобно дисциплине музыки, средневековая грамматика подчеркивает опасную потенциальность голоса: стать шумом, упиваясь внесемантическими элементами; звуком, его фактурой и чувствами. Чтобы защититься от этой возможности, грамматики создают жесткую таксономию голоса, основанную на его способности переносить значение, и размещают высший литературный авторитет в формах, обеспечивающих наибольшую степень рационального контроля над сырым ауральным материалом *vox*. Мартин Ирвин и другие ученые показали, как Чосер обыгрывает и пародирует эти источники в «Доме славы»[5]. Однако степень занятости средневековых грамматиков скорее физическими, чем концептуальными аспектами *vox* все еще не признана. Кроме того, ученые не уделили достаточного внимания важности ауральных эпистемологий, почерпнутых из средневековой грамматики. Путешествие Сновидца во все более и более шумные и сбивчивые Царства славы и слухов демонстрирует, сколь важно то, что я буду называть резонансным «шумом» языка: способность передавать чувства, ощущения и знание опыта, а также семантически точную информацию.

Все свое сновиденческое путешествие Сновидец перемещается сквозь пространства, где все чаще запускаются формы *vox,* не структурированные разумом, но пробуждающие чувства как физические, так и эмоциональные и преобладающие над ментальным опытом. Эти неартикулированные звуки, извергаемые женщинами, животными и, наконец, неодушевленными объектами, — есть формы *vox*, которые грамматики отнесли бы к нижнему уровню иерархии. В конце концов, именно в Доме слухов, месте *fama,* манифестирующей в качестве сплетни, а не славы (glory), поэма размещает опытное мирское знание, основанное на *vox confusa* и шуме языка, которого столь не хватало Сновидцу. Здесь поэма не только демонстрирует физиологию языкового опыта, принадлежащего Сновидцу, но активирует этот опыт языка в читателе поэмы — и ее слушателе. Это усиливает языко-

---

[5] См. [Zieman 1997; Irvine 1985, 1994].

вую телесность так, что звуки и ощущения преодолевают смысл, захватив читателя в рекурсивную ритмическую структуру, которую Чосер мог бы назвать «маленькими кругами» звука, — принуждая читать столь же телесно, сколь и концептуально. Для Чосера эта форма эстетического или чувственного участия, не поддающаяся артикуляции, — авторитетный и решающий элемент в стремлении к знанию.

Ви́дение, слушание и проблема опыта в «Доме славы»

В начале сна чосеровский Сновидец обнаруживает себя в храме, «сделанном из стекла» («ymad of glas») [Chaucer 2008: строка 120], — в пространстве, которое размещает его в области чувственного видения. Описание этого пространства наводит на мысль о его сиянии, неподвижности и монументальности: Чосер называет тяжелые и прочные материалы, использованные в строительстве, и другие объекты: золото статуй, «стоящих в несколько рядов» («stondynge in sondry stages») [Chaucer 2008: строка 122], «медную скрижаль» («table of bras») [Chaucer 2008: строка 142], где Сновидец обнаруживает написанную эпическую поэму Вергилия «Энеида». На протяжении всего пути Сновидец перемещается по стеклянному храму Венеры, полному «образов» («images») и «портретов» («portreytures») [Chaucer 2008: строки 121, 131], и не менее 17 раз сопровождает свое повествование вариациями на тему «я видел».

Чосеровские важнейшие источники в этой части поэмы — «Энеида» Вергилия и рассказ Овидия о Доме молвы (в оригинале — также «House the Fame». — *Прим. пер.*) в 12-й книге «Метаморфоз». Стеклянный храм оказывается пространством, связанным с литературным авторитетом латинской текстуальной традиции и требующим визуального прочтения. Использование Чосером этих источников подчеркивает транзит от устности к записанным текстуальным объектам, приглушая ауральность обоих авторов. Так, в рассказе Овидия Дом молвы описывается материально: «...и весь-то из меди звучащей», «весь он гудит, разнося звук всякий и все повторяя» [Овидий 1983: 12.46–47][6]. Чосер же «переводит» этот медиум в таблицу, где начертана вся «Энеида», установленную на одной из стен храма: латунная доска Чосера представляет собой объект статичного визуального интереса, который, конечно, требует, чтобы на него смотрели и читали, но с расстояния.

И тем не менее Чосер резонирует с Вергилием, на что указывает его интерес и к звуку, и к его слушанию, который будет развиваться на протяжении всей поэмы и наиболее полно проявится, когда Сновидец войдет в Дом слухов ближе к концу поэмы. В английском переводе Чосера вергилианские строки из «Arma virumque cano» («Битвы и мужа пою...») [Вергилий 1979: 1] «I wol now synge, yif I kan / The armes and also the man» («Если смогу, я сейчас буду петь / Оружие, а также человека...») [Chaucer 2008: строки 143–144] игриво оживают, расширяя следауральности через двуязычный омофонный каламбур. Добавляя фразу «если смогу» («if I kan»), Чосер весьма самокритично признаёт свой поэтический долг перед Вергилием. Слово *kan* — от староанглийского *cunnan* — в этот период претерпевает семантический сдвиг от «знать»/«уметь» к тому значению, что известно нам сегодня: «быть в состоянии». Взаимодействие интеллектуального и эмпирического знания, которое является центральной проблемой поэмы, встроено в более широкий семантический диапазон слова, охватывающий как конкретное понимание, так и деятельное знание в данный момент. Кроме того, как отмечают ученые, чосеровское «kan» эхоирует с «cano» («пою») Вергилия[7]. Используя английское слово германского происхождения, имитирующее звучание латинского *cano*, Чосер ставит английский язык в один ряд с латынью и прослеживает связь между английским глаголом и ауральностью. Глаголы «петь» (*canere*) и «знать» (*cunnan*) связаны между собой омофонически, что делает значение *kan* более выразительным в слуховом и эмпирическом смысле.

---

6 «Tota est ex aere sonanti; Tota fremit, vocesque refert, iteratque quod audit» [Ovid 1958: 2.182–184].

7 Обсуждение возможной игры слов в отрывке см. в [Dane 1981: 134].

Шуточная аллюзия Чосера на Вергилиеву песнь не единственное указание на слух в первой книге поэмы. Несмотря на то что перед ней Сновидец читает текст «Энеиды», он также начинает *слышать* ряд фрагментов из нее, — Кристофер Басвелл называет это «симпатическим восприятием» [Baswell 1995: 233]. Пересказывая эпизод из второй книги, когда ему явилась умершая жена Энея Креуса, Сновидец сообщает: «it was pitee for to here» («я испытал жалость, внимая ей») [Chaucer 2008: строка 189]. Примечательно, что Сновидец признаёт связь между слухом и жалостью только косвенно. На этом раннем этапе своего повествования Сновидец, несмотря на то что слышит голос Креусы и уже движим жалостью к ней, все еще сохраняет повествовательную дистанцию, не будучи в состоянии передать эту жалость читателю. И все же этот отрывок является ранним примером важности слушания. Голос активирует у Сновидца повышенную *симпатию* — модус эмпатического слушания, достигающий кульминации в первой книге с фигурой Дидоны.

В «Энеиде» Вергилий чаще всего описывает Дидону посредством эпитетов *misserime* («самая жалкая») и *furens* («буйная», «неистовая»). К тому времени, когда Чосер создавал свое сновидческое видение, Дидона уже обрела длинную и сложную литературную историю, подчеркивающую ее связь с расточительной чувственностью и незаконными эмоциями конкретных видов чтения[8]. Религиозные ассоциации Дидоны и опасных соблазнов тела присутствовали на протяжении всего Средневековья. Так, в своем анализе рецепции Вергилия в Англии в эпоху Средних веков Басвелл отдельно выделяет аллегорическое чтение, в рамках которого «Энеида» интерпретировалась в терминах духовного прогресса. В соответствии с этой моделью, книга 4 фигурирует в качестве «сладострастного отрочества» Энея — как открытия его сексуальности до того, как он достигнет разумной зрелости [Baswell 1995: 10]. Ко времени Чосера связь Дидоны со страстным опасным соблазнением уже глубоко укоренилась. Однако неко-

---

[8] Подробнее об истории этой литературной героини см. [Desmond 1994; Hahn 2015].

торые свидетельства заставляют предположить, что эта интерпретация сдерживалась мирским скептицизмом по отношению к позиции авторитетов церкви, продвигающих эту точку зрения. Так, в аллегорическом описании «Пира совести» доктор богословия Ленгленд (который в итоге оказывается коррумпированным авторитетом) использует слово «dido» как обозначение «лживой басни» — здесь оно удивительным образом ассоциируется с азартными играми — в тот момент, когда он отвергает Терпение: «but a dido... a dysour's tale» («но [пустая выходка] — байка игрока в кости») [Langland 1995: B. 13. 172]. Употребление Ленглендом слова «dido» может быть отсылкой к «Дидоне» Вергилия, а может быть редупликативным нонсенсом, или и тем и другим одновременно [Lawler 2018: 52–53]. Вкладывая это отрицание в уста обманщика от духа, Ленгленд ловко использует его, чтобы предположить, что во времена Чосера поэты, подобные Ленгленду, начали подвергать сомнению давнюю авторитетную традицию, отвергавшую Дидону и ее голос как не имеющий никакой значимости.

Чосер также настроен скептически. Его краткое изложение «Энеиды» значительно замедляется, чтобы задержаться на истории Дидоны. Отойдя от опосредованного дискурса, посредством которого он описывает плач Креусы, Сновидец следует за рассказом Овидия о Дидоне в «Героидах», напрямую дав голос «великой боли» («grete peyne») Дидоны [Chaucer 2008: строка 312]. Томас Хан утверждает, что этот раздел «Дома славы» — одно из нескольких мест в поэтическом корпусе Чосера, где тот отходит от вергилианских и августинианских образцов, обращаясь к голосу Дидоны, чтобы артикулировать вернакулярную поэтику, вовлекающую чувства читателя [Hahn 2015: 47–51]. И действительно, Чосер демонстрирует почтение к голосу Дидоны и к тем чувствам, которые он выражает и пробуждает. Ее голос — единственный из «Энеиды», который чревовещает напрямую, утверждая в признаниях прямо: «Никакого другого автора я не цитирую» («Non other auctour alegge I») [Chaucer 2008: строка 314]. В руках Чосера Вергилиева Дидона, бушующая и неистовая, становится автором: голосом литературного авторитета. Пассаж смещает поэтическую власть устоявшихся голосов латинской литературной традиции к тем, что ассоциируются с мирским опытом.

Ламентации Дидоны возникают сразу же после пространного отступления Сновидца, где тот сетует на людское вероломство и (в более широком смысле) общую восприимчивость ложной видимости. Объединение этих «близнецовых арий», по меткому выражению Басвелла, обостряет аффективный отклик Сновидца на беду карфагенской царицы и его с ней эмоциональную и вокальную связь [Baswell 1995: 234]. В момент, отмечает Басвелл, когда причитает Дидона, повествование о ее встрече с Энеем исчезает, уступая место только ее голосу и пафосу, который тот передает. Нет никаких подробностей ни о прибытии Энея, ни о его охоте с Дидоной, ни о консумации в пещере, ни о явной смерти Дидоны от своей же руки. Голос Дидоны, таким образом, подчиняет нарративное содержание опыту посредством поэтической паузы, через лирический момент, который приостанавливает сновидческий пересказ сюжета Вергилия об империи. Басвелл прочитывает эпизод как капитуляцию Сновидца перед «чувствами без прикрас», что автоматически усиливает интерпретацию дидоновской страсти и ее воздействия на читателей как силы стагнации и, таким образом, силы, опасно отвлекающей от героического действия [Baswell 1995: 236].

Напротив, я прочитываю этот эпизод как одну из производительных остановок, подобно ленглендовскому сюжету с прокаженным, болтающим (lolling) на коленях Авраама. Этот эпизод предваряет эмпирический мир, с которым Сновидец столкнется в Доме слухов, даже если он тормозит движение вперед: антиципаторный и рекурсивный, он придает наррации круговую форму, передающуюся звуками и формой языка Дидоны. Сновидец рассказывает, начиная:

Увы, сказала она, мое сладкое сердце,
имей жалость к моим мучительным скорбям,
и не убивай меня! не уходи прочь!
О несчастная Дидона, увы-увы! —
сказала она тогда самой себе,
О Эней, что ты хочешь сделать?

> О если бы ни ваша любовь, ни ваша связь,
> которую вы поклялись правой рукой,
> ни моя жестокая смерть, сказала она,
> могли удержать вас все еще здесь со мной!
> О имейте жалость к моей смерти!
> ...
> О, имеете ли вы, мужчины, такое благочестие
> в речи — и ни доли правды?[9]

По мере того как Дидона продолжает свой путь, она восклицает: «O wel-awey that I was born!» («О, увы, что я родилась!»), «O wikke Fame!» («О, злая слава!»), «O, soth ys, evey thing ys wyst» («О, истинно, что все известно») [Chaucer 2008: строки 345, 349, 351]. Пролиферация «О» в ее речи расходится с рациональным, артикулированным произношением, возведенным в эталон авторитетными грамматиками, служа вместо этого обозначению эмоций говорящей.

Более того, они передают этот опыт читателю, активируя в теле круговую форму, пробужденную приостановкой наррации. Круг — важная материальная (corporeal) и лингвистическая фигура в «Доме славы», которую Чосер заимствует из похожей формулы у Боэция и расширяет ее. В «Утешении философией», уже давно признанном важным источником первых видений «Дома славы», боэциевская госпожа Философия использует фигуру круга (*orbem*), чтобы описать ход правильной мысли, которую, по ее наставлению, Боэцию следует направить внутрь, к душе, и прочь от тьмы тела [Boethius1973: 296][10]. Но если у Боэция использование фигуры круга направлено в конечном счете на уход от плоти и физического мира, то обращение к ней Чосе-

---

[9] «“Allas,” quod she, “my swete herte / Have pitee on my sorwes smerte, / And slee mee not! Goo nought awey! / O woful Dido, wel-away! / Quod she to herselve thoo / “O Eneas what wol ye doo? / O that your love, ne your bond / That ye have sworn with your ryght hond, / Ne my crewel deth,” quod she, / “May holde yow stille here with me / O haveth of my deth pitee! / ... / O, have ye men such godlyhede / In speche and never a del of trouthe?» [Chaucer 2008: строки 315–330].

[10] Дальнейшее обсуждение использования Чосером кругов Боэция см. в [Baswell 1995: 244–245].

ра вписывает в круг и эту материальность (corporeal). На странице и между губ форма междометий Дидоны — «О» — антиципирует рассуждение орла о вокальных звуках, возносящихся к Дому славы в процессе, который он уподобляет «маленьким волнам, [которые, расходясь,] образуют круг» («litel roundell[s] as a sercle»), создавая «каждое новое движение» («ever moo») [Chaucer 2008: строки 791, 801] до тех пор, пока они не достигнут своего назначения в Доме славы. Они также напоминают «тысячу дыр» Дома слухов, — «а то и больше, / Чтобы звук из него воспарил» («thousand holes, and wel moo / To leten wel the soun out goo») [Chaucer 2008: строки 1949–1950], когда Сновидец приближается к концу своего путешествия[11].

Эти жесты в сторонуауральности на фоне общего фокуса на видение и зрение в книге 1 предвосхищают цель Сновидца, сформулированную в решающей сцене в начале книги 2. Так, беседуя с орлом, который будет служить проводником видений, Сновидец узнает, что долгие годы он трудился, чтобы «сочинять книги, песни, поговорки, / В рифму или в резонанс» («To make bookys songes, dytees, / In ryme or elles in cadence») [Chaucer 2008: строки 622–623] во славу Венеры, богини любви. И все же, по словам орла, Сновидец «изо всех сил» ([буквально «до боли»] «peyn[ing]») нес эту службу, «хотя [он] никогда не имел в том доли» («Although [he] haddest never part») [Chaucer 2008: строки 627–628]. Эта нехватка опыта сказалась на поэтическом голосе Сновидца. Проведя весь день за бухгалтерией («rekenynges»), Сновидец возвращается домой, где «...вместо отдыха и новых дел» («In stede of reste and newe thynges») он садится «в каменном молчании... за другую книгу» («domb as any stoon, / ...at another book») [Chaucer 2008: строки 654, 654, 656–657]. Орел разрешает эту ошеломляющую поэтическую немоту, подключив Сновидца к «вестям / народа Любви» («tydinges / Of Loves folk») [Chaucer 2008: строки 644–645], который, по словам орла, имманентен и окружает Сновидца:

---

[11] Дэвис обсуждает эту формальную и физическую динамику звуков в связи с более поздним отрывком поэмы — см. [Davis 2015: 127–129].

> И не только из далекой страны,
> откуда к тебе не идет ни единой вести,
> но от самых настоящих твоих соседей,
> что живут почти у твоих дверей,
> *ты не слышишь ни того, ни этого.*
> [Chaucer 2008: строки 647–651]

Пассаж подчеркивает соматическую и поэтическую пользу модели приобретения знаний посредством слухов и *tydynges*, вестей, — оба слова подразумевают выражение мирских форм знания. Прислушивание к этому шуму (*buzz*) способно излечить Сновидца от оцепенения (поскольку, как мы увидим далее, сплетни тесно связаны с шумом (*noise*) «Дома славы») и, наконец, от поэтической немоты. Этот акцент на слухе предвосхищает и оправдывает опыт Сновидца и его углубляющееся погружение в чувства (senses) по мере того, как он путешествует сквозь неразборчивый гомон звуков и голосов, раздающихся в Доме славы и Доме слухов. Такое выражение мирского познания явно связано с тем, что средневековые грамматики назвали бы *vox confusa*, — термином, иерархические ассоциации вокруг которого Чосер будет использовать и подрывать в своем изображении домов.

Литературные авторитеты и дисциплина *vox*

Экзегеты и теологи от Августина в IV веке до Уиклифа и его последователей в XIV веке спорили о правильном соотношении между звуками и смыслами. Здесь я углублюсь в смежные средневековые дисциплины — грамматику и музыку, показывая, что мирское знание было связано с модусами слушания и невнятного выражения, где звук преобладал над смыслом. С точки зрения ученых авторитетов, мирские перцепция и произношение неправомерно вытеснили *vox* — звуки, которые, как считалось, несут в себе смысл, — в область бессмысленного шума.

На самом фундаментальном уровне средневековая грамматика была схожа с музыкой в этой своей заботе о сырье *vox*, который попеременно переводится то как «звук», то как «голос». *Vox* отличался от *sonus* своей способностью нести смысл. Грамматики придерживались общей диктемы о том, что всякий *vox* — это *sonus*, но не всякий *sonus* — это *vox*; при этом они боролись за проведение границы между звуками, которые имеют значение, и теми, которые не имеют[12]. В своем обзоре средневековой грамматики и ее влияния на западную литературную культуру Мартин Ирвин подчеркивает важность как ментальных, так и концептуальных аспектов языка для грамматики как дисциплины, утверждая, что «субсемантические или просто физические атрибуты звуков речи не беспокоили грамматиков» [Irvine 1985: 856], и это правда: для грамматиков значение имело огромную важность, поскольку они пытались провести различие между означающим и не-означающим звуками. Но в процессе этой работы грамматики многое могли сказать о физических свойствах *vox*. На протяжении столетий они создавали таксономии, определяющие то, сколько смысла содержится в каждом модусе *vox* и откуда он берется. Они также кодифицировали методы — включая грамматику, произношение и письмо, — чтобы удержать голос в его звучащей материальности. Наибольшей значимостью и авторитетом обладал тот модус *vox*, что демонстрировал превосходство во всех трех сферах.

Работая над классификацией *vox*, средневековые мыслители старались провести различие между его концептуальным и физическим аспектами. Грамматик VI века Присциан начинает свои «Institutiones grammaticae» («Грамматические наставления») со следующего определения:

> Философы определяют голос как тончайший воздух, приведенный в колебание, или звук, воспринимаемый ухом, то есть то, что собственно случается с ухом; и первое определение взято от субстанции, второе же — из понятия, называемого греками *ennoia*, то есть от акциденций; ибо с голосом случается слух, насколько это находится в нем самом[13].

---

[12] Бартоломеус Англикус в разделе «De musica» («О музыке») своего трактата «О природе вещей» приводит следующий пример: «И всякий голос есть звук, но не наоборот» («And eueriche vois is soun, and nouȝt aȝeinward» (в переводе Джона Тревизского). См. [Bartholomaeus 1975–1988, 2: 1387].

[13] «Philosophi definiunt, vocem esse aerem tenuissimum ictum vel suum sensibile aurium, id est quod proprie auribus accidit. Et est prior definitio a substantia sumpta, altera vero a notione, quam Graeci [*ennoian*] dicunt, hoc est ab acciden-

Согласно Присциану, *vox* имеет два аспекта: один из них полностью материален и связан с «субстанцией», другой — ментален и связан с «понятием». Различение материального и когнитивного аспектов языка оказалось удивительно устойчивым. В присцианской логике производства и познания речи (speech) в качестве исходной точки размещается ментальный опыт (*affectus mentis*), затем артикулированное произнесение (*articulata vox coartata*), колебание (буквально «удар») воздуха (*aer ictus*), то, как это колебание воздуха ощущается (*sensibile aurium*), схватывание (conception) (*ennoia*) и, наконец, ментальный смысл (*sensus mentis*)[14]. Ирвин показывает, как комментарии к Присциану начиная с XII века связывают эту логику с аналогичной формулой Боэция, размещающей вещь (*res*) в исходной точке, за которой следуют разумение (*intellectus*), устное высказывание (*vox*) и буква (*littera*) [Irvine 1985: 856]. Эти артикуляции человеческого понимания речи обращают наше внимание к тому, что именно средневековые мыслители отдавали предпочтение концептуальным аспектам языка, считая физический опыт голоса вторичным в его отношении к ментальному пониманию.

Этот предельный акцент на ментальном познании подтолкнул грамматиков к разработке разных средств контроля и сдерживания физических аспектов голоса. Фокусируясь на правилах произношения и на метре (размере), грамматическая доктрина *lectio* проясняет практику устного интерпретативного чтения в качестве практики, сдерживающей физиологичность речи (language) благодаря организации произношения[15]. Так, в соответствии со своей этимологией, обозначающей правильное

---

tibus. [A]ccidit enim voci auditus, quantum in ipsa est» [Keil 1857, 2: 5]. Переводы Присциана принадлежат мне, хотя я руководствовалась переводами Коупленд и Слюйтер в [Copeland, Sluiter 2009: 172–189].

[14] Ирвин обсуждает эту логику в терминах означающего и означаемого, которое, в свою очередь, является центральной проблемой средневековой грамматики в [Irvine 1985: 856].

[15] Подробное обсуждение практики *lectio* и ее места в средневековом образовании см. в [Irvine 1994: 68–74].

расположение частей целого или сочленений, процесс артикуляции был способом хореографического управления телом так, чтобы физические аспекты языка не преобладали над смыслом. Исидор Севильский перечисляет ошибки, которых следует избегать в орации:

> Чистая и достойная речь оратора должна быть без всяких изъянов, как в буквах, так и в словах и, конечно же, в выражениях. В буквах их прилегание должно быть уместным и надлежащим, и поэтому необходимо следить за тем, чтобы конечная гласная предыдущего слова не совпадала с начальной гласной следующего слова, как в *feminae Aegyptiae* («египетские женщины»). Эта конструкция была бы лучше, если бы согласные прилегали к гласным. Следует также избегать прилегания трех согласных, которые, соединяясь, кажутся сталкивающимися (*stridere*) и соперничающими (*rixare*), а именно *r*, *s*, и *x*, как в *ars studiorum* («искусство учебы»), *rex Xerxes* («царь Ксеркс») или *error Romuli* («блуждания Ромула»). Также следует избегать [соприкосновения] согласной *m*, бьющей (*inlisa*) по гласной, как в *verum enim* («но на самом деле»)[16].

Нежелательные языковые образования — «сталкиваться», «соперничать», «бить» — все это глаголы, подчеркивающие жестокость и неконтролируемую физиологичность такого языка. Напротив, артикуляционный идеал Исидора активирует физический контроль говорящего, содействуя равномерному чередованию гласных и согласных звуков. Это была «чистая и достойная» речь идеального оратора, по Исидору.

---

[16] «Praeterea purum et honestum oratoris eloquium carere debet omnibus vitiis tam in litteris, quam in verbis, quam etiam in sententiis. In literis, ut iunctura apta et conveniens sit; et sic observan- dum, ne praecedentis verbi extrema vocalis in eandem vocalem primam incidat verbi sequentis, ut 'feminae Aegyptiae.' Quae structura melior fit, si consonants vocalibus adplicantur. Trium quoque consonantium, quae in se incidentes stridere et quasi rixare videntur, vitanda iunctura est, id est, R, S, X, ut: 'ars studiorum,' 'rex Xerxes,' error Romuli.' Fugienda est et consonans Minlisa vocalibus, ut 'verum enim» [Isidore 1911: 2.19]. Перевод см. в [Isidore 2006: 75]. В приведенную здесь цитату я внесла ряд изменений.

Контролируемое чередование звуков в идеале *lectio* Исидора обнаруживает своего двойника в средневековой теории музыки, где недостаток в должном рациональном контроле открывает звуку путь к своему неумеренному избытку. В своем трактате «De institutione musica» («Наставления в музыке») позднеантичный философ Боэций выдвигает музыкальный стандарт, похожий на идеал Исидора[17]. Вслед за Платоном он отстаивает «умеренную», «простую» и «мужественную» музыку в противовес другим, более экстремальным музыкальным формам, которые он считает «женоподобными», «дикими» и (избыточно) «вариативными»[18]. Это гендерированное различение напоминает тезис Ролла о восхождении к высшему созерцанию через отвержение соблазнов плоти: оно происходит лишь «viriliter», то есть «по-мужски». Показательно и то, что Боэций постоянно возвращается к термину «modesta» в качестве описания идеальной музыкальной модальности. Происходя от термина «модус» (modus), или «измеренной величины», *modesta* подсвечивает необходимость в счете и умении рассуждать арифметически, чтобы избежать избытка.

Чтобы продемонстрировать опасность такой неумеренной, избыточной музыки, Боэций пересказывает миф о Тимофее Милетском, греческом композиторе, изгнанном из Спарты за то, что он добавил к кифаре одну или несколько — тут мнения разнятся — дополнительных струн[19]. Согласно Боэцию, звуки

[17] Чосер прямо цитирует Боэция в строках 972–978 второй книги «Дома славы». Также исследователи нашли в поэме эхо идей Боэция из «Утешения философией» и «Наставлений в музыке» (см. [Minnis 1995: 203–208]).

[18] «[Musica] ita ut sit modesta ac simplex, et mascula, nec effeminata, nec fera, nec varia» [Boethius 1867: 181]. Перевод на английский [Boethius 1989: 4].

[19] Фигура Тимофея Милетского была для античных мыслителей неоднозначной: их рассказы, с одной стороны, свидетельствуют о его достижениях в искусстве, но, с другой стороны, твердят о преступлениях и недостойных поступках, совершенных им в Спарте, что подчеркивает его общую склонность к излишествам, личное тщеславие и стремление к профессиональной корыстной выгоде. Рассказ Боэция опирается на эти свидетельства, к которым он добавляет собственные штрихи. Он предлагает своим читателям текст, якобы созданный в Спарте на греческом языке, в котором описывается

Тимофеевых струн были более «multipl[ex]», «множественными», — термин, созвучный с порицаемыми им ранее «дикими», «вариативными» и «женоподобными» звуками [Boethius 1867: 184]. В ауральном избытке новомодной кифары Тимофея происходит отождествление самой музыки и случайности: чем больше струн на кифаре, тем больше тонов можно подобрать и тем более случайными становятся возникающие мелодии — в противовес упорядоченной и предсказуемой музыке традиционной кифары.

Так, и музыка, и грамматика как дисциплины были озабочены регуляцией звука, будь то в песне или в ораторстве, чтобы тот был не просто шумным единичным звуком, но производил точное ментальное значение, ассоциированное с *vox.* Что касается грамматиков, для них ораторское искусство, или *lectio,* было лишь первым шагом к литературной авторитетности, но в конечном счете устное чтение было подчинено в связи с начальным образованием[20]. По мере того как грамматик продвигался в своем образовании, письменное слово становилось высшим знаком литературной грамотности. Согласно влиятельной формулировке Исидора, цитированной многими другими грамматиками, «буква» (*littera*) обретает свое имя потому, что обеспечивает маршрут или путь (*iter*) для того, кто читает [Isidore 2006: 39][21]. Римский грамматик IV века Донат впервые разделил звуки на классы *articulata* и *confusa*, объясняя: «Артикулированный звук

преступление и наказание музыканта. Согласно этому документу, изобретенная Тимофеем «*polycordia* осквернила слух юношей, как и новизна мелодий и использование *poikilia* вместо простой и упорядоченной музыки». О греческом тексте и его передаче в книге Боэция см. [Boethius 1989: 4–5, 185–188]. Исторический обзор всех свидетельств см. у [Maas 1992]. Несмотря на то что о Тимофее положительно отзывались целый ряд авторов, в том числе Еврипид, музыкант и композитор подвергался порицанию и осуждению со стороны многих других. Плутарх обвиняет его в неподобающем самовосхвалении, а Ферекрат называет его *pyrrias* (рыжеволосым): эпитет отражает его репутацию негодяя и мошенника, использующего «лисьи» приемы, — см. [Maas 1992: 39–40].

[20] Дополнительную информацию по теме см. в [Copeland 1994].

[21] Латинский текст: [Isidore 1911: 43].

может быть запечатлен буквами, спутанный звук не может быть записан»[22]. Предположив, что *vox confusa* сопротивляется «запечатлению» письмом, Донат одним из первых высказал идею о том, что письмо — это средство, сдерживающее непокорное сырье *vox*.

В VI веке Присциан расширил таксономию Доната, разделив звуки по осям сигнификации и записываемости: *articulata*, *inarticulata*, *literata* и *illiterata*. На вершине этой иерархии значений находился *vox articulata literata*: голос, связанный правилами грамматики и способный к фиксации в письме. Присциан — и многие другие грамматики после — называл Вергилия примером подобного голоса, цитируя первую строку «Энеиды»: «Arma virumque cano» («Битвы и мужа пою...») [Вергилий 1979: 1]. Пример примечателен тем, что присутствие *vox* в нем преимущественно вызывается auральностью, с помощью глагола *canere* («петь»). Напряжение между письмом и ауральностью здесь обращает внимание на то, как «песня» Вергилия, ограниченная латинской грамматикой и просодией, а также буквами, несет в себе предельное значение и авторитет.

Но даже возводя латинский *vox articulata literata* к вершине литературной иерархи, Присциан стремился исследовать степени рациональности, лежащие вдоль других означенных им осей. Звуки, такие как «шепот и человеческий плач», также были примерами *vox articulata illiterata*. Хотя они не достигли уровня Вергилия и других авторитетных латинских авторов, поскольку сопротивлялись размещению в буквах, Присциан рассуждал, что такие звуки все же несут в себе некое значение[23]. К примеру, че-

---

[22] «Articulata est quae litteris conprehendi potest, confusa quae scribi non potest» [Keil 1857, 4: 367]. Перевод на английский см. в [Copeland, Sluiter 2009: 87].

[23] «Vocis autem differentiae sunt quattor: articulata, inarticulata, literata, illiterata. Articulata est, quae coartata, hoc est copulata cum aliquo sensu mentis eius, qui loquitur, profertur. Inarticulata est contraria, quae a nullo affectu proficiscitur mentis. Literata est, quae scribi potest, illiterata, quae scribi non potest. Inveniuntur igitur quaedam voces articulatae, quae possunt scribi et intellegi, ut: «Arma virumque cano», quaedam, quae non possunt scribi, intelleguntur tamen, ut sibili hominum et gemitus: hae enim voces, quamvis sensum aliquem significent proferentis eas, scribi tamen non possunt» [Keil 1857, 2: 5].

ловеческие крик или плач — от боли или восторга — несут в себе общий «смысл» чувства или переживания, даже если возникает непроизвольно, а не согласно воле (*virtue*). Донат предлагает полезную предысторию рассуждений Присциана о *vox articulata illiterata* в своей грамматической трактовке междометия:

> Междометие — это часть речи, вставляемая между другими частями речи для выражения аффектов души (*animi adfectus*); либо того, кто боится, — *ei*; либо того, кто чего-то желает, — *o*; либо того, кто испытывает боль, — *heu*; либо того, кто весел, — *evax*... В междометиях не может быть определенных ударений — это также относится к другим словам, имеющим грубую (*inconditas*) звуковую форму[24].

По мнению Доната, такие звуки выражают эмоции или «аффекты души» и, получается, неким образом передают смысл. Однако именно с обсуждения междометий начинается третья книга донатовского труда «Ars Maior», т. н. «Варваризмы» («Barbarismus»); как следует из нее, междометия были варваризмами и, следовательно, не соответствовали эталонной грамотности, и Донат подтверждает это суждение, называя эти звуки «грубыми». Как объясняет Инеке Слюйтер, форма междометия не всегда была артикулированной, и эта часть речи вела себя нерегулярно. Обращаясь к нерегулярному выражению в грамматическом тексте, Донат обращает саму нерегулярность в правило [Sluiter 1990: глава 4; Copeland, Sluiter 2009: 93, n. 57].

В то время как человеческие вопли и стенания располагались ниже *vox articulata literata* в присциановской иерархии значений, другие формы *vox confusa* были еще ниже. Такие звуки, как «ква-ква» лягушки и «кар-кар» вороны (примеры греческого драматурга Аристофана) были примерами *vox inarticulata literata*.

---

[24] «Interiecto est pars orationis interiecta aliis partibus orationis ad exprimendos animi adfectus; aut metuentis, ut ei [eu]; aut optantis, ut o; aut dolentis, ut [heia et] heu; aut laetantis, ut evax... Accentus in interiectionibus certi esse non possunt, ut fere in aliis vocibus quas inconditas invenimus» [Keil 1857, 4: 391–392]. Перевод на английский см. в [Copeland, Sluiter 2009: 93].

Их можно было записать, как это сделал Аристофан много веков назад, придумав ономатопоэтические репрезентации их звуков. Но такие слова были нонсенсом и не несли в себе никаких значений. На самом нижнем уровне иерархии Присциана оказались звуки, похожие на скрежет (*crepitus*), рев или мычание (*mugitus*). Несмотря на то что для репрезентации этих звуков использовались слова, сами звуки в качестве осмысленных не могли быть поняты. Таким образом, они иллюстрировали *vox inarticulata illiterate*: голос, который был непонятен и не поддавался описанию, а потому был просто шумом или звуком[25].

Подобно тому, как междометие кодифицировало промежуточные звуки в выражении человеческих эмоций, ономатопея кодифицировала звуки самого низшего порядка, *vox confusa*. Исидор пишет: «Ономатопея — слово, образованное для того, чтобы имитировать звук сбивчивого голоса (*sonum vocis confusae*), как, например, скрип (*stridor*) петель, ржание (*hinnitus*) лошадей, мычание (*mugitus*) коров, блеяние (*balatus*) овец»[26]. Приводя животные звуки и шум неодушевленных объектов в качестве примеров *vox confusa*, Присциан и Исидор участвуют в том, что такие лингвисты, как Мэл Чень, могли бы назвать «иерархией одушевленности», иначе говоря, таксономией, измеряющей относительную ценность объекта или существа по степени его живости или чувственности [Chen 2012: 13–14, 23–30]. Индикатором такой живости для ранних грамматиков была степень разумности, проявляющаяся в звуках, издаваемых каждым существом или объектом.

В теории музыки проводились аналогичные иерархические различия между звуками и их исполнителями. Как мы видели,

---

25 «Aliae autem sunt, quae quamvis scribantur, tamen inarticulatae dicuntur, cum nihil signifi- cent, ut 'coax,' 'cra.' Aliae vero sunt inarticulatae et illiteratae, quae nec scribi possunt ne intellegi, ut crepitus, mugitus et similia» [Keil 1857, 2: 5–6].

26 «Onomatopoeia est nomen adfictum ad imitandum sonum vocis confusae, ut 'stridor valvarum,' 'hinnitus equorum,' 'mugitus boum [sic],' 'balatus ovium'» [Isidore 1911: 1.37.14]. Перевод на английский см. в [Isidore 2006: 62]. В перевод внесены изменения для выделения ключевого для Исидора термина *vox confuse*.

возвышая «musica modesta», музыку «скромную» (modest) или же «модулированную» (modulated), как бесценный инструмент в формировании умеренности и маскулинной добродетели (*virtue*), Боэций различает рациональные и математические музыкальные суждения и физическую аффективную вовлеченность. Различение становится все более ясным и отчетливым на протяжении первой книги «De institutione musica», достигая кульминации в тот момент, когда Боэций описывает, что значит быть настоящим музыкантом. В начале своего рассуждения он проводит различие между *знанием* музыки и ее *практикой*:

> Теперь следует рассмотреть то, что всякое искусство и всякая дисциплина по своей природе обладает более почетным и более достойным основанием, чем ремесло, которое осуществляется рукой и телесным трудом мастера. Ибо гораздо больше и значительнее — знать то, что каждый делает, нежели совершать само то, что он знает; ведь телесное ремесло, словно служанка, прислуживает, тогда как разум, словно госпожа, повелевает. И если рука не исполняет того, что предписывает разум, все оказывается напрасным. Насколько же, следовательно, превосходнее знание музыки в познании разума, чем в произведении и в самом акте исполнения! Ровно настолько, насколько ум превосходит тело; ибо тело, лишенное разума, пребывает в служении. Ум же повелевает и направляет к правильному. И если не подчиняются его власти, само дело разума неизбежно пошатнется[27].

Согласно Боэцию, разум добавляет управление, структуру и понимание к физическому опыту или музыкальной практике.

---

[27] «Nunc illud est intuendum, quod omnis ars omnisque etiam disciplina honorabiliorem naturaliter habeat rationem quam artificium, quod manu atque opere exercetur artificis. Multo enim est maius atque auctius scire, quod quisque faciat, quam ipsum illud efficere, quod sciat; etenim artificium corporale quasi serviens famulatur, ratio vero quasi domina imperat. Et nisi manus secundum id, quod ratio sancit, efficiat, frustra sit. Quanto igitur praeclarior est scientia musicae in cognitione rationis quam in opere efficiendi atque actu! Tan tum scilicet, quantum corpus mente superatur; quod scilicet rationis expers servitio degit. Illa vero imperat atque ad rectum deducit. Quod nisi eius pareatur imperio, ex pers opus rationis titubabit» [Boethius 1867: 223–224].

Настоящий музыкант не просто исполняет музыку, но также (или даже вместо) постигает ее нумерическую структуру интеллектуально. Те, кто знает музыку по привычке или по физическому труду тела, находятся в рабстве, в то время как те, чье знание «взвешено разумом» (*ratione perpensa*), достигают «суверенности» (*imperio*)[28]. Ссылаясь на корень слова «vernacular» в *verna*, или «домашний раб», Боэций, настаивая на подневольном положении некоторых музыкантов, предполагает иерархию, отличающую истинных музыкантов от мирских исполнителей.

Действительно, боэциевское разделение интеллектуального и опытного знания музыки приводит его к тому, что он делит тех, кто занимается музыкальным искусством, на три класса: тех, кто играет на инструментах, тех, кто настраивает их и сочиняет песни, и тех, кто судит о работе инструментов и о песне[29]. Именно последний класс отличающих истину от лжи Боэций называет истинными музыкантами. Те простые исполнители, о труде и «порабощении» которых он подробно говорил выше, принадлежат к первому классу. Второй класс, класс поэтов, не столь четко вписывается в один из лагерей, но ясно, что Боэций решительно настроен отличать их от истинных музыкантов. Он объясняет: «Второй род тех, кто занимается музыкой, — это [род] поэтов, которые обращаются к песне не столько благодаря спекуляции и разуму, сколько в силу определенного природного инстинкта. И по этой причине этот род тоже должен быть отделен от музыки»[30]. С точки зрения грамматики, поэтические звуки ближе всего к *vox articulata illiterata*: они передают некий

---

[28] «Vero est musicus, qui ratione perpensa canendi scientiam non servitio operis sed imperio speculationis adsumpsit» [Boethius 1867: 223–224]. Это различие признавалось почти всеми теоретиками музыки на протяжении всего Средневековья. Подробно см. в [Leach 2006: 44–48].

[29] «Tria igitur genera sunt, quae circa artem musicam versantur. Unum genus est, quod intru- mentis agitur, aliud fingit carmina, tertium, quod instrumentorum opus carmenque diiudicat» [Boethius 1867: 225].

[30] «Secundum vero musicam agentium genus poetarum est, quod non potius speculatione ac ratione, quam naturali quodam instinctu fertur ad carmen. Atque idcirco hoc quoque genus a musica segregandum est» [Boethius 1867: 225].

смысл, но скорее инстинктивно, чем посредством разумного намерения[31].

В «Доме славы» Чосер воспроизводит иерархию *vox*, созданную грамматиками, но в обратном порядке, отправляя Сновидца прочь от чтения литературных авторитетов и их ученой изоляции в сферу славы и слухов в поисках вестей. На протяжении всего своего сна чосеровский Сновидец перемещается в пространствах, резонирующих голосами тех, чьи звучания грамматики сочли бы входящими в «низший порядок», — женщин, животных, вещей; этот опыт устроен так, чтобы сместить его внимание и настроенность к шуму языка.

Авторитет Аквалина и поэтический ветродуй

После Дидоны в книге 1 следующим неожиданным экспертом в поэме становится орел. Его лекция начинается с обращения к тем же теориям чувственных восприятия и познания, которые мы наблюдали в ранних грамматических текстах. Тут орел вспоминает общее место из грамматики — то, что всякий *vox* есть *sonus,* — когда утверждает:

> Тебе известно хорошо, что речь есть звук,
> иначе бы ее никто не слышал;
> теперь же слушай, я желаю научить[32].

Рифма орла *here/lere* — «слышать» (hearing) и «учиться» (learning), «учить» (teaching) — напоминает резонанс вергилиевского *cano* (петь) и чосеровского *kan* (мочь). Оба случая игры слов усиливают взаимозависимость слуха и познания, акцентуируя

[31] Это представление о поэте как о «построителе» *vox* было важно для грамматистов и других средневековых теоретиков литературы. Сьюзан Шибанофф выделила принцип «гиломорфической поэтики» в средневековых концепциях авторства, согласно которому поэт «рождает» стихотворение, придавая форму пассивной и бесформенной языковой материи. См. [Schibanoff 2006: 14–23].

[32] «Thou wost wel this, that spech is soun / Or elles no man myghte hyt here / Now herke what y wol the lere» [Chaucer 2008: строки 762–764].

переход Сновидца от молчаливого чтения к практике активного слушания звуков окружающей жизни.

Но любопытно то, что этот авторитетный урок исходит от птицы, чей голос представляет собой излюбленный грамматиками пример *vox inarticulata*. Действительно, хотя орел говорит «in mannes vois» («по-человечески») [Chaucer 2008: строка 556], очевидно, что такой голос не связан с традицией и не может быть авторитетным. И когда он взывает к Сновидцу «Awak!» («Проснись!»), это «тот же самый тон и тембр, каким пользуется тот, кого [Сновидец] мог именовать» («the same vois and stevene / That useth oon [the Dreamer] koude nevene») [Chaucer 2008: строки 560–562]. Этот неуловимо знакомый голос наводит на мысль о фигуре, которой обыкновенно поручено будить Сновидца: например, о его слуге или жене [Chaucer 2008: 982, прим. 561–562]. Действительно, звучание голоса орла усиливает это впечатление. Когда они приближаются к Дому славы в конце второй книги, орел окликает Сновидца пронзительным криком, на что тот отвечает, что «никогда не слышал столь высокой вещи («never herde I thing so hye») [Chaucer 2008: строка 1020]. Таким образом, в поэме возникают ассоциативные связи между орлиным голосом, голосами иных птиц, а также женщин и слуг. Даже если голос орла принадлежит «мужчине» — термин, который в среднеанглийском языке мог также обозначать человека в более широком смысле, — это не тот мужчина, что обладает полной маскулинной властью. Даже если орел использует человеческий язык, он не имеет той власти, которой по определению обладают образцовые носители латинской грамотности.

Более того, голос орла явно связан с *vox confusa*. Ирвин отмечает, что звуки, издаваемые животными, относятся к числу тех, что соответствуют неавторитетным формам *vox* в грамматической традиции. Как мы уже видели, Присциан приводит «кар» вороны в качестве примера *vox inarticulata literata* — нерационального высказывания без ментального смысла. В глоссе к Присциану конца XI века грамматик Папий Ломбардийский перечисляет птичьи звуки, начиная с орлиного: «голоса (*voces*) не разговаривающих [на человеческом языке] животных звучат таким образом:

орлы клекочут (*clanger*), ястребы пищат (*pipilare*), стервятники кричат (*pulpulare*)»[33]. В самом широком смысле *clangere*, глагол, используемый для обозначения орлиного клекота, означал «шуметь» и часто применялся в описаниях звуков, издаваемых как орлами, так и другими птицами[34]. Как напоминает нам Ирвин, труды Папия были хорошо известны в последующие века, в том числе в XIV веке, когда Чосер писал свой «Дом славы». Ирвин, таким образом, прочитывает голос орла как «грамматическую шутку», пародийную аллюзию на сочинения, подобные глоссе Папия, юмористически разоблачающей отсутствующее образование орла и вместе с ним — авторитет [Irvine 1985: 860]. Другие ученые также прочитывают фигуру орла как юмористическую пародию на авторитет: пустозвон, чьи аргументы сводятся к *reductio ad absurdum* и чья речь напоминает продолжительный позыв к метеоризму, воплощая, таким образом, в жизнь тот самый «испорченный воздух», который он описывает[35]. Орел и впрямь кажется преисполненным самодовольства. Так, в конце второй книги, когда они приближаются к Дому славы, орел готовится отпустить Сновидца, объясняя, как использовать орлиное (aquiline) звукоизвлечение (exposition of sound). Настаивая на прямолинейной природе своей речи, он обращается к Сновидцу:

> Скажи теперь начистоту:
> разве я не доказал это столь простым образом
> без всякой тонкости

---

33 Цит. по: [Irvine 1985: 860].

34 Этим глаголом также часто описывался звук охотничьего рога, поэтому голос орла может предвосхищать звуки, издаваемые трубами хулы (sklaunder и clere laud) в Доме славы. Глагол «clang» вошел в английский язык только в XVI веке, то есть намного позже времени Чосера. В то же время в Оксфордском словаре английского языка (OED) указано, что впервые в письменном источнике это слово использовалось в труде «Apanoplie of epistles» 1576 года английского священника Абрахама Флеминга в выражении «the clanging trump of swift report» («раздался тотчас рев трубы»). См. OED, статья «clang», значение 1. URL: https://www.oed.com.

35 См. [Leyerle 1971]. Касательно абсурдных аспектов аргументов орла см. [Minnis 1995: 204].

речей, без многословия,
без философских терминов,
без поэтических фигур,
без всякой цветистой риторики?
Ей-богу, это должно тебе нравиться —
ведь тяжелый язык, тяжелые материи
обременительны для слуха[36].

Орел поздравляет себя с тем, что объяснил Сновидцу абстрактную работу славы простым языком, и утверждает, что риторические орнаментации философии, поэзии и риторики есть средства сокрытия смысла, делающие язык «тяжелым» и неразрешимым и в итоге — непроницаемым для понимания. In sum пространная речь орла сводится к простому вопросу: «разве я не доказал это столь простым образом» («Have y not preved thus simply»). Лаконичный ответ Сновидца — «Yis» («Да») [Ibid.] — только подчеркивает притязания орла на власть над Сновидцем. Подобная его немногословность также усиливает склонность птицы к длинным речам, будто ей нравится звук собственного голоса: и вправду, мешок с горячим воздухом.

Эти жесты все сильнее привязывают голос орла к шуму *vox confusa*. И все-таки именно здесь, в кажущейся пустой телесности языка, Чосер обнаруживает новый модус вернакулярной поэзии. Орел продолжает хвастаться:

Ага, — сказал он, — вот как я могу
простому человеку — по-простецки
говорить, и показывать мастерство,
что тот сможет поймать в ладони —
столь оно осязаемо[37].

---

[36] «Telle me this now feythfully / Have y not preved thus simply / Withoute any subtilte / Of speche, or gret prolixite / Of termes of philosophie / Of figures of poetrie / Or colours of rethorike? / Pardee, hit oughte the to lyke / For hard langage and hard matere / Ys encombrous for to here» [Chaucer 2008: строки 853–862].

[37] «“Aha!” quod he, “lo so I can / Lewedly to a lewed man / Speke, and shewe hym swyche skiles / That he may shake hem be the biles, / So palpable they shulden be”» [Chaucer 2008: строки 865–869].

Его вступительное междометие «Aha!» («Ага!) здесь — выражение *vox articulata illiterata*, напоминающее «О!» речей Дидоны, цитируемых по медной табличке в храме из стекла. Более того, эта строка содержит намек на то, что такой шум — поэтическое изобретение. Фрагмент начинается с любопытного разделения не менее чем на одну строку вспомогательного глагола «can» и его опорного партнера — глагола «speke» в утверждении орла «lo so I can / ... / Speke» («как я могу / ... / говорить»). В результате фраза «Я могу» подчеркивается аурально, а именно: так, что «говорить» кажется встроенным уже после. Таким образом, эта строка вновь напоминает игру слов между *cano* («пою») Вергилия в первой строке «Энеиды», начертанной на табличке, и ироничным «I wol now synge, yif I kan» («Я сейчас буду воспевать, если смогу») Чосера. Несмотря на отказ от поэтической риторики в своих претензиях на прямолинейность, орел, в общем-то, сам поэт. Рифмуя антропоморфный «skile» (искусство, навык или мастерство, определяемое в среднеанглийском как «интеллектуальная способность» и даже «разум»[38]) и «bile» («клюв»), который Сновидец может схватить и потрясти, Чосер изобретает персонифицированную фигуру, которая и представляет абстрактное понятие «skile» в виде птицы с клювом. В этот момент, по меткому выражению Дж. Л. Киттреджа, орел «неожиданно срывается на птичий язык». Его оценка позволяет прочитывать фрагмент как чосеровский эксперимент с одним из модусов *vox confuse* в письме [Chaucer 2008: 984, прим. к строке 868]. В характеристике, впрочем, нельзя не заметить юмор, однако служит он серьезной цели. Орган птичьего говорения — клюв — связан со способностью мыслить. Представляя орла, этого надутого болтуна, чья речь приближается к нонсенсу, как важнейшего проводника Сновидца в поиске «вестей», автор подводит к тому, что погружение в шум *vox confusa* станет ключом к опыту, столь необходимому Сновидцу в обучении.

---

[38] См. MED, статья «skil». URL: https://quod.lib.umich.edu/m/middle-english-dictionary.

Опыт и шум языка

Посвященный звуку урок физики, который проводит орел, показывает, что внесемантический опыт языка является ключевым вместилищем подобного мирского знания. Орел обещает, что Дом славы станет пространством, исполненным *vox confusa*. Он также описывает механизм вокального усиления или «умножения» («multiplicacioun»), задействованный в Доме славы:

> Отныне и в будущем буду тебя учить,
> как всякая речь, или шум, или звук —
> через свое умножение, —
> хотя бы он пропищан был бы мышкой,
> необходимо попадет в Дом славы[39].

Все когда-либо раздававшиеся звуки — даже крошечный писк, издаваемый самой маленькой мышкой, — поднимаются благодаря медиуму воздуха, чтобы оказаться в Доме славы. Мышиное «пищание» («pipe») напоминает глагол *pipilare*, который использует Папий, чтобы обозначить ястребиные крики в своей глоссе к Присциану, тем самым подчеркивая связь Дома славы с голосами «низших порядков». Действительно, как ясно из фрагмента, дом — это сокровищница всех форм *vox*: *speche* (речи), *noyse* (шума) и *soun* (звука), — которые смешиваются друг с другом, превращая, как мы увидим далее, даже артикулированный язык в «спутанную материю», «confus matere» [Chaucer 2008: строка 1517], эманирующую из структуры в виде мурлыканий и шепотов.

Чтобы подсветить этот сбивающий с толкуауральный феномен, орел предлагает Сновидцу расширенную метафору, заимствованную из ранней грамматической работы о *vox*[40]*:*

---

39 «Now hennesforth y wol the teche / H ow every speche, or noyse, or soun / Thurgh hys multiplicacioun / Thogh hyt were piped of a mous / Mot need come to Fames Hous» [Chaucer 2008: строки 782–786].

40 Дополнительную информацию об этом источнике Чосера см. в [Minnis 1995: 203–208].

Доказываю так — сейчас внимай —
посредством опыта, поскольку, если ты
сейчас же бросишь в воду камень,
тебе известно будущее тотчас:
что маленький кружок как целый круг
широк, возможно, что подобен крышке,
и прямо сразу хорошо увидишь:
колечко на воде зовет другое,
другое — третье, и так дале,
брат,
и каждый круг рождает другой круг,
и шире, чем бывал он сам, рождает[41].

Ауральный феномен эха и усиление звука, происходящие в Доме славы, сродни эффекту ряби от камня, брошенного в воду. Эффект «доказательства» сводится к объяснению таинственной и невидимой работы звука на визуальном языке метафор, чтобы Сновидец смог лучше его понять. Но далее орел подчеркивает, что маленькие круги («litel... sercle[s]»), которые расходятся вширь друг за другом, «постоянно умножаясь» («whel[s] that multipl[y] ever moo») [Chaucer 2008: строка 801] на текучей поверхности, — это не просто фигуры, обозначающие «множественность» звуков, пробегающую по Дому славы. Скорее, звуки придают визуальную форму самой структуре воздуха, несущего их в Дом славы:

И точно так поистине всякое слово,
что тайно или громко говорится,
приводит в танец воздух весь вокруг,
от танца, без сомнения, другой,
как доказал тебе я на воде,
что каждый круг рождает другой круг,
и точно так же с воздухом, мой братец,

41 «I preve hyt thus—take hede now— / Be experience; for yf that thow / Throwe on water now a stoon, / Wel wost thou hyt wol make anoon / A litel roundell as a sercle, / Paraunter brod as a covercle / And ryght anoon thow shalt see wel / That whel wol cause another whel / And that the thridde, and so forth, brother / Every sercle causynge other / Wydder than hymselve was» [Chaucer 2008: строка 1517].

где каждый воздух двигает другой,
все больше поднимая речь
наверх,
и может голос так и слово, шум и звук
посредством умножения, пока
не будут те у Дома славы, —
прими это как шутку, или же всерьез[42].

Здесь орел изображает частицы разорванного воздуха, несущие в Дом славы путаницу из голосов, шума, слов и звуков в качестве отдельных единиц, каждая из которых порождает другие концентрические круги, подобно ряби на воде, только что им описанной. Попытки орла учить по аналогии и материально формовать невидимую субстанцию и работу звука являются частью его общей тенденции («доказывать / опытом» («preve / Be experience») [Chaucer 2008: строки 787–788] превращать абстрактные понятия в осязаемые формы, более подходящие для понимания Сновидца. Однако этого доказательства, которое читается в виде лекции фигурой (как бы абсурдна она ни была), убежденной в собственном авторитете, недостаточно. И орел это знает. В самом конце второй книги орел заверяет Сновидца, что проверит все, что ему только что рассказали, перемещаясь по миру славы:

Прежде чем настанет вечер, ты получишь
для каждого слова этих сентенций
доказательство через опыт
и своими же ушами прекрасно услышишь
начало, и конец, и каждую часть[43].

---

[42] «And ryght thus every word, ywys / That lowd or pryvee spoken ys / Moveth first an ayr aboute / And of thys movynge, out of doubte / Another ayr anoon ys meved / As I have of the watir preved / That every cercle causeth other / Ryght so of ayr, my leve brother / Everych ayr another stereth / More and more, and speche up bereth / Or voys, or noyse, or word, or soun / Ay through multiplicacioun / Til hyt be atte Hous of Fame — / Take yt in ernest or in game» [Chaucer 2008: строки 809–822].

[43] «Thou shalt have yet, or hit be eve / Of every word of thys sentence / A preve by experience / And with thyn eres heren wel / Top and tayl and everydel» [Chaucer 2008: строки 876–880].

Просто услышать, как орел разбирает механизм работы славы, недостаточно: Сновидец должен «прекрасно услышать». Это процесс, в который вовлечены и темя, и хвост, а также все, что размещается между ними. Закрепляя сферу опыта за телом и способностью слышать, орел утверждает, что сбивчивый шум языка, доносящийся эхом из Дома славы, обеспечивает мультисенсорное погружение, которое охватит и тело, и чувство Сновидца.

Когда они приближаются к Дому славы, Сновидец ошеломлен «величественным звуком» («the grete soun») [Chaucer 2008: строка 1025], воспринимаемым им оттуда. Орел именует его «великим ревом» («the grete swogh») [Chaucer 2008: строка 1031] — понятием, подразумевающим не только громкий звук, но ощущение сильного, яростного движения[44]. Собственный язык, которым Сновидец описывает свое переживание, подчеркивает всеохватную физиологичность этого рева. Когда орел спрашивает его, на что это похоже, Сновидец отвечает:

> Клянусь Петром, как биение моря
> ...о пустотелые скалы,
> когда корабли поглощаются бурей,
> и если позволить кому-то стоять, то, без сомнения,
> и за милю оттуда все равно он услышит грохот;
> или подобно последнему гулу
> после удара грома,
> когда Юпитер избивает воздух —
> так что я потею от страха[45].

Метафоры Сновидца уподобляют рокот Дома славы бушующим волнам, бьющимся о скалы, прежде чем поглотить корабль, и мощным раскатам Юпитерова грома, интенсифицируя тактиль-

---

[44] См. MED, статья «swough», сущ., значения 1 и 2. URL: https://quod.lib.umich.edu/m/middle-english-dictionary.

[45] «Peter, lyk betynge of the see / ...ayen the roches holowe / Whan tempest doth the shippes swalowe / And lat a man stonde, out of doubt / A myle thens, and here hyt route / Ore ells lyk the last humblynge / After the clappe of a thundering / Whan Joves hath the air ybete / But yt doth me for fere swete» [Chaucer 2008: строки 1034–1042].

ную природу звуков. Действительно, звуки дома занимают физическое пространство: перед тем как отправить Сновидца в одиночку добираться к Дому славы, орел предлагает ему совет и утешение, пока им достаточно «пространства / Для разговора» («space / To speke») [Chaucer 2008: строки 1054–1055], — высказывание, подразумевающее, что стоит им приблизиться к Дому славы, и шум последнего будет настолько громким, что переполнит пространство, где они обитают, сделав их неспособными общаться без затруднений. Однако, отступая от Сновидца, орел призывает его

> Ступай вперед на шаг
> и приключение прими свое и случай,
> которые найдешь ты в Доме славы[46].

Подобно дополнительным струнам, добавляемым к кифаре в рассказе Боэция о Тимофее Милетском, сенсорный избыток Дома славы предоставляет больше «приключений и случая» («aventure or cas») случайным стечениям обстоятельств; их предложит сам шум, ставший решающим средством для приобретения опытного знания, в котором Сновидец испытывает нехватку.

Шум и два Дома славы

Как только орел отпускает Сновидца к земле Дома славы, Сновидец продолжает поиск вестей. Своей визуальной роскошью Дом славы напоминает стеклянный храм. Строение возвышается на скале («roch»), кажущейся «подсвеченным стеклом» («alum de glas»), но, по оценке Сновидца, «сияет гораздо ярче» («shoon ful more clere») [Chaucer 2008: строки 1123–1125]. Игра света, которую Сновидец отмечает снаружи Дома славы, распространяется и на его внутреннее пространство, которое кажется герою целиком сделанным из «бериллового камня» («ston of beryle») [Chaucer 2008:

---

[46] «Walke forth a pas / And take thyn aventure or cas / That thou shalt fynde in Fames place» [Chaucer 2008: строки 1051–1053].

строка 1184]. Он весь украшен «множеством утонченных конструкций («many subtil compassinges») [Chaucer 2008: строка 1188], среди которых «горгульи и пинакли, изображения и табернакли» («Babewynnes and pynacles, / Ymageries and tabernacles») [Chaucer 2008: строки 1189–1190], — описание подсвечивает воздействие на глаз Сновидца. В его рассказе часто возникает фраза «Я видел», как и в повествовании о храме из стекла. Однако на этот раз она перемежается с фразой «слышал я» («herd I») [Chaucer 2008: строки 1201, 1243, 1245, 1313 и т. д.], сигнализируя о продолжающемся смещении к ауральному.

Как и обещал орел, Дом славы превращает *vox articulata* в шум посредством эха и амплификации: *vox articulata* латинской письменной традиции распадается, сбиваясь в мележ беспорядочных звуков[47]. Когда Сновидец бродит по Дому славы, наблюдая за процессиями достойных и недостойных искателей славы, он замечает в одном месте следующую картину:

Зал был воистину весь полон
теми, кто записывает старые предания,
как на деревьях бывают гнезда грачей;
но это было весьма запутанное дело —
услышать все эти предания,
о которых они пишут,
как называются[48].

В коридорах Дома славы звучат голоса поэтов-классиков. Во фразе, резонирующей с грамматической терминологией *vox confuse*, Сновидец сообщает, что они воспринимаются только как «ful confus matere», *какофония звуков*. Кажется, что Сновидец слышит не упорядоченные голоса *литературы*, а путаницу *vox articulata*, разбитого на фрагменты. Хотя некогда они были известны в качестве сингулярных авторитетов, древних авторов «разве-

---

47 См. [Irvine 1985: 868].

48 «The halle was al ful, ywys / Of hem that writen olde gestes / As ben on treës rokes nestes; / But hit a ful confus matere / Were alle the gestes for to here / That they of write, or how they highte» [Chaucer 2008: строки 1514–1519].

лось» слишком много, они стали вездесущими, подобно гнездам грачей, наблюдаемым Сновидцем на ветвях деревьев. Это сравнение показательно. Своими обыденностью и привычностью образ грачиного гнезда подрывает авторитет древних латинских авторов. Кроме того, они — их голоса — ассоциируются теперь с птицами: видом, который зачастую прямо связывается с *vox confusa*. Образ грачиного гнезда также предвосхищает следующее крупное сооружение, которое посетит Сновидец в своем путешествии: гулкий Дом слухов, чье строение, «безумие ветвей» («mad of twigges») [Chaucer 2008: строка 1936], напоминает, как было отмечено, различные пористые емкости, использовавшиеся среди мирян в быту, например птичьи клетки и ловушки для угрей[49]. После наблюдения за этой толпой литературных светил, сплетенных, как воронье, Сновидец уподобляет их голоса «шуму, который стоит, как бывает в ульях («noyse... / That ferde as been doon in an hyve») [Chaucer 2008: 1521–1522]. Так, в то время как Дом славы полон голосов высшего порядка в соответствии с грамматическими стандартами, становится очевидно, что они разобраны до своего фундаментального материального элемента — звука.

С учетом того, что орел подчеркивает, что Сновидец изучит все, о чем ему было рассказано, «на собственном опыте», неудивительно, что герой должен преодолеть все то, о чем ему было поведано проводником. В итоге Сновидец не обнаруживает в Доме славы искомых «вестей», но находит руководство во встрече с другим славным человеком. Они обмениваются приветствиями:

> [Он] сказал: «Друг, как тебя зовут?
> Ты пришел сюда, чтобы обрести славу?»
> «Нет, правда, друг — сказал я;
> я пришел сюда не за этим, помилуй,
> ни по какой такой причине, клянусь головой.

---

[49] Образ Дома слухов как птичьей клетки см. в [Braswell 1981: 109–112]. Сравнение с ловушкой для угрей см. в [Davis 2015: 119–123]. Рассуждения Дэвис на эту тему также содержат ценный обзор возможных источников, использованных Чосером при описании Дома слухов.

Мне довольно того, будто я был бы мертв,
чтобы ни один человек не держал
мое имя в руках.
И самому известно лучше всех, чего я стою:
поскольку то, что я терплю, что мыслю,
все это выпью я один до дна — конечно же,
по большей его части,
насколько я способен буду простереть
мое искусство»[50].

Сновидец оказался в Доме славы не за тем, чтобы присоединиться к толпе в надежде обрести славу самому. Вместо этого он настаивает на собственном контроле над своим именем, заявляя: «I wot myself best how y stoned» («Я сам лучше всех знаю, чего сто́ю» или буквально «На чем стою́») и утверждая: «For what I drye, or what I thinke, / I wil myselven al hyt drynk» («Ради того, что я делаю или думаю, / Я сам выпью напиток, [который мне предназначен]»). С помощью глаголов *drien* и *drinken* Сновидец показывает, что начинает понимать знание как опыт. Глагол *drien*, означающий в среднеанглийском «исполнять или делать», но также «страдать» и «наслаждаться», охватывает широкий диапазон как эмоциональных, так и физических переживаний, подчеркивая утверждение Сновидца, что он будет «пить» (drink), то есть *переживать*[51].

Но он еще не научился слушать. Фреймируя свой опыт как нечто, что он сделает «сам» («[him]selven»), Сновидец отказывается от симпатического резонанса, который орел связывает с устной и слуховой передачей вестей непосредственно от своих «верных ближних» («verray neyghebores»). Его новый анонимный друг об-

---

[50] «[He] seyde “Frend, what is thy name? / Artow come hider to han fame?” / “Nay, for sothe, frend,” quod y; / “I cam noght hyder, graunt mercy / For no such cause, by my hed! / Sufficeth me, as I were ded / That no wight have my name in honde / I wot myself best how y stoned / For what I drye, or what I thynke / I wil myselven al hyt drynke / Certeyn, for the more part / As fer forth as I kan myn art» [Chaucer 2008: 1871–1882].

[51] См. MED, статья «drien», гл., знач. 2. URL: https://quod.lib.umich.edu/m/middle-english-dictionary.

ращает внимание на этот факт, когда в ответ на признание Сновидца в самодостаточности спрашивает: «Тогда для чего ты здесь?» («But what doost thou here than?») [Chaucer 2008: строка 1883]. И в то же время омофонически: «Но что же ты тогда слышишь?» За счет этого вербального резонанса он предвосхищает, что Сновидец сделает свой опыт глубже, прислушиваясь к Дому слухов.

Переход Сновидца из царства славы в царство слухов также отражает переход от одной из основных семантических валентностей классического понятия *fama* к другой: от славы (glory) к сплетням (gossip)[52]. Эта траектория углубляет постепенное погружение Сновидца в мирские формы знания и выражения. Дом слухов Чосера — это манифестация *fama* в толках людей. В отличие от роскошно орнаментированного Дома славы, Дом слухов построен из куда более простых материалов — прутьев и веток. Воплощая собой мирские и вернакулярные толки, Дом слухов сообщает Сновидцу вести, которых ему так не хватало, пусть и воспринимаются те как шум. Благодаря «хитроумной» («queynte») конструкции дома мы узнаем, что

> ...из-за гула и шуршанья веток
> этот дом был также полон скрипа,
> также — чирканья и щебетанья,
> и иного множества всех звуков[53].

Если принять во внимание грамматическую иерархию *vox*, звуки, исходящие из Дома слухов, явно относятся к низшему порядку одушевленности. Термин *chirkyng* («чириканье», здесь — «чирканье»/«щебетанье») и родственный ему глагол *chirken* применялись в основном к птицам и неодушевленным объектам, подчеркивая физиологичность звука в отсутствие разумной

---

[52] О том, как эти две семантические ветви понятия *Fama* существовали по отдельности и взаимодействовали в классической Античности и в Средние века, см. в [Guastella 2017].

[53] «That, for the swough and for the twygges / This hous was also ful of gygges / And also ful eke of chirkynges / And of many other werkynges» [Chaucer 2008: строки 1941–1944].

интенции и значения. В «Promptorium parvulorum», латино-английском словаре XV века, слово *chyrkyng* используется в глоссе для обозначения *sibilatus*, производного от *sibili* («свист», «шипение»), — именно этот термин Присциан использует для человеческого «шипения», приведенного в качестве примера *vox articulata illiterate* [Mayhew 1908: 82]. *Chirkynge* также отождествляли с нечеловеческими голосами. Например, в «Кентерберийских рассказах» Чосера судебный пристав по верховным делам описывает в своей новелле лукавого монаха, который «чиркает, как воробей, губами» [Чосер 2007: 435] («chirketh as a sparwe / With his lippes») [Chaucer 2008: III, 1804–1805]; а в своем «Boece», переводе «Утешения философией» Боэция, Чосер описывает поле, которое «чиркает, сжимаясь из-за ярости ветра от холода» («chirkynge, [that] agriseth of cold by the felnesse of the winde») [Chaucer 2008: I, ч. 6, 10]. В случае этих нечеловеческих созданий и объектов — блудливого воробья и трещащего от мороза поля — термин вызывает в памяти ономатопоэтические звуки *vox confusa* Присциана Исидора: «crepitus» (дребезжание), приводимое Прицианом в качестве примера *vox inarticulata illiterate*, и «stridor» (скрип), используемое как пример ономатопеи.

По мере того как Дом слухов «чир[и]кает» («chirk[s]»), он также производит «gygges» — еще одно слово, примечательное своей связью со звуками мирского опыта. Среднеанглийское существительное *gigge* и родственный ему глагол *gigen* происходят от старофранцузского глагола *giguer* (играть на скрипке). Считается, что они связаны с современным английским словом *jig*, «джига», обозначающим и оживленный танец, и сопровождающую его музыку[54]. Эти ассоциации с мирскими музыкальными практиками напоминают боэциевское различение подлинных музыкантов и простых исполнителей и поэтов, разбирающихся в музыке скорее за счет инстинкта, чем благодаря математическому суждению. Заставив Дом слухов резонировать «скрипам», Чосер утверждает его статус эхо-бокса мирских голосов, звучащих вместе в хаотической путанице. В самом деле, оба среднеанглий-

---

[54] См. OED, статья «jig». URL: https://www.oed.com.

ских слова, *gigge* и *gigen*, используются очень редко. В Словаре среднеанглийского языка (MED) приводится единственный пример употребления существительного — «Дом славы», глагол же упоминается только в латинско-среднеанглийском глоссарии XV века, «Medulla Grammatice»[55]. Редкость этих терминов говорит об их слуховой инаковости в чосеровские времена: для читателей и слушателей поэмы слово *gigge* должно было звучать странно, почти как шум. Такая инаковость усиливает непостижимую и нонсенсную природу звуков, доносящихся из Дома слухов.

Производя звук посредством вечного вращения («ever mo, as swift as thought») [Chaucer 2008: строка 1924], Дом слухов исполняет описанное ранее чосеровским орлом в качестве механизма, когда звуки расходятся подобно «маленьким волнам, образуя круг» («litel roundell[s] as a sercle»), создавая «каждое движение» («ever moo») [Chaucer 2008: строки 791, 801]. Этот механизм очевиден и в подслушанном бормотании, которое Сновидец воспринимает, как только оказывается внутри Дома слухов. Он описывает, как

> ...всякий, кого [он] там видел,
> нашептывал в ухо другого и каждого
> новую весть, тайно[56].

Далее Сновидец описывает резонирующий эффект от грохота сплетен и вернакулярных голосов людей в здании:

> Когда некто услышал вещь, *весть*, воистину,
> он тотчас же подходил прямо к другому человеку,
> и начинал рассказывать ему немедленно
> то же, что было сказано ему самому;
> если это было давным-давно, если было старым,
> он начинал кое-что прибавлять
> к этой вести в речи,

---

55 См. MED, статья «gigge», сущ., знач. 2, и статья «giggen», гл. URL: https://quod.lib.umich.edu/m/middle-english-dictionary.

56 «...every wight that [he] saugh there / Rouned everych in others ere / A newe tydynge prively» [Chaucer 2008: строки 2043–2045].

и та становилась, чем она когда-либо была [прежде].
И едва отходил от того, как он встречал
третьего; и прежде чем он позволил
пройти хоть какому-нибудь мгновению,
он рассказывал и ему;
была ли эта весть истинной или ложной;
все равно он хотел ее рассказывать,
и всегда — с еще прибавлениями,
и она становилась больше[57].

Эта беспредельная игра в сломанный телефон — описанный здесь механизм устной и слуховой передачи вестей — напоминает нарастающие «расходящиеся круги» из посвященного акустике орлиного урока физики. Для Чосера этот гул — опыт, который более всего доступен в хаотичном мире мирских звуков и голосов. Далекий от затворнической визуальной области ученого, Сновидец объясняет, что ни один живой человек

...не обладает навыком писать
те вещи, что я слышал [в Доме слухов], —
шептавшееся в ухо, вслух звучавшее[58].

То, что Сновидец настаивает на своей неспособности описать эту встречу, выбивается из стандартных топосов смирения, привлекая внимание к сенсорной и эмпирической природе знания, с которым он вступает в контакт. Это знание, сопротивляющееся языку. В царстве слухов Сновидец погружается в звуки этого языка, избыточные для значения.

---

[57] «Whan oon had herd a thing, ywis, / He com forth ryght to another wight, / And gan him tellen anon-ryght / The same that to him was told, / Or hyt a forlong way was old, / But gan somewhat for to eche / To this tydynge in this speche / More than hit ever was. / And nat so sone departed nas / Tho fro him, that he ne mette / With the thridde; and or he lette / Any stounde, he told him als; / Were the tydyge soth or fals; / Yit wolde he telle hyt natheles, / And evermo with more encres / Than yt was erst» [Chaucer 2008: строки 2060–2075].

[58] «Ne han the kunnynge to discryve / The thynges that I herde there / What aloude, and what in ere» [Chaucer 2008: строки 2056–2058].

Маленькие круги и поэтическая форма

Однако Чосер не довольствуется показом этой динамики через персонажей и действия поэмы. Сама форма поэмы задает физическую фактуру этих маленьких кругов, перформируя сновидово приобретение эмпирического знания и на страницах, и в телах читателей и слушателей. Так, сбившаяся и бессвязная информация, эхоирующая от такой структуры, активирует у читателя «быстрые мысли» — образ, используемый для описания кругового движения Дома слухов. Пересказывая самые разнообразные темы, ставшие предметом вестей, Чосер переключается на короткие синтаксические единицы, подчеркивая тем самым фрагментарную природу голосов, доносящихся из плетеного дома:

И над всеми углами домов
полно перешептываний и бряцаний
о войнах, о мире, о браках,
о покое, о труде, о путешествиях,
о пребывании, о смерти, о жизни,
о любви, о ненависти, о согласии, о распре,
о славе, об учености и о приобретениях,
о здравии, о болезни, о постройках,
о попутных ветрах и о бурях,
о гибели людей, а также и зверей;
о различных превращениях,
о состояниях и также о странах,
о доверии, о страхе, о ревности,
об уме, о выгоде, о глупости;
об изобилии и о великом голоде,
о дешевизне, о дороговизне и о разорении;
о хорошем или дурном правлении,
о огне и о различных случайностях[59].

---

[59] «And over alle the houses angles / Is ful of rounynges and of jangles / Of werres, of pees, of mariages, / Of reste, of labour, of viages, / Of abood, of deeth, of lyfe, / Of love, of hate, acord, of stryf, / Of loos, of lore, and of wynnynges, / Of hele, of seknesse, of bildynges, / Of faire wyndes, and of tempests, / Of qwalm of folk, and ek of bestes; / Of dyvers transmutacions, / Of estats, and eke of regiouns, / Of trust, of drede, of jelousye, / Of wit, of wynnynge, of folye; / Of plente, and of gret famine, / Of chepe, of derth, and of ruyne; / Of good or mys government, / Of fyr, and of dyvers accident» [Chaucer 2008: строки 1959–1976].

Ребекка Дэвис отмечает, как сама форма пассажа на странице рукописи и в теле чтеца активирует «круги» (hools), очевидные в описании Чосером плетеного дома [Davis 2015: 127–129]. Визуально повторяющаяся буква «O», размещенная в вертикальном ряду на странице, создает эффект пульсации, описанный ранее орлом: «каждый круг образует иной» один за другим («every sercle caus[es] other») [Chaucer 2008: строка 796]. При устном прочтении эти строчки воспроизводят подобный же результат, но на этот раз во рту: рот округляется, когда произносятся повторяющиеся «of», и формирует круг. По сути, форма поэмы в этот момент обращает и страницу, и тело чтеца в резонансную эхо-камеру, подобную самому Дому слухов.

Добавлю: то, что эхоирует, — это шум. В «Доме славы» содержится множество примеров риторического тропа *repetitio* (повторение)[60]. Одним из таких примеров является, как мы уже видели, плач Дидоны, вызванный предательством Энея. И правда, своими повторяющимися «of» фрагмент напоминает дидоновские междометия «O» (несмотря на то что их звучание не идентично, форма губ при произношении похожа) — и вызывает представление о шуме как о пустом звуке. Однако в приведенных выше семнадцати строках этот фрагмент превосходит повторение Дидоны (как и все остальные случаи), становясь наиболее длинным примером в поэме. Это, как мы могли бы сказать, риторическое повторение *ad absurdum*, — термин, который я использую в его полном этимологическом смысле как *ab* + *surdus*, буквально: «от глухоты». Благодаря такому повторению значение слов рискует затеряться в их физических формах. Этот акцент на звучании в ухе, форме губ при артикуляции и форме букв на странице делает читателя глухим к концептуальным аспектам языка, но не к переживанию его звуков.

В этот момент и мы сами можем *воспринять*, как ритмическая формовка поэзии Чосера приближается к расходящимся концентрическим кругам. В приведенном выше отрывке две строки — «Of abode of deeth, of lyfe» («Об обиталищах смерти и жизни»)

---

[60] О риторическом повторении в «Доме славы» см. [Minnis 1995: 173].

и «Of plente, and of gret famine» («Об изобилии и великом голоде») [Chaucer 2008: строки 1963, 1973] — выделяются ударением на первом, а не на втором слоге, и могут быть прочитаны как содержащие семь, а не восемь слогов в строке, как обыкновенно и весьма последовательно используется во всей поэме. «Дом славы», как и его предвестница, «Книга герцогини», написан восьмисложными двустишиями — размером, который был позаимствован из французской средневековой вернакулярной традиции. Ученые показали, что этот выбор обусловлен устной популярностью французской лирики и песен [Vitz 1999: 4–25]. Современные критики часто сравнивают эту метрическую форму с теми, которые Чосер использует в своих более поздних работах. И действительно, есть тенденция рассматривать «Птичий парламент» как первую из самых безупречных чосеровских работ, — отступление, знаменующее момент зрелости в сравнении с его ранними работами, такими как «Книга герцогини» и «Дом славы». Так, Ларри Д. Бенсон отмечает, что Чосер достиг «легкой уверенности стиля, которой особенно не хватало в более ранних работах». Частично он приписывает эту уверенность новому метру, отличному от четырехдольных двустиший, которыми написан «Дом славы» и который «кажется более подходящим для пародирования, чем для воспроизведения классики» [Chaucer 2008: 383].

Описывая звучание этих восьмисложных двустиший, критики часто прибегают к языку шума. Сравнивая Чосера с Данте, то есть с одним из источников «Дома славы», Дэвид Уоллес пишет о последнем: «Услышанные на фоне сонорных величественных терцин Данте английские двустишия Чосера представляют собой не более чем нервный писк» [Wallace 2006: 41]. Аластер Миннис отмечает, что «порок» восьмисложного стиха — «его склонность производить монотонный и гулкий эффект». Он воздает должное Чосеру за вставку семисложной строки, подобной приведенным выше, которая, по мнению Минниса, «порождает интерес» читателя и компенсирует гулкость поэмы» [Minnis 1995: 172–173]. То, что Миннис вкладывает в слово «интерес», предполагает фундаментальный фокус на интеллектуальном участии и внимании. То, что подразумевается в его формулировке, — воспринимать поэму чисто телесно нежелательно, и более того: это потворство.

Я прочитываю эту «гулкую» форму поэмы как способ обеспечить читателю возможность погрузиться в шум языка как модус поэтической настроенности, соответствующий опытному, сенсорному познанию Дома слухов. В самом деле, Чосер осознает характер строк и связывает их с «неученостью» некоторых стихов в своей инвокации в начале третьей книги:

> О бог науки и бог света,
> Аполлон; через свою великую способность
> направь эту маленькую последнюю книгу!
> не потому, что я желаю ради мастерства
> показать поэтическое искусство,
> но потому, что рифма вся груба и неучена,
> чтоб сделал ты ее чуть-чуть приятной,
> пусть стих иной и терпит
> ущерб в слоге[61].

Осознание того, что поэма строится на паузах и рекурсиях, предполагает более широкий замысел. Подобно моменту приостановки повествования при чтении причитаний Дидоны, эти заминки и запуски поэтических ритмов реактивируют звуковые «маленькие круги» Чосера: подобно тому как читатели и слушатели поэмы погружаются в повторяющийся звуковой узор восьмисложных строк, так и сами «колеблющиеся» строчки вынуждают остановиться, возвратившись, чтобы вновь погрузиться в повторение.

В своей знаменитой незавершенности нарративная структура «Дома славы» перформирует тот самый процесс резонансной «мультипликации», *умножения*, который она описывает. Поэма

---

[61] «O god of science and of light / Apollo, thurgh thy grete might / This lytel laste bok thou gye! / Nat that I wilne, for maistrye, / Here art poetical be shewed / But for the rym ys ight and lewed / Yet make it somewhat agreable / Though som vers fayle in a sillable» [Chaucer 2008: строки 1092–1097].

заканчивается еще одним восклицанием об отсутствии остроумия у рассказчика, на этот раз без продолжения. Он видит того,

> имени которого я ни назвать не могу, ни знать,
> Но он кажется, он был авторитетен[62].

Поэма обрывается на полуслове; и ее окончание показывает, что авторитет Чосера, персонифицирующийся в человеческой фигуре в собственно этом самом моменте, полагает себя в разрыве артикулированного знания. Хотя изначально ученые рассматривали конец поэмы как незавершенный, как разрыв, который Чосер всегда намеривался заполнить, — более поздние исследования приняли это несовершенное закрытие, нехватку конца, указывая на другие случаи «открытых концовок» Чосера как на свидетельство его принятия неизведанного[63]. Эта открытость оставляет место для творчества за границей самого текста, о чем и свидетельствует столь долгая загробная жизнь поэмы[64].

Описывая бурлящую массу существ, заполняющих здание, Сновидец прямо указывает на «моряков и паломников» («shipmen and pilgrims»), «продавцов индульгенций, посыльных и гонцов» («pardoners, / Currours, and eke messagers») [Chaucer 2008: строки 2122, 2127–2128], у которых «короба всегда полны историями, / Как на дне бутылки всегда есть осадок» («boystes crammed ful of

---

62 «Which that y [nevene] nat ne kan; / But he semed for to be / A man of gret auctorite» [Chaucer 2008: строки 2156–2158].

63 См. [Doob 1990: 307–339; McGerr 1998: 61–78].

64 В частности, в своем издании поэмы 1483 года издатель Уильям Кэкстон добавил несколько последних строк, в которых Сновидец пробуждается от шума, исходящего от Дома слухов, и приходит к выводу, что сон велит ему «всегда учиться и читать». Неуместный финал, возможно, призван был подчеркнуть влияние книгопечатания на материальные условия чтения. Рядом с этими строками на полях Кэкстон добавил собственное имя и примечание о том, что Чосер оставил стихотворение незаконченным. Тем не менее в издании произведений Чосера, выпущенном Уильямом Тинном в 1532 году, окончание Кэкстона сохранено, но без указания его имени и без его примечания, и в таком виде поэму публиковали вплоть до XIX века. См. [Chaucer 2008: 990, прим. 2158; 1142, прим. 2157].

lyes / As ever vessel was with lyes») [Chaucer 2008: строки 2129–2130]. В этих последних строках Чосер в довольно грубой форме играет со словом «lyes» — звуком, омофонно обозначающим также и «lies», «истории», и «lees», «осадок на дне винной бочки». Эта игра амплифицирует неуловимость, осцилляцию поэтического шума, интенсифицируя чосеровское восприятие собственных поверхностных мирских звуков. Указывая на иных персонажей (корабельщиков, продавцов индульгенций и пилигримов), тех, кто войдет в «Кентерберийские рассказы», «Дом славы» обращает внимание на авторскую я-концепцию Чосера и его осознание траектории собственных произведений. Все герои носят с собой мириады небылиц, вестей и историй («lesinges», «tydynges», «lyes») в самых разных емкостях и, в свою очередь, вносят вклад в эти шумные разговорные фрагменты, звучащие в Домах славы и слухов. Сновидец целиком сонастроен этому шуму. Он объясняет:

И… я пошел, убыстрив шаг,
вокруг, исполнив свое намерение
играть для себя и учиться,
а также услышать
какую-нибудь весть[65].

Сновидец бродит *вокруг*, — слово, обозначающее его нелинейный, его круговой путь по лабиринтоподобным залам Дома слухов. При этом он слушает, играет с другими пилигримами и учится у них, как далее он будет делать через различных персон в «Кентерберийских рассказах». Показательно, в этот момент Сновидец сдерживается, сообщая читателям, что эти истории «*сейчас* никто мне не поведает» («shal not *now* be told for me») [Chaucer 2008: строка 2136]: умолчанием он подчеркивает разрыв в полностью артикулированном знании, — разрыв, из которого возникнут «Кентерберийские рассказы».

---

65 «And… I alther-fastest wente / About, and dide al myn entente / Me for to pleyen and for to lere, / And eke a tydynge for to here» [Chaucer 2008: строки 2132–2134].

Глава 5
«A Verray Jangleresse»

Опыт, авторитет и благодать Батской ткачихи

Звякая, дребезжа, бежала коляска.
Джеймс Джойс. Улисс, «Сирены» [Джойс 2022: 262]

«Кентерберийские рассказы» Чосера — это исследование голоса, структурированное, по словам Дэвида Лоутона, «беспрецедентной игрой... множества рассказчиков» [Lawton 2017]. Батская ткачиха — один из этих голосов, и один из наиболее громких. И громкая она сразу в нескольких смыслах этого слова. Мастерство героини в ткацком искусстве (а также в искусствах флирта и соблазнения, как подразумевает Чосер) только способствовало ее склонности к саморекламе. Ее одежда нова и красива, с броскими красными акцентами. Ее язык многоречив. В этой главе я исследую эту поливалентную громкость, показывая, как Чосер заимствует этот троп из «антибрачных» авторов, в частности из Уолтера Мапа, и адаптирует его, используя для управления двумя фундаментальными чертами Батской ткачихи: глухотой и звонкостью ее голоса.

Первой отличительной чертой Батской Ткачихи в общем прологе «Кентерберийских рассказов» является ее глухота. Автор знакомит с ней так: «А с ним болтала Батская ткачиха / На иноходце восседая лихо. / Но и развязностью не скрыть греха — / Она была порядочно глуха» [Чосер 2007: 58] («A good Wif was ther of biside Bathe, / But she was somedel deef, and that was scathe» [Chaucer 2008: I, строки 445–446]). Позже, уже в ее собственном прологе, мы узнаем, что эта глухота — результат побоев ее мужа Дженикина: наказание за то, что она прервала его нравоучительные чтения, вырвав листок из его «книги о злых женах» («book of wikked wyves») [Chaucer 2008: III, строка 685], о которой сказано, что «было в ней развратниц, женщин злых, не менее, чем в Библии святых» [Чосер 2007: 396]. Иными словами, глухота Батской ткачихи тесно связана с ее отношением к текстам. То, что она прерывает мужа, сигнализирует о ее неспособности слушать так, как того требует Дженикин, а уничтожение книги расширяет подобный неуважительный жест на текстуальный авторитет и подчеркивает ее отношение к книгам и языку, в особенности — физическое и материальное.

В течение нескольких десятилетий ученые спорили о том, как следует понимать глухоту Батской ткачихи — как метафорическое или буквальное повреждение. В ранних и влиятельных экзегетических исследованиях Д. У. Робертсона впервые были сформулированы условия некой «духовной глухоты»: ее неспособность понять библейские истины. По Робертсону, именно этот атрибут делает ткачиху объектом насмешек и издевок и для Чосера, и для его аудитории. В основании этого аргумента стоит убежденность Робертсона в том, что героиня воплощает «необузданную “женственность” *или* похоть» [Robertson 1962: 321] (курсив мой), — показательное уравнивание, выдающее его беспрекословную рецепцию мизогинных средневековых идей, ассоциирующих женственность со слабостями плоти. Кэролин Диншоу и другие исследовательницы-феминистки внесли важные коррективы в точку зрения Робертсона, утверждая важность понимания глухоты ткачихи в материальных терминах, предложенных самим Чосером, через физические манифестации патриархатного насилия над женским телом [Dinshaw 1989: 130][1]. Этот акцент на буквальности глухоты был подхвачен учеными из областей исследований инвалидности и истории инвалидности, обращаю-

---

[1] Другие феминистские интерпретации поэмы рассматривают глухоту ткачихи метафорически, в качестве индикатора вреда, нанесенного ее психике от прослушивания патриархального дискурса. См., например, [Laskaya 1995: 181–182].

щихся к Батской ткачихе как важной фигуре в реконструкции истории глухоты [Sayers 2010].

Эта глава объединяет интерес Робертсона к метафорической валентности глухоты с положениями феминизма и исследованиями инвалидности. Как и Робертсон, я считаю, что глухота Батской ткачихи указывает на то, что она читает и слушает определенным образом, отклоняясь от литературных стандартов, поддерживаемых священнослужителями типа ее мужа; но, на мой взгляд, это необязательно делает ее объектом насмешек Чосера. Вместо этого Батская ткачиха демонстрирует то, что экспериментальный композитор и теоретик Мишель Шион называет «редуцированным слушанием» (вслед за французским музыковедом и композитором Пьером Шаффером). Этот перцептивный путь Шион определяет как

> режим слушания, сфокусированный на характеристиках звука, не зависящих от его причины и значения. При редуцированном слушании звук — вербальный, отыгранный на инструменте, шум и что бы то ни было еще — это объект наблюдения, а не средство для чего-то другого [Chion 2012: 50].

В антифеминистской традиции, из которой исходил и Чосер, такое слушание отсылало к отчуждению от доктринальной истины, что превращало тех, кто вслушивался в звуки, подобно Батской ткачихе, в воплощение самой лживости. В этой традиции подчеркивалось, что опасная телесность женщин делает их менее способными к восприятию и пониманию духовных истин и выражению этих последних в языке[2]. Валлийский писатель XII века Уолтер Мап и близкий современник Чосера Уильям Ленгленд — оба оказали влияние на чосеровскую характеристику его Батской ткачихи — предлагают особенно яркие примеры антифеминистских представлений о «поверхностном» женском чтении. Так, в книге Мапа «Dissuasio Valerii ad Rufinus philosophum ne uxorem ducat» («Письмо Валерия к Руфину с увещеванием не вступать

---

[2] Подробнее о данном важном контексте см. [Minnis 2008: 170–245].

в брак») описывается, как соблазнительные голоса женщин, чья красота скрывает пустоту, способствуют особому стилю эгоистического слушания, направленному на низменное личное удовольствие, а не на высшую духовную истину или моральное благо. По Мапу, это форма слушания, которая может развратить слабых мужчин, если те не защищаются от нее, и низвести их до уровня неразумных тварей. Грубый и немузыкальный голос Валерия, рассказчика Мапа, предлагает контрастную форму шума, — шума, который, согласно обещанию Валерия, не отвлечет Руфина своей красотой. То, что Валерий постоянно настаивает на грубости и резкости своего риторического стиля, есть развернутый топос смирения, указывающий на важнейшую проблему интерпретации. Великая ирония «Dissuasio» Мапа заключается в том, что работа выступает против «женских» орнаментаций и красот в крайне сложном, витиеватом стиле латинской риторики. Ее высокий стиль, по выражению Маршалла Маклюэна, — «совпадение между медиумом и сообщением»[3]. Орнаментация работы соответствует ее возвышенной морали. Шум, отверженный Мапом, *случается* в разрыве между медиумом и сообщением, когда красота голоса (обычно женского) обнаруживается лишь на уровне поверхностных звуков, отвлекая от куда более глубокой пустоты «правильного» морального содержания.

Модель эгоистического слушания, очерченная в «Увещеваниях» Мапа, также встроена и в описание леди Мзды и ее практик чтения у Уильяма Ленгленда. Персонификация Награды у последнего поразительно напоминает Батскую ткачиху своими богатыми одеждами и соблазняющими чарами. Действительно, что касается ассоциаций с льстивостью, леди Мзду недвусмысленно сравнивают с Батской ткачихой [Wurtele 2002][4]. И однако у этих героинь гораздо больше общего, чем богатство и обольщение: они обе представлены в качестве поверхностных читательниц, чье чтение

---

[3] Высказывание Маклюэна о том, что «медиум — это сообщение» («the medium is the message»), впервые прозвучало в его книге «Понимание медиа», вышедшей в свет в 1964 году. Более позднее издание — [McLuhan 1994].

[4] Обсуждение темы Мзды и «грехов языка» см. в [Galloway 2006: 258–260].

фокусируется на отдельных моментах, поддерживающих их собственные желания, а не на духовной истине, передаваемой текстом в целом. В этом смысле и леди Мзда, и Батская ткачиха — ранние примеры исторической ассоциации «детализированного чтения» с женщинами и феминностью, как подчеркивает Наоми Шор [Schor 2007]. Более того, и леди Мзда, и Батская Ткачиха ассоциированы с грехами языка, что неслучайно для поверхностного чтения. Точно так же, как текстуальный урок у обеих входит в одно ухо и вылетает из другого, пусты и их голоса. Эта связь между поверхностным чтением и пустой, праздной болтовней важна для понимания самоопределения Батской ткачихи в качестве «verray jangleresse» [Chaucer 2008: III, строка 638], то есть «истинной болтуньи, которая за словом в карман не лезет». В среднеанглийском языке *janglen* и родственные ему формы в своем наиболее широком смысле обозначали болтовню, сплетни и другие формы праздных разговоров — порок, применительно к Батской ткачихе уже широко исследованный. Согласно Оксфордскому словарю английского языка (OED), до конца XV века глагол *janglen* еще не был столь явно связан с шумом в виде диссонирующих немузыкальных звуков (*jingle*, звон. — *Прим. пер.*)[5]. Под влиянием употребления родственного слова *ginglen* (совр. *jingle*. — *Прим. пер.*) Чосер, как я утверждаю, одним из первых использует глагол *jangle* в значении шума вообще, и в частности — звука, ассоциируемого им с мирской выгодой и личной прибылью[6].

Если кратко, Батская ткачиха прислушивается к своим земным желаниям, а не к навязываемой ей доктринальной истине. Результатом такого некорректного вслушивания, по мнению клерикальных авторитетов, является лживый, *полый* голос. Оглушительный удар Дженикина по уху жены — коррекция ее «духовной глухоты». Я утверждаю, что этим жестом Дженикин жестоко *записывает* духовное состояние жены на ее теле, заставляя соотносить внешний знак с воспринимаемым внутренним состоянием; и это обнажает насилие клерикального настояния на некой доктриналь-

---

[5] См. OED, статья «jangle». URL: https://www.oed.com.

[6] См. OED, статья «jingle». URL: https://www.oed.com.

ной истине. Таким образом, глухота Батской ткачихи является в одно и то же время и причиной, и следствием ее пренебрежения голосами авторитетных мужских фигур и моралью, которую они несут. Однако для Чосера «редуцированное слушание» Батской ткачихи — не совсем инвалидность, а форма мирской грамотности. Через Батскую ткачиху Чосер предлагает пространное размышление о голосе как проводнике опыта, которое, как показано в этой книге, является частью более масштабного импульса вернакулярных авторов к валидации мирского восприятия и выражения.

Аналогичным образом, у *трезвона* (jangling) Батской ткачихи есть цель. Хотя «праздные толки» часто понимаются как знак и предписание, используемые для того, чтобы заглушить женский голос, Чосер представляет трезвон ткачихи в качестве мирской формы понимания и выражения, а также как альтернативу церковной власти. Ее шум речи предоставляет голос ее знаниям, базирующимся на опыте и телесном удовольствии. Звенящий голос (jangling) Батской ткачихи вбирает в себя множественность, двойственность, игривую недосказанность. Подобно *clamor* Марджери Кемп, феминный шум Батской ткачихи предлагает сенсорный опыт в пику догматической коммуникации значения, примером которой является бинарная логика преступления и наказания, ассоциируемая с власть имущими. На самом деле, внимательное отношение к женским голосам позволяет понять самую проблематичную деталь «Рассказа батской ткачихи»: речь об очевидном оправдании рыцаря-насильника в конце. Я утверждаю, что освобождение этого рыцаря от наказания с помощью недоброжелательной леди также может быть прочитано в качестве мощной переориентации гендерированной власти посредством голоса. Двойник ткачихи, судя по всему, подчиняется мужу, но, как я утверждаю, также и власти блаженного опыта. Действуя таким образом, голос недоброжелательной леди умножает потенциал интерпретации в конце «Рассказа», погружая читателя в форму глухоты, напоминающую глухоту Батской ткачихи. Подобно «редуцированному слушанию» Шиона, глухота в конечном счете усиливает восприятие — сенсорику и проницательность — с помощью интенсивного материального опыта языка.

Материальность и телесность образа Батской ткачихи

Батская ткачиха чрезвычайно сфокусирована на материальном мире и его излишествах. Будучи умелой мастерицей в изготовлении тканей, она принадлежит к числу богатейших паломников, о чем свидетельствуют ее частые путешествия по Европе и на Святую Землю [Chaucer 2008: I, строки 463–466], а также ее изысканные одежды. На ее, столь искушенной в портновском искусстве, ногах — новые «башмачки из мягкого сафьяна» («ful moyste and newe») [Чосер 2007: 58; Chaucer 2008: I, строка 457]. Чосер привязывает героиню к материальности в буквальном смысле:

> Платков на голову могла навесить,
> К обедне снаряжаясь, сразу десять,
> И все из шелка или полотна...
> [Чосер 2007: 58; Chaucer 2008: I, строки 453–455]

Эта избыточность в гардеробе Батской ткачихи указывает на ее склонность к хвастовству, очевидную в ее пристрастии к красному цвету: «Чулки носила красные она» («Hir hosen weren of fyn scarlet reed») [Чосер 2007: 58; Chaucer 2008: I, строка 456], — так, она надевает их, чтобы соблазнить своего пятого мужа Дженикина: «Я в красных платьях лучших красовалась» («...and wered upon my gaye scarlet gytes») [Чосер 2007: 392; Chaucer 2008: III, строка 559]. Она вновь связывается с этим цветом, поскольку героиня «лицом бойка, пригожа и румяна» («Boold was hir face, and fair, and reed of hewe») [Чосер 2007: 58; Chaucer 2008: I, строка 58]. Этот акцент на телесности и материальности Батской ткачихи идет рука об руку с фокусом на ее теле и сексуальности. Из ее портрета в «Общем прологе» мы узнаем, что у нее было пять мужей, которых она «...пережила, / Гурьбы дружков девичьих не считая» («Housbondes at chirche dore she hadde fyve / Withouten oother compaignye in youthe») [Чосер 2007: 58; Chaucer 2008: I, строка 461], однако о ее детях нигде не упоминается. Иными словами, героиня не только была замужем чаще многих, более того — ее сексуальный опыт не исчерпывается ее мужьями, и преследует она этот опыт ради собственной выгоды, будь то материальные блага или удовольствие, но не ради санкционированного импульса к деторождению[7].

Как показывает Аластер Миннис, в Средние века «избыточная» плотскость и отсутствие рационального суждения, ассоциированные с женским телом, понимались как препятствие для способности женщин понимать и проповедовать Слово Божье[8]. Тело Батской жены размечено таким образом, что ее непристойный плотский вокализ становится разборчивым для тех, кто ее читает. Она объясняет:

> Господь, прости, была я похотлива,
> И молода еще, и говорлива,
> Бойка, умна, красива, редкозуба
> (То, знаете, Венерин знак сугубый).
> [Чосер 2007: 392; Chaucer 2008: III, строки 603–605]

Как печать Венеры, ее «редкозубая» ухмылка — знак ее роскошной природы[9]. Более того, просвет в зубном ряду указывает на особую телесную и голосовую открытость героини, несдержанность ее сексуальности и ее слова. Так, в средневековых проповедях против грехов языка часто выдвигалась идея о том, что язык «естественно» защищен двойными стенками зубов

---

7 Телесность Батской ткачихи часто интерпретируется в терминах смысловой структуры текста. Как показали Кэролин Диншоу и другие исследователи, озабоченность героини модной одеждой сигнализирует о ее возможной роли как персонажа текста, который должен быть обнаружен и прочитан мужьями. См. [Dinshaw 1999]. См. также [Hill-Vasquez 2006: 171–177]. Джон Олфорд предположил, что акцент на ярких цветах и излишествах в описании Чосером Батской ткачихи напоминает пустое великолепие госпожи Риторики в труде «Брак Филологии и Меркурия» позднеантичного философа-платоника Марциана Капеллы (на которого Чосер несколько раз ссылается). См. [Alford 1986: 121]. В образе этого персонажа Марциана основной акцент делается на внешний эффект в ущерб внутреннему содержанию.

8 Последнюю трактовку данной теории см., например, у [Minnis 2008: 170–245].

9 Подробнее о средневековой физиогномике в описаниях Батской ткачихи и других паломников см. [Curry 1926: особ. 91–118].

и губ[10]. Например, один из чосеровских персонажей «...рассказов», эконом, использует это общее гомилетическое место в фрагменте против сплетен, когда морализирует в конце:

> Мой сын! Господь, во благости своей,
> Язык огородил у всех людей
> Забором плотным из зубов и губ.
> [Чосер 2007: 630; Chaucer 2008: IX, строки 322–324]

Хотя в некоторых рукописях читается «редкозубый» («gap-tothed»), что предполагает отсутствие полной целостности и замкнутость, более часто встречающееся слово, «gat-tothed», особенно убедительно в сочетании с гомилетической метафорой языка, окруженного стеной. В этой формулировке «gat» происходит от древнеанглийского *gæt*, «ворота»: оно указывает на отверстие или брешь в подразумеваемой порткулисе зубов и подчеркивает распущенность рта Батской ткачихи[11]. В средневековой медицинской литературе женские гениталии также часто характеризовались в терминах «отверстий» или «дверных проемов». Так, например, в вернакулярных английских переводах сборника женской медицины XII века, приписываемого Тротуле Салернской, используется термин *weket* (ворота)[12]. Эти гомилетические и медицинские резонансы наводят на мысль об оральной открытости Батской ткачихи как о части ее сексуальности, подчеркивающей телесность ее голоса.

Масштабный акцент на материальности Батской ткачихи и ее телесной и вокальной открытости определяет ее отношение к клерикальной власти на протяжении десятилетий работы

---

[10] Обсуждение метафоры языка, «замурованного» зубами и губами, применительно к гомилетической литературе и «Рассказу Эконома» см. в [Craun 1997: 202–203].

[11] См. [Chaucer 2008: 818, прим. к строке 468].

[12] См., например, [Barratt 2001: 44]. Научное обсуждение термина см. в [Green 2000: 11, 31, прим. 23]; Гейл Керн Пастер также провела ценное исследование того, как идея женского тела как «сосуда скудельного» («leaky vessels») находит свое отражение в драмах раннего Нового времени. См. [Paster 1993].

с наследием Чосера. Такие феминистские ученые, как, например, Кэролин Диншоу, подчеркивают, что речь героини привлекает внимание к ее мизогинному окружению и ее собственному заточению в патриархальной культуре и языке [Dinshaw 1989][13]. Совсем недавно Аластер Миннис показал, что «Рассказ батской ткачихи» выражает вполне здравое моральное учение, даже исходя из гротескного, чрезмерно феминного тела. При этом Миннис подчеркивает, что интеллектуальная подготовка Батской ткачихи почти полностью основана на слушании речей ее мужа Дженикина — клерка, отучившегося в Оксфорде. Таким образом, на языке средневековой схоластики она является философской *auditrix*, вышедшей далеко за рамки образования, считавшегося подходящим для мирян [Minnis 2007: 248][14]. Но несмотря на то, что Батская ткачиха выслушала гораздо больше богословских и моральных доводов, чем большинство ее сверстников-мирян, она все равно не приемлет догмы и не в состоянии (или же просто отказывается) абсорбировать суть догматических аргументов.

Знание Батской ткачихой ученых текстов — патристической, антифеминистской и мизогинной традиции в целом — признаётся широко [Dinshaw 1989; Leicester 1990][15]. Именно эта склонность к пересказу и цитированию закрепляет за ней роль «прекрасного проповедника» («noble prechour»), как говорит о ней Продавец индульгенций, еще один сомнительный евангелист Чосера [Чосер 2007: 379; Chaucer 2008: III, строки 163–165][16]. Список авторов, которых Батская ткачиха интегрирует, изображает в карикатурах или же чьими голосами чревовещает в своем «Прологе...», очень велик и включает среди прочего Отцов Церкви вроде святого Павла и святого Иеронима. Несмотря на серьезное

---

[13] См. также [Strauss 1988].

[14] Дальнейшее обсуждение термина *auditrix* (который Миннис переводит как «студентесса») в университетской системе Англии позднего Средневековья см на с. 183–185.

[15] См. также [Patterson 1991: 280–321; Galloway 1992: 3–30].

[16] Дополнительную информацию о проповеднической роли Батской ткачихи см. в [Minnis 2008; Patterson 1991; Galloway 1992].

знание научных источников, ее интерпретации почти всегда оторваны от контекста, будучи направленными на собственный интерес. Она с иронией принимает неохотное одобрение брака со стороны Павла, замечая: «Жениться лучше, чем в грехе коснеть» [Чосер 2007: 374; Chaucer 2008: III, строки 51–52]; признает моральное превосходство девственности, но настаивает на том, что, хотя Павел и советует женщинам быть девственницами, это не более чем совет: «Советовать нам могут воздержанье, / Но ведь совет не то что приказанье...» [Чосер 2007: 376; Chaucer 2008: III, строки 67–68]. Защищает она свою позицию разумным риторическим вопросом: «Но если нету поля для посева, / Откуда б нарождались сами девы?» [Чосер 2007: 376; Chaucer 2008: III, строки 71–72]. Эта тенденция рассматривается как свидетельство неспособности Батской ткачихи усвоить моральные уроки своего мужа Дженикина и как аргумент в пользу мастерского владения академическими техниками аргументации[17]. Иными словами, даже если героиня и была глуха к конкретному содержанию лекций своего мужа, она не была глуха к его вербальному процессу. Усвоенная ею академическая техника — исполнение и практика аргументации относительно содержания уроков — важный показатель воплощенного стиля обучения, в котором акцент делается на опыте, а не на авторитете.

Соблазнительный звук и дуальная теория шума Уолтера Мапа

Уэльский писатель Уолтер Мап (ок. 1140–1210), написавший на латыни «Dissuasio Valerii ad Rufinus philosophum ne uxorem ducat» («Письмо Валерия к Руфину с увещанием не вступать в брак»), представляет собой пример распространенного антифеминистского понимания соматической материальности по отношению к языку и слушанию. «Dissuasio» включено в число

[17] Робертсон объясняет искусство, с которым Батская ткачиха оборачивает морализмы в свою пользу, ее глухотой к духовному смыслу [Robertson 1962: 317–322]. Миннис подчеркивает умение героини вести споры и аргументированно поддерживать свою позицию [Minnis 2007: 253–257].

латинских текстов «Книги злых жен» Дженикина, поскольку оказало на Чосера определенное влияние, когда тот задумывал образ Батской ткачихи. Мап пишет от лица священнослужителя Валерия, пытающего убедить своего друга Руфина не жениться и быть преданным духовной жизни, полной интеллектуальных поисков. «Dissuasio» часто называют женоненавистническим или «антибрачным» текстом, однако его аргументация гораздо шире и включает в себя не только отказ от брака, но отречение от физического мира и плотских страстей, которые предоставляет мир. Весь маповский проект, высказанный вымышленным «я» Валерия, заключается в сопоставлении жизни ума, практикуемой в мужском сообществе клириков, с жизнью тела в физическом мире, в который Руфин войдет после женитьбы. Называя себя «пророком истины, а не желания», Валерий проводит нелепое сравнение между собой и женщинами, угрожающими увести Руфина прочь от интеллектуальной жизни[18]. Руфину придется выбирать между поиском истины в голосе Валерия и следованием женскому голосу, который одновременно доносит желание и интенсифицируется им. Руфин, чье имя происходит от латинского «rufus», то есть «рыжеволосый», опирается на старинные средневековые физиогномические ассоциации, связывающие красноватые волосы и румянец (как у Батской ткачихи) с либидо, гневом и хитростью [Мап 1997, 1: 197].

Валерий упрекает Руфина за его слабость, за то, что он поддался женским чарам и похоти, которые те олицетворяют, подчеркивая соблазнительность женского голоса. Валерий укоряет Руфина: «Любишь ты льстиц (gnatones) и поглощаешь их, тех, что шепчут о грядущих сладостных соблазнах, и прежде всего Цирцею, которая для тебя изольет радости, полные сладкого запаха, о которой ты вздыхаешь, чтобы мочь заблуждаться»[19]. Цирцея же, ведьма из греческой и римской мифологии, которая замани-

---

[18] «Ideo loqui prohibeor veritatis augur, non voluntatis» [Мап 1997, 1: 122–123].

[19] «Gnatones diligis et comedas, qui dulces presusurrant illecebras, et precipue Circen, que tibi suspira[t]e suavitatis aromate gaudia plena perfundet, ut fallaris» [Мап 1997, 1: 123].

вает моряков Одиссея на остров и превращает их в свиней, — подходящая фигура для соблазнов плоти, которые, как надеется Валерий, Руфин сумеет преодолеть. Валерий восхваляет Одиссея за стойкость в борьбе с женскими чарами, связывая Цирцею с другими монструозными женскими фигурами: «Одиссей был очарован музыкой сирен, но, поскольку он знал и их голоса, и чаши Цирцеи, он укрепился узами правды, чтобы избежать гибели в водовороте»[20]. Согласно Валерию, мужчины-герои должны защищаться от соблазнительных удовольствий женского голоса, лишенного истины.

Термин, который Валерий впервые использует для обозначения колдуний, *gnatones*, является насыщенной аллюзией, связывающей этих женщин с опасным соблазном. В форме прилагательного *gnatonicus* расшифровывается как «паразит или человек, который нечист и ни на что не годен» («parasitus vel Vir impurus et nihili») [Du Cange et al. 1883–1887][21]. Самая ранняя из приведенных цитат датируется началом XV века, что говорит об относительной редкости термина, тем более что Мап писал несколькими столетиями ранее. Ральф Ханна и Трауготт Лоулер называют этот термин просто «аллюзией на льстеца из “Евнуха” Теренция». И действительно, Гнатус с его льстивыми уговорами — формой «пустой» речи, апеллирующей к поверхностному тщеславию и похоти в противовес интеллектуальному поиску истины, — кажется подходящим аналогом соблазнительниц Руфина [Map 1997, 1: 198].

И однако же Ханна и Лоулер не признают еще одного наводящего на мысль резонанса: если *gnatones* — очевидно, отсылка к льстецу Гнатусу Теренция, то также он, судя по всему, обыгрывает метафорическую связь между льстецами и паразитами, каламбуря с английским словом «gnat» — «комар, гнус». По крайней мере с конца XIX века это слово использовалось для обозначения

---

[20] «Delectatus est Ulixes simphonia Syrenum, sed quia Syrenum voces et Circes pocula novit, veritatis vinculis sibi vim fecit, ut vitaret voraginem» [Map 1997, 1: 124].

[21] Статья «gnatonicus».

маленького насекомого, способного летать и кусаться; а в более широком смысле означало «символ чего-то маленького или несущественного»[22]. Уэссекские Евангелия (ок. 990 года) — перевод Евангелий на западносаксонский диалект — наводят на мысль об использовании «gnat» для перевода латинского *culex* в отрывке из Евангелия от Матфея, который разделяет беспокойство Мапа относительно заманчивой красоты поверхностных удовольствий. Христос наставляет своих последователей идти за истинным учением и опровергать дурной пример книжников и фарисеев:

> Горе вам, книжники и фарисеи, лицемеры, что даете десятину с мяты, аниса и тмина, и оставили важнейшее в законе: суд, милость и веру; сие надлежало делать и того не оставлять. Вожди слепые, оцеживающие комара (gnæt, culex), а верблюда поглощающие!
> Горе вам, книжники и фарисеи, лицемеры, что очищаете внешность чаши и блюда, между тем как внутри они полны хищения и неправды. Фарисей слепой! Очисти прежде внутренность чаши и блюда, чтобы чиста была и внешность их.
> Горе вам, книжники и фарисеи, лицемеры, что уподобляетесь окрашенным гробам, которые снаружи кажутся красивыми, а внутри полны костей мертвых и всякой нечистоты; так и вы по наружности кажетесь людям праведными, а внутри исполнены лицемерия и беззакония[23].

Этот библейский пассаж осуждает поверхностную чистоту и красоту, когда та скрывает грязную или запятнанную внутреннюю сущность, точно так же как Мап порицает пустую красоту женских голосов и потенциал соблазнения, которым те обладают. Это поразительный резонанс, наводящий на мысль, *что* Мап мог почерпнуть из этого раннего употребления слова *gnæt*, а также латинского *Gnathus* при описании манящего гула голосов льстиц,

---

[22] См. MED, статья «gnat». URL: https://quod.lib.umich.edu/m/middle-english-dictionary. См. также OED, статья «gnat», сущ., значение 1. URL: https://www.oed.com.

[23] Матфей 25:21 — Синодальный перевод Библии.

обращающихся к Руфину[24]. Благодаря двуязычному каламбуру вернакулярный английский термин загрязняет латынь Мапа подобно тому, как женщины своими разговорами коварно загрязняют Руфина.

Такая контаминация феминной красотой является важной особенностью «Dissuasio». Обращаясь напрямую к Руфину, Валерий жалуется: «Служители Вавилона дают тебе медовый яд; он приятно проникает в тебя и радует, но отрывает от устремлений твоего духа»[25]. В более поздних аннотациях оксфордского францисканца Джона Райдуолла о «служителях Вавилона» говорится еще больше, чем у Мапа, ибо он связывает этот пассаж с рассказом Петра Коместора о библейском царе Седекии. По словам Коместора, Седекия был унижен перед вавилонским двором, когда ему дали «вкуснейший напиток», заставивший его с позором опорожнить кишечник на публике[26]. При интерпретации, судя по всему, «служителей Вавилона», Райдуолл преуменьшает или упускает из

---

[24] Чосер наверняка читал «Dissuasio» Мапа и использовал язык этого трактата при создании образа Батской ткачихи. Возможно, нюансы слова gnatones-льстицы-комары помогали выявить связи между «пустой» женской речью и шумом в его характеристике Батской ткачихи. Примерно в то время, когда Чосер писал «Кентерберийские рассказы», к устоявшимся ассоциациям комара с кусанием и кровососанием добавилась и коннотация с раздражающим писком, который издает это насекомое, что в итоге привело к его латинскому названию Culex pipiens, или «комар трубящий». В переводе на среднеанглийский язык книги Бартоломеуса Англикуса «О природе вещей», сделанном Джоном Тревизой, говорится, например: «The gnatte is a litil flye and hatte culex and haþ þat name of a culeo ‘a stenge’, for he soukeþ blood and haþ in his mouþ a pipe, as hit were a pricke. By continual flappynge of wynges a makeþ noyse in þe eyre as þogh he hurried. And greueþ slepinge men wiþ noyse & wiþ bytinge and wakeþ hem of here reste» («Комар — это маленькая муха, его называют Culeo, и у него есть *culex*, что означает жало: он сосет кровь, и во рту у него трубка, и ею он протыкает плоть, чтобы высасывать кровь. Непрерывными взмахами крыльев он создает шум в ушах, когда торопится. И мучит спящих людей писком и будит их тогда, когда они отдыхают») [Bartholomaeus 1975–1988, 1: 624].

[25] «Propinant tibi mellitum toxicon ministri Babel; blande ingreditur et delectate, et impetum spiritus tui conducit» [Map 1997, 1: 122].

[26] Дополнительную информацию об этом рассказе, а также другие аннотации к «Dissuasio» см. в [Lawler 1991].

виду резонанс с библейским сюжетом о Вавилонской башне, — аллюзию, намекающую на непостижимость женских чар у Мапа. Скорее, сопоставляя эти две истории, Райдуолл устанавливает аналогию между «медовым ядом» Мапа и слабительным напитком Коместора, интерпретируя «служителей Вавилона» как магов вавилонского двора. Вдохнуть прекрасное зло женского голоса — значит потерять свою телесную целостность и контроль, превратившись в маленькую лужицу коричневой жидкости. Не устояв перед такими удовольствиями, Руфин рискует потерять витальность, делающую его мужчиной и человеком. Как отмечает Валерий, цитируя миф о Зевсе, «мычащем вслед» Европе, «благость возвысила его над небесами, но женщина сделала его равным зверям. Женщина может заставить мычать и тебя, если только ты не более велик, чем сам Юпитер, с величием которого никто еще не был способен сравниться»[27]. Некогда мощный голос Зевса превратился в животный рев влюбленного быка, мычащего вслед своему капризу.

И правда, Мап часто сравнивает голоса со звуками, издаваемыми разными животными, чтобы установить дихотомию шума, которая ляжет в основу его теории вербальной эстетики. С одной стороны, соблазнительные голоса женщин — этих «вавилонских служительниц», чья вокальная красота скрывает бессодержательные злые намерения, — есть форма шума. С другой стороны, таков же и собственный, заведомо грубый и домостройный стиль Мапа, — по крайней мере, если верить его антагонисту Валерию. Это, пожалуй, наиболее очевидно, когда Валерий сравнивает свой голос среди хора руфовых чаровниц с голосом гуся среди лебедей, заявляя, что «лебеди провозглашают вашу смерть, подобно органу (*organant*), а гусь гогочет (*strepit*) твое спасение»[28]. Здесь Мап опирается на вергилиевские референсы к разграблению Рима кельтскими племенами ок. 390 года до н. э.: тогда бдительный гусь

---

[27] «Quem bonitas super celos extulit, femina brutis comparavit. Poterit et te femina cogere ad mugitum si non es Iove maior, cuius magnitudini nemo alius par fuit» [Map 1997, 1: 128–129].

[28] «Organant tibi olores interitum, anser salute strepit» [Map 1997, 1: 124–125].

способствовал победе римлян, предупредив о готовящемся вторжении. Мап размещает гуся-прорицателя среди стаи лебедей, имея в виду, что их звонкая какофония заглушает его собственное хотя и слабое, но правдивое гоготанье[29].

Примечательно, что все птицы Валерия — включая его собственное пернатое альтер эго, гуся, — издают шум. Однако, несмотря на очевидное совпадение между Валерием и его феминными поклонницами, глаголы, используемые для обозначения их экспрессии, подразумевают иерархические отношения, предполагая, что Валерий рассматривает свой голос как отдельный шум. И если латинское *strepere*, используемое для обозначения гусиного голоса Валерия, было широко распространено, глагол *organare*, обозначающий выражение лебедей, встречался относительно редко [Du Cange et al. 1883–1887: статья «organare»]. Так, в английском языке слово «organ» использовалось как существительное для обозначения различных музыкальных инструментов (хотя в глагольной форме оно, как и латинский аналог *organare*, «to organ», употреблялось реже — начиная с XI века оно использовалось для пения в качестве аккомпанемента). В Словаре древнеанглийского языка «Грамматика» Элфрика указана в качестве единственного места столь раннего употребления глагола «to organ» в английском языке до XVIII века. Элфрик глоссирует латинское *succino*, означающее «Я пою под [под что-либо]» или «Я аккомпанирую речи» при помощи древнеанглийских глаголов *undersinge* и *orgnige*[30]. Хотя Мап мог и не знать об этом фрагменте из Элфрика, я полагаю, что он использует латинское *organare* в аналогичном смысле: как чрезмерную или ненужную вокализацию — голос как украшение, — чтобы подчеркнуть неглубокую красоту голосов лебедей в противовес его собственному скромному, но правдивому гоготанью. Подобный очерк голоса Валерия как шума есть одна из форм топоса смирения: собственный грубый голос Валерия предпочтительнее полой

---

[29] «Вот и серебряный гусь меж колонн золотых пролетает, / Воинам громко кричит, что противник уже у порога...» [Вергилий 1979: строки 655–666].

[30] См. OED, статья «organ». URL: https://www.oed.com.

женоподобной болтовни соблазнительниц Руфина, которые обращаются к телу, а не к душе слушателя.

Дихотомия шума, приведенная в отрывке, — ключевая для понимания маповских теорий вокальной эстетики. Несмотря на притязание на скромность, стиль Мапа (что, как я надеюсь, стало ясно из прочитанного) насыщен аллюзивностью и зачастую риторически витиеват. Как пишут Ханна и Лоулер в своем предисловии, «Dissuasio» «мерцает в своей необыкновенной склонности к аллюзивности и вербальной иносказательности» [Map 1997, 1: 53]. Эта риторическая тонкость очевидна во многих отношениях и моментах, но здесь достаточно отметить один отрывок, где Мап использует аллитерацию, чтобы извлечь дидактический урок из своего рассказа. Валерий призывает Руфина быть подобным Одиссею, вооружившись против соблазнительниц во время своего путешествия. Процитирую в оригинале на латыни, чтобы подчеркнуть звуковые элементы: «Delectatus est Ulixes simphonia Syrenum, sed quia Syrenum voces et Circes pocula novit, veritatis vinculis sibivim fecit, ut vitaret voraginem» («Одиссей был очарован музыкой сирен, но, поскольку он знал и их голоса, и чаши Цирцеи, он укрепился узами правды, чтобы избежать гибели в водовороте») [Map 1997, 1: 124–125][31]. Риторическая виртуозность и орнаментальность собственного языка Мапа соответствуют его возвышенной морали и приверженности духовной истине. Напротив, прекрасные голоса поклонниц Руфина — это просто маска. Обращение к чувствам маскирует отступление от духовной истины.

Эстетические последствия теории дуального шума Мапа еще больше проясняются, когда Валерий указывает своему другу на то, что тот уделяет неподобающее внимание риторическим тропам и фигурам в ущерб содержанию. Он отмечает, как, по его ожиданию, Руфин читает его разубеждение:

---

[31] Обсуждение фрагмента как примера мастерского использования Мапом риторических приемов см. в предисловии Ханны и Лоулера [Map 1997, 1: 53–54].

> Я вижу, в какой спешке ты, утомленный духом, пробегаешь по тому, что читаешь, не внимая позициям, но ожидая фигур. Напрасно ты ждешь, пока протечет мутный поток или что эта муть, отделяясь, подставит чистые струи; ибо подобными своему источнику надлежит быть ручьям: мутными или чистыми. Так несовершенство моего сердца выражает порок моей речи, и зобатая неравномерность дикции задевает тонкий ум[32].

Для Валерия проблемы возникают, когда стилистически безукоризненная речь исходит из грязного источника. В отличие от нечистых на руку женщин, пытающихся соблазнить Руфина сладким ничто, «зобатый» стиль самого Валерия прямо выражает знание (пусть и несовершенное) его сердца, если только Руфин правильно его прочитает. Представляя процесс чтения как передвижение, Валерий укоряет Руфина за то, что тот, пытаясь получить доступ к более высокому стилю, ускоряет чтение неполноценных, но правдивых слов Валерия. Чтение для удовлетворения личных желаний, по сути, является продолжением эгоистического слушания Руфина ради удовольствия. Точно так же, как его внимание сосредоточено на поверхности голосов его воспитательниц, он видит лишь стиль письма Валерия, но не его суть.

Читай «как леди» в «Видении о Петре Пахаре» Ленгленда

Эта модель эгоистического чтения (и его связь с феминностью) была широко представлена в средневековой Англии. Сейчас я обращусь к другому примеру, более близкому к времени самого Чосера, чтобы продемонстрировать столь широкое распространение его идей через их близость к дискурсам о грехах языка. Несмотря на важные различия, — леди Мзда Уильяма Ленгленда

---

[32] «Video te iam fastidienti animo tota celeritate percurrere que legis, et sentencias non attendere sed expectare scemata. Frustra expectas dum hic turbidis amnis defluat, aut dum hec feculentia secedens pura sibi fluenta subroget; similes enim sui fontis oportet esse rivulos, turbidos aut claros. Sic impericiam cordis mei vicium oracionis exprimit, et strumosa dictionem imparitas delicatum offendit animum» [Map 1997, 1: 130–131].

является аллегорической персонификацией, а не *женщиной*, — тем не менее будет, как кажется, полезным рассмотреть эту фигуру «награды» в диалоге с Батской ткачихой[33]. Как и героиня Чосера, Мзда на протяжении всей поэмы «Видения» ассоциируется со всеми возможными излишествами: имущественными, маскарадными, эротическими и вокальными. Она предстает перед Сновидцем «роскошно одетой» («wonderliche yclоþed») [Langland 1995: B. 2. 8], и, как и у Батской ткачихи, в ее убранстве присутствует красный цвет, о котором Ленгленд говорит четыре раза за шесть строк. Впервые наблюдая за Мздой, Сновидец отмечает:

> Ее пальцы были изящно опутаны золотой проволокой,
> и на них же — красные рубины, красные, как всякий
> тлеющий уголь,
> и алмазы наивысшей цены, и двоякого рода сапфиры —
> восточные и эвагии, что перенасыщены ядом,
> способным уничтожать.
> Ее одеяние было весьма богатым, из красного скарлата,
> окрашенного в зерне,
> с лентами из красного золота, из богатых камней[34].

Визуальное величие Мзды оказывает поразительное воздействие на Сновидца, который признается: «Ее наряд поразил меня — такого богатства я никогда не видел» («Hire array me rauysshed, swich richesse sauȝ I neuere») [Langland 1995: B. 2. 17].

---

33 Вполне вероятно, что Чосер находился под влиянием образа Мзды Ленгленда, когда он создавал Батскую ткачиху. Мзда как персонаж впервые появляется в тексте A «Видения о Петре Пахаре», который обычно (хотя и не исключительно) датируется концом 1360-х годов. По общему мнению литературоведов, Чосер писал пролог и историю Батской ткачихи в период между 1392 и 1395 годами. Датировку версий и переработок Ленглендом «Видения» см. в [Hanna 2014: 38]. Датировку произведений Чосера см. во введении Ларри Бенсона к [Chaucer 2008: xxv].

34 «Fetisliche hire fyngres were fretted with gold wyr, / And þereon rede rubies as rede as any gleede / And diamaundes of derrest pris and double manere saphires, / Orientals and ewages enuenymes to destroye. / Hire robe was ful riche, of reed scarlet engreyned / Wiþ ribanes of reed gold and of riche stones» [Langland 1995: B. 2. 11–16].

Как в случае Руфина, оказавшегося во власти сиреноподобных льстиц, пленительный облик Мзды завладевает чувствами Сновидца, заставляя его удивляться [Langland 1995: B. 2. 18].

Внимание Мзды к поверхности проявляется и в ее практике чтения. Так, в конце первого видения поэмы, во время ее дебатов с Совестью, этим средневековым управителем ума и сердца, леди Мзда раскрывает свой подход к чтению. Поскольку Совесть отвергает возможность брака со Мздой, он описывает день, когда «разум взойдет на престол и будет править царствами» («Resoun shal regne and reaumes gouerne») [Langland 1995: B. 3. 285], а также время, когда материальное вознаграждение больше не будет «господином» («maistre»), вместо чего христианство будет управляемо «любовью, кротостью и верностью совместно» («loue and lowenesse and leautee togideres») [Langland 1995: B. 3. 290–291]. В ответ на это леди Мзда «разгневалась как буря» («wroþ as þe wynd») [Langland 1995: B. 3. 331] и обратилась к Библии в свою защиту:

> Я не знаю латыни, — сказала она, — клирики знают истину!
> Посмотри, что говорит Соломон в книгах Премудрости:
> те, кто дают дары, одерживают победу
> и вместе с тем стяжают великое почтение, как говорит Священное Писание:
> *Honorem adquiret qui dat munera* — почет обретет тот, кто дает дары[35].

Цитирование Мздой стиха 22:9 из Притчей Соломоновых — «Дарящий подарки приобретет победу и честь» [Ziolkowski 2010–2013, 2: 9] — представляет собой классический пример того, как, по предупреждениям средневековых богословов, не следует читать Библию: Мзда вырывает библейскую аллюзию из контекста, игнорируя текст как таковой. Как язвительно объясняет Совесть,

---

[35] «"I kan no Latyn," quod she, "clerkis wite þe sothe! / Se what Salomon seiþ in Sapience bokes: / That þei þat ȝyuen ȝiftes, þe victorie wynneþ / & muche worshipe haue[þ] þerwith, as Holy Writ telleþ — / Honorem adquiret qui dat munera"» [Langland 1995: B. 3. 332–336].

Я верю, госпожа, — [что] твой латинский [язык] истинен,
но ты подобна даме, которая однажды прочла урок,
«omnia probate» — *все испытывайте*, — и это угодило ее
сердцу,
поскольку эта строка не была длиннее конца страницы.
Если бы она посмотрела на другую половину
и перевернула лист,
она бы нашла суровые слова, следующие далее:
«quod bonum est tenete» — *что добро, того держитесь*;
истину этот текст утверждал[36].

Урок, заключенный в первой половине фразы, «omnia probate» («испытывайте все»), особенно приятен сердцу такой леди, как Мзда. В постклассической латыни, например в «Вульгате», из которой и была взята эта цитата, *probare* означало «испытывать», «попробовать» или «учиться на опыте». Слово вошло в английский язык как *preven*, получив более широкий семантический диапазон с добавлением «чувствовать» и «вкушать» к коннотации опытного обучения. С этими ассоциациями легко представить, как такие слова, как «попробуй» («try») или даже «попробуй все на вкус» («taste all things»), могут привлечь внимание к неистовой чувственности Мзды. По мнению Совести, читатель-«леди» упускает фундаментальное ядро изречения: «Quod bonum est tenete»[37] — «придерживайтесь доброго», вместо чего выбирает трактовку, которая оправдывает самую большую ее жажду в жизни: попробовать на вкус все. Чтение Мзды также преследует свои интересы. Если бы она всего-то перелистнула страницу, продолжает Совесть, она бы нашла заключение фразы, часть которой цитирует: «Animam autem aufert accipiencium, etc.» («[Но] души тех, кто принимает [эти дары], он отнимает»). Полная пословица — «тот, кто дает деньги, приобретает честь, но развращает душу получате-

---

[36] «I leue wel lady... þat þi Latyn be trewe, / Ac þow art lik a lady þat radde a lesson ones, / Was *omnia probate*, and þat pleased hire herte — / For þat lyne was no lenger at þe leues ende. / Hadde she loked þat oþer half and þe leef torned, / She sholde haue founden fel[l]e words folwynge þerafter: / *Quod bonum est tenete* — Truþe þat text made» [Langland 1995: B. 3. 337–343].

[37] 1-е послание Фессалоникийцам 5:21, перевод А. Десницкого.

ля» — передает совсем отличную от принятой Мздой настроенность. Вооруженный этим знанием, Совесть решительно осуждает Мзду за эгоистическое и неполное прочтение.

Этот эпизод выводит образ Мзды и идею вознаграждения, которую она представляет, из духовной сферы совести и христианской этики и приближает к поверхностному, физическому миру. «Плохое» чтение Мзды подтверждает ее связь с эгоистическими желаниями в противовес духовной истине и социальному благу. Подобно Руфину, который упускает из виду истину, слишком быстро просматривая назидательное письмо, написанное для него Валерием, леди Мзда глоссирует библейскую мораль, вникая в звучание слов, а не в «истинное» значение. Без внутреннего знания христианской морали или любви голос леди Мзды, как сказал бы апостол Павел, подобен «меди звенящей или кимвалу звучащему»[38].

Действительно, подобно персонификации ленглендовской Лени (и многих других фигур в «Видении...»), Мзда (благодаря своей

---

[38] «Пусть даже я говорю на языках человеческих и ангельских, но если нет во мне любви — я лишь грохочущая медь, звенящие кимвалы» — 1-е послание Коринфянам 13:1, пер. А. Десницкого. Таким образом, Мзда оказывается сродни тем странствующим проповедникам, которые в множестве появились в английском обществе после эпидемии чумы («черной смерти»). Многие церковные авторитеты считали, что эти люди в большинстве своем были недостаточно обучены латыни и не умели правильно толковать библейские тексты, что делало их мошенниками и обманщиками в духовном плане, поскольку они брали денежное вознаграждение за свои проповеди, не предоставляя достаточного духовного воздаяния и просветления взамен. Их голоса, которым не хватало проникновения в суть и смысл Священного Писания, часто ассоциировались с шумом. В своей книге «Почему женщины не умеют читать» [Copeland 1994] Рита Коупленд показала, как такое общепринятое суждение знатоков герменевтики приравнивало практику чтения мирян — особенно женщин — к вниманию исключительно к поверхностным, материальным качествам текста вместо постижения скрытой в нем абстрактной «истины». Примечательно, что эта тенденция отразилась в принимавшихся церковью вполне конкретных законах, определивших преследование лоллардов как еретиков. Дополнительные сведения о том, как в эпоху Средневековья церковь в Англии контролировала поведение мирян, вводя, по сути, лицензии на проповедническую деятельность, а также выявляя и преследуя адептов еретических учений с помощью законодательства, см. у [Forrest 2005: 60–68, 115–122].

семье и особенно ее избраннику, Лжи) ассоциируется с вербальным артистизмом и грехами языка. *Personae* драмы, сопровождающие фигуру Мзды, в частности, в ее семейном укладе, привлекают внимание к этому далеко идущему союзу. Хотя Ленгленд размещает вокруг Мзды широкий спектр юридических терминов, олицетворенных в виде клерков и бюрократов, он подчеркивает, что «ближе всех» («moost pryuee») ей те, кто занят коррупцией, например симонией, и гражданским, а не уголовным правом [Langland 1995: B.2. 63–64]. И вправду, ее связь с этими негодяями становится все более тесной на протяжении всего периода работы Ленгленда: от свидетелей ее свадьбы (в версиях A и B) до родственников, вступивших в сговор с отцом Мзды Лестью ради брачного союза между Мздой и Ложью (в версии C). Происхождение Мзды от Лести (Favel) — термин, который Ленгленд заимствует из французского *favele* (басня), что далее будет означать и «лесть», и «коварство», — побуждает ассоциировать ее с грехами языка и голоса. Их взаимопринадлежность только усиливается, когда Мзда бракосочетается с коварной персонификацией Лжи по выбору Лести. Если Ложь женится на Мзде, то, согласно брачной грамоте, составленной Лестью, супруги получают право

> ...быть князьями в Гордыне и бедность презирать,
> злословить, хвалиться и лжесвидетельствовать,
> презирать и браниться, творить клевету,
> непокорными, дерзкими быть, чтобы нарушать заповеди,
> под владычеством Зависти и [Гнева], в придачу
> с неумеренной речью и *болтовней*
> *вне разума*[39].

Как отмечают некоторые ученые, этот документ — сатирический комментарий к коррупционному распределению податей (meed), пародирующий указ об обширных земельных владениях, подарен-

---

[39] «To be princes in Pride, and pouerte to despise, / To bakbite and to bosten and bere fals witnesse, / To scorne and to scolde and sclaundre to make, / Vnbuxome and bolde to breke þe ten hestes / And þe erldom of Enuye and [Ire] togideres / Wiþ þe chastilet of cheste and chaterynge out of reson» [Langland 1995: B. 2. 80–85].

ных Черному принцу, сыну короля Эдуарда III, когда в 1362 году он был объявлен владыкой Аквитании[40]. Более того, они связывают подобную коррупцию с обманными речевыми актами, подчеркивая причинно-следственную связь между семейным богатством Мзды и пустой болтовней, то есть с голосом, который только звук без содержания, поскольку тем «болтают без толку» («chater[s] out of reson»)[41]. Для Ленгленда связь Мзды с материальным достатком и вознаграждением вполне соответствует склонности отдавать приоритет материальным и чувственным аспектам языка, что приводит к поверхностному чтению и речи.

Клерикальное насилие и *jingle-jangle* Батской ткачихи

Подобно Мзде, чосеровская Батская ткачиха читает «подобно леди» в соответствии со стандартами маскулинной клерикальной грамотности — внимая букве религиозных авторитетов, но упуская дух и намерение их слов, чтобы оправдать свои желания. Для Чосера глухота Батской ткачихи — фигуративное средство, свидетельствующее о ее внимании к поверхностным звукам в противовес доктринальной истине. В ситуации супружеского и педагогического насилия, которое приводит к ухудшению слуха героини, она вспоминает:

> Всегда бранил, во всем-то мне перечил
> И раз меня чуть-чуть не изувечил:
> Мне в ухо дал, да со всего размаха,
> Чуть не оглохла я тогда от страха,
> А все за три ничтожные листка.

---

40 См. [Galloway 2006: 259].

41 См. курсив в стихотворной цитате выше. Ленгленд усиливает эту связь изменениями, вносившимися им в версию С, перерабатывая перечень отступлений от моральных норм, возникающих в результате брака Мзды. Если в тексте В возможные женихи Мзды будут проводить дни поста в тавернах, объедаясь, «как городская свинья» («as burgh swyn») [Langland 1995: B. 2. 98], то в тексте С они предаются «острословию и праздному пустословию, растрачивая время на тщеславные речи» («With spiserye, speke ydelnesse, in vayne speche and spene») [Langland 1995: C. 2. 104].

Я, в свой черед, упорна и жестка,
Я с мужем стала что ни день браниться,
И укротить, пожалуй, легче львицу,
Чем в ярости меня...
[Чосер 2007: 394–395; Chaucer 2008: III, строки 634–638]

Батская ткачиха отказывается слушать лекции своего мужа Дженикина и демонстрирует свое пренебрежение к текстуальному авторитету, вырвав страницу из книги мужа. В ответ он наказывает ее оглушающим ударом. В этом есть странная темпоральность: глухота — наказание за глухоту. Я считаю, что этот жест должен быть прочитан в сочетании со многочисленными способами, посредством которых тело героини размечается в соответствии с чертами ее характера: щель между зубами, «Венерин знак сугубый» («the prente of seinte Venus seel»), — как знак ее роскошной природы, и «Марсова печать» на лице («Martes mark upon my face») [Чосер 2007: 393, 394; Chaucer 2008: III, строки 604, 619]. Оглушив ее в наказание за «неправильное» слушание, Дженикин манифестирует через тело Батской ткачихи ее духовную немощь, принуждая соотнести внутреннее духовное состояние с внешними признаками. Этим жестом Чосер обращает наше внимание на жестокие последствия клерикального идеала совершенной прозрачности, когда тот навязывается другим. Реакция героини на это насилие — звонкая брань, *jangleresse* — показывает, как становится ясно из пассажа, ее принадлежность к производству шума таким образом, что вбирает в себя антифеминистские стереотипы, но в конечном счете настаивает на удовольствиях тела в качестве важнейших форм мирского опытного знания.

Как мы видели у Уолтера Мапа, плотскость, ассоциируемая с феминностью, часто подсвечивается именно через феминные голоса, вброшенные в качестве пустых звуков. Чосер набрасывает нечто похожее в своей характеристике голоса Батской ткачихи. В приведенном выше отрывке героиня сравнивается с «львицей» («leonesse»), — это подразумевает, что ее восприятие и вокальные недостатки обусловлены плотскостью и звериными качествами. Подобно Зевсу, мычащему вслед Европе, или ревущим и блеющим крестьянам в рассказе Гауэра о Крестьянском восстании Уота Тайлера, голос Батской ткачихи, судя по всему, проистекает из ее страсти и эгоистичных желаний. Из-за кошачьей метафоры этот эпизод требует прочтения в сочетании с похожим моментом в «Прологе батской ткачихи», где героиня вспоминает, как муж осуждал ее любовь к вычурным нарядам:

> Ты говоришь, что я, мол, словно кошка,
> Что стоит сжечь моих волос немножко,
> И никогда уж не покину дом.
> Дурак! Дурак! Не знаешь ты о том,
> Что коль бедова и красива Мурка
> И коль ее мягка, пушиста шкурка,
> Она и дня с тобой не проведет,
> Махнет хвостом, мяукнет и уйдет.
> [Чосер 2007: 385; Chaucer 2008: III, строки 348–354]

Уподобление ткачихи кошке на охоте вновь обеспечивает связь ее голоса и сексуальности, поскольку предполагает, что та показывает свою шкурку и громко мяукает. Как и во фразе «я в красных платьях лучших красовалась» («gaye scarlet gytes») [Чосер 2007: 392; Chaucer 2008: III, строка 559], здесь обнаруживается ее упоение демонстративностью, подчеркиваемое громкостью ее голоса. Действительно, Батская ткачиха, похоже, в курсе подобной точки зрения, но не усваивает критику, когда рассказывает о супружеских неудачах: «И, словно бешеная кобылица, / Лягалась, ржала и кусалась...» («For as an hors I koude byte and whyne») [Чосер 2007: 386; Chaucer 2008: III, строка 386]. Само это сравнение с резвой лошадью соотносит дикость ее сексуальности с дикостью ее речи, подчеркивая неудержимую телесную природу ее голоса.

Учитывая этот акцент на голосе героини, подобном пустому звуку, неудивительно, что она ассоциируется с глаголом *janglen*, который в среднеанглийском языке охватывает целый диапазон пустых и праздных толков. Я полагаю, что своим описанием Батской ткачихи Чосер внес весомый вклад в сдвиге области значений этого слова — от праздной болтовни к более позднему, шуму. Первое засвидетельствованное использование глагола *jangle*, «звенеть», применительно к звону колокольчиков или, в более широком смысле, к «резкому или диссонирующему звуку», встречается только в конце XV века, почти через 100 лет после «Кентерберийских рассказов» Чосера[42]. Однако Чосер характеризует Батскую ткачиху как «болтунью» («jangleresse») в тот момент, когда среднеанглийский глагол *janglen* отходит от этимологических ассоциаций со старофранцузским *jangler* (глагол для обозначения праздной болтовни, перекликающийся с омофонным старофранцузским существительным *jonglour* в значении «менестрель» или «поэт»), начиная приобретать более современный смысл, сводящийся к производству шума. В работе Чосера этот сдвиг произошел отчасти благодаря влиянию другого среднеанглийского глагола *ginglen*, «звенеть» (совр. «jingle»), — фонетического сиблинга, этимологически, судя по всему, не связанного с *janglen*[43]. Лексическая связь между звоном и особым его модусом у Батской ткачихи становится прочнее, если вспомнить деталь с портрета Монаха в «Общем прологе»:

> И когда он ехал верхом, можно было слышать,
> как его уздечка звенела в свистящем ветре столь же отчетливо
> и столь же громко, как колокол часовни —
> той самой, где этот господин был хранителем кельи[44].

Здесь Чосер-пилигрим проводит неуместное различение между звяканьем уздечки, надетой на лошадь Монаха, и звуками в часовне, «доход с которой тратил он как свой». В контексте общего портрета Монаха, который подчеркивает его страстную «любовь к охоте» («that lovede venerie») [Чосер 2007: 50; Chaucer 2008: I, строка 166] и демонстрирует конюшню, полную лошадей, сравнение уздечки и даже не одного колокола, а всей часовни обращает

---

[42] См. OED, статья «jangle». URL: https://www.oed.com.

[43] См. OED, статья «jingle». URL: https://www.oed.com.

[44] «And whan he rood, men myghte his brydel here / Gynglen in a whistlynge wynd als cleere / And eek as loude as dooth the chapel belle / Ther as this lord was kepere of the celle» [Чосер 2007: 50; Chaucer 2008: I, строки 169–172].

внимание на неуместную куртуазность в его поведении и акцентирует внимание на мирских, а не духовных занятиях.

«Звон» Монаха, как и «звон» Батской ткачихи, связывают их характеры с жизнью тела, а не с жизнью разума и духа; с физическим, а не с метафизическим миром. Как мы уже видели, это территория Батской ткачихи. Редупликативный импульс, очевидный в перезвоне *jingle* и *jangle*, станет благой тропой к созданию новых идиом в раннем современном английском языке, когда авторы изобретут такие слова, как *mishmash*, *mingle-mangle*, *bibble-babble* и другие, как презрительное и пародийное средство обозначения искусственного (иначе: пустого) языка[45].

На чосеровскую характеристику своей героини через глухоту и производство шума повлияла антифеминистская традиция, рассматривавшая феминную телесность (вне зависимости от того, размещалась ли та в биологически женском теле) в качестве препятствия для изучения и изложения духовных учений. Однако «Кентерберийские рассказы» не абсолютно идентичны руслу этой традиции. Иными словами, несмотря на то что мой аргумент может до буквы совпадать с робертсоновским замечанием о «духовной глухоте» ткачихи, он отличен по духу. «Звон» героини, коннотированный фиктивностью, удовольствием и шумом, подрывает церковный авторитет и утверждает мирскую эпистемологию, основанную на телесном опыте.

Шум Батской ткачихи возникает как мирской антидот клерикальной власти при переходе от «Рассказа юриста», который предшествует «Прологу батской ткачихи» в большинстве современных изданий «Кентерберийских рассказов». Сцена начинается с почтительного обращения к клиру. Гарри Бэйли, хозяин таверны, где разместились следующие в Кентербери паломники, приглашает священника взять слово следом за «Рассказом Юриста» о Констанции, героине, столь покорной власти, что она не противится усаживанию в лодку «без руля и ветрил». Свою просьбу трактирщик сопровождает не слишком почтительной божбой: «Клянусь Христовым телом...», «...вот вам крест...» («for Goddes bones», «by Goddes

---

45 См. [Mann 2012: 171–200].

dignitee») [Чосер 2007: 216; Chaucer 2008: II, строки 1166, 1169]. Священник укоряет его за упоминание Господа всуе: «Ему священник: "Друг мой! Мир с тобой. / Но отучись ты речь мешать с божбой!"» («The Parson him answerde, "Benedicite! / What eyleth the man, so synfully to swere?"») [Чосер 2007: 216; Chaucer 2008: II, строки 1170, 1171], на что хозяин совершает переворот в своем отношении к представителю духовной власти и обращается с мягкой угрозой:

> Тогда хозяин: «Ба, все жив курилка!
> Не почата еще твоя бутылка
> И присказку лишь начал ты свою,
> По запаху лолларда узнаю».
> [Чосер 2007: 216; Chaucer 2008: II, строки 1172, 1173]

Хотя некоторые ученые предполагают, что хозяин трактира в этом фрагменте называет священника уиклифцем, имея, вероятно, в виду уиклифские предписания о богохульстве, мое прочтение скорее резонирует с теми, где также полагается, что в более широком смысле трактирщик выступает против ханжеского благочестия ученого и религиозного авторитета[46]. Хозяин трактира использует презрительное прозвище «Дженикин» (в английском оригинале), уменьшительное от «сэр Джон», которое в то время было широко распространено в качестве уничижительного имени для священника[47]. И более того, он с сарказмом воспринимает все проповеди священника:

[46] Несмотря на то что против ругани возражали не только лолларды, но и клерикальные авторитеты, редакторы [Chaucer 2008] в примечании к строке указывают следующее: «Трактирщик считает, что, поскольку священник не одобряет божбы, это однозначно указывает на то, что он лоллард» [Chaucer 2008: 863, прим. к строке 1171]. Об отношении лоллардов к богохульству см. [Russell 1946].

[47] См. MED, статья «Jon». URL: https://quod.lib.umich.edu/m/middle-english-dictionary. В «Прологе монастырского капеллана» трактирщик прямо называет его сэром Джоном («Sir John» — «И с этим за рассказ принялся он, / Наш простодушный, добрый наш сэр Джон») [Чосер 2007: 322; Chaucer 2008: VII, строка 2810]. Дальнейшее обсуждение разговоров персонажей с точки зрения конфликтов между насыщенным латинским языком духовенства и вернакулярным языком см. в [Pitard 2004].

«...И кажется, клянусь крестом Господним,
Про адские мученья в преисподней
Сейчас мы проповедь твою услышим.
Лолларду слово, вы ж, о други, тише».
[Чосер 2007: 216; Chaucer 2008: II, строки 1174–1177]

Здесь хозяин настойчиво называет священника насмешливым «лоллардом» а его будущую проповедь — латинским термином «predicacioun». Обе детали подсвечивают иронию хозяина, призывающего священника к проповеди. Его выбор начать с aureate term, а затем следовать его английскому переводу, «prechen», указывает на то, что он связывает церковную власть с латинской образованностью и высокопарной терминологией. Трактирщик прибегает к слову *лоллард* в качестве способа отбросить самодовольную морализаторскую позицию клерикального оратора. Иначе говоря, подобно многим участникам религиозных полемик времен Чосера, он стремится пошатнуть авторитет священника через окликание именем, связанным с радикальными мыслителями, лоллардами, которые подвергали сомнению религиозную власть. Обвинение в «шумопроизводстве» (noisemaking) выдвигались и уиклифцами, и антиуиклифцами в качестве средства отбросить так называемую пустую аргументацию своих оппонентов. Здесь Гарри Бэйли употребляет термин «lollare», который перекликается с термином Ленгленда, когда тот отвергает двуличную искусственность *болтанных*.

В ответ на саркастическое приглашение Гарри Бэйли, обращенное к священнику, другой паломник перебивает хозяина в знак протеста, будучи, скажем так, тонально глух к его иронии. Эта тональная глухота является, вероятно, первым ключом к возможно женской идентичности говорящего. Хотя имя перебившего паломника варьируется в разных рукописях «Кентерберийских рассказов», ученые предлагают убедительные доказательства в пользу того, что в какой-то момент работы над поэмой этот *паломник* был Батской ткачихой [Dane 2004][48]. Я предлагаю

[48] В каноническом издании [Chaucer 2008] «Прологи...» и «Рассказы...» персонажей располагаются в том же порядке, что был предложен в XVIII веке редактором «Кентерберийских рассказов» Томасом Тирвиттом на основе так

поддержку этой идентификации, основываясь на тематических и текстуальных совпадениях в речи этого паломника, которого я далее буду называть Батской ткачихой.

Итак, Батская ткачиха резко отвергает священника и предлагает импровизированный манифест о мирских и вернакулярных голосах и модусах понимания, ими производимых:

> Клянусь отцовым прахом, пусть молчит!
> Вскричал моряк[49], — и воду не мутит.
> Он проповедник! Ну и что ж такого?
> Чтобы вещал коллард Господне слово,
> Да это значит поле засорять.
> Нет, дай-ка мне, хозяин, рассказать.
> Так протрезвонит вам моя особа,
> Что не забудете того до гроба,
> Ни капли вашей мудрости змеиной,
> Ни философии, ни медицины
> В моем еще не застревало ухе —
> Ни зернышка латыни нету в брюхе.
> [Чосер 2007: 216–217][50]

называемой рукописи Элсмира. В XIX веке, через несколько десятилетий после издания Тирвитта, Генри Брэдшоу внес небольшое изменение: «Пролог» и «Рассказ шкипера» были помещены после «Рассказа юриста», а «Пролог батской ткачихи» последовал за «Рассказом продавца индульгенций». Хотя в [Chaucer 2008] за основу взята последовательность Тирвитта, изменение, которое сегодня известно как «сдвиг Брэдшоу», было поддержано Обществом любителей Чосера и такими авторитетными специалистами — редакторами средневековой литературы, как Уолтер Скит. См. предисловие Ларри Д. Бенсона в [Chaucer 2008: 5]. Хотя я не намерена решительно отстаивать тот или иной порядок расположения «Кентерберийских рассказов», я все же предполагаю, что звуковые аллюзии в речи персонажа, прерывающего Трактирщика, представляют собой дополнительные доказательства того, что эти строки когда-то принадлежали, по мысли автора, Батской ткачихе.

49 «*Вскричала батская ткачиха...*» у автора. — *Прим. пер.*

50 «"Nay, by my fader soule that schal he nat [speak]! / Seyde the [Wife], "Heer schal he nat preche; / He schal no gospel glosen here ne teche. / We leven alle in the grete God," quod [s]he; / "He wolde sowen som difficulte, / Or springen cokkel in oure clene corn. / And therefore, Hoost, I warne thee biforn, / My joly body schal a tale telle, / And I schal clynken you so mery a belle / That I schal waken al this compaignie / But it schal not ben of philosophie, / Ne phislyas, ne termes queinte of lawe. / Ther is but litel Latyn in my mawe!"» [Chaucer 2008: II, строки 1178–1190].

Здесь референс к «Да это значит поле засорять» («cokkel in oure clene corn») указывает на ортодоксальную латинскую тенденцию обличать *lolia*: плевела, бурьян или сорняки зерновых полей, оскверняющие чистоту ортодоксальной веры. Понятно, что поначалу оратор говорит об ортодоксии и конвенциональных моделях власти, наделявших священнослужителей и других представителей мужского пола высшей земной властью[51].

Однако за видимым самоуспокоением следует радикальный переворот, отвергающий голос и дискурс изученных латинских авторитетов и утверждающий значимость совершенно иного модуса говорения и слушания. Отказ Батской ткачихи от «phislyas» — слова, которое не встречается в других источниках и считается искаженной формой «physic» (как медицинской дисциплины), — предлагает наглядный пример этих дуальных импульсов. Несмотря на то что можно рассматривать употребление героиней этого термина в качестве насмешливого доказательства ее недостаточной образованности, я полагаю, что мы могли бы прочитать эту шутку иначе[52]. В контексте яростного отрицания церковной власти и традиционной грамотности, в этом разделе «phislyas» читается как слово, изобретенное для того, чтобы высмеять высокопарную и непроницаемую терминологию образованных классов. Здесь Батская ткачиха отвергает голос и дискурс латинской учености и утверждает значимость голоса совершенно другого рода — такого, что возникает в «веселом теле» («joly body»). Ассонансный ритм строки «My *joly body schal a tale telle*» («Так протрезвонит вам моя особа») приглашает прислушиваться к звукам, а не к смыслу; голос, звучащий из «веселого тела», обращен к такому же веселому телу. В этот момент героиня получает удовольствие от звука своего голоса и приглашает к этому других.

Важно, что Батская ткачиха обрамляет этот эмфатический физический голос, разрушающий устоявшийся социальный по-

---

51 См. в [Cole 2008: 77–79].

52 Рассмотрение этих слов с точки зрения насмешки над неграмотностью произносящего впервые предложено в [Goffin 1923: 335–337].

рядок и иерархию, в термины шума. Позволяя своему «веселому телу» рассказывать истории, ее голос «*clyn[k]...so mery a belle*» («трезвонит»), из-за чего просыпается вся компания пилигримов. Колокола были прочно связаны с городом Кентербери и сопряжены с ортодоксальной практикой паломничества, что видно, к примеру, из свидетельства обвиняемого уиклифца Уильяма Торпа, который отверг «бряцанье кентерберийских колоколов» («gingelynge of her Cantirbirie bellis») [Hudson 1993: 64] наряду с другими знаками и звуками пилигримов: пример, который, подобно звяканью уздечки Монаха, связывает шум колоколов с поверхностной перцепцией и удовольствием. Торпово осуждение прихожан, внимавших «sacring belle», колоколу освящения, как ложному внешнему знаку благочестия [Hudson 1993: 52], напоминает нам, что многие религиозные реформаторы рассматривали колокола как средство чувственного отвлечения (одно из многих, используемых католической церковью) от взращивания истинного духовного внимания к Богу.

Метафора колокольного шума также часто использовалась для того, чтобы отвергнуть речь, сочтенную пустой или ничтожной. Так, у Гауэра в «Исповеди влюбленного» («Confessio Amantis») исповедник полагает, что язык гордеца «словно колокол звонит», ассоциируя этот звон с грехом бахвальства [Gower 2006, 1: 127][53]. Чосер обращается к этой фразе в конце «Рассказа монаха», когда хозяин клянется:

> Трактирщик тож: «Клянусь колоколами
> Святого Павла! Ишь как перед нами
> Он [Монах] раззвонился...»
> [Чосер 2007: 320; Chaucer 2008: VII, строки 2780–2781][54]

Таким сравнением Трактирщик осуждает Монаха за нудный диалектизм его истории о беспощадной трагедии. Далее он объ-

[53] Пример содержится в комментарии рассказчика к «Истории Нарцисса» (кн. 1, л. 2391).

[54] В академическом издании Чосера [Чосер 2007] этот отрывок входит в состав «Пролога монастырского капеллана».

ясняет, что рассказ Монаха равнозначен пустой болтовне, поскольку он не способен уравновесить удовольствие или «игру» с моральными сентенциями:

> И прав сэр рыцарь, сердце омрачилось
> Вас слушая. Увольте, сэр монах,
> Уныние нагнали вы и страх
> На всю компанию. Побойтесь Бога!
> Что портить вашим спутникам дорогу?
> В рассказах этих нету ни красы,
> Ни радости. Хотел бы попросить
> Вас, сэр монах, иль как вас там, сэр Питер,
> Быть веселей как весел ваш арбитр.
> Ведь если б не бренчали бубенцы
> Уздечки вашей, прежде чем концы
> Сведете вы трагедии с концами
> Клянусь Фомой преславными мощами,
> Заснул бы я и носом прямо в грязь
> Свалился бы, чего я отродясь
> Не позволял себе...
> [Чосер 2007: 320–321; Chaucer 2008: VII, строки 2788–2799]

Как и в предыдущем отрывке, когда Батская ткачиха обещает разбудить всю компанию голосом своего веселого тела, звон колокольчиков на уздечке коня Монаха — единственное, что выводит группу паломников из оцепенения, вызванного его рассказом. По иронии судьбы и, возможно, контринтуитивно всего в пределах нескольких строк шум колоколов обозначает и монотонно-вибрирующий гул «Рассказа монаха», и противоядие этому унылому морализаторству: громкий звук, который способен вновь пробудить интерес и внимание паломников.

Эмпирическое знание и «ванна блаженства»

В этом контексте частичная глухота и звенящий голос Батской ткачихи являются частью более масштабного импульса к серьезному рассмотрению мирских понимания и самовыражения. Героиня известным образом начинает свой «Пролог» с противопоставления собственного знания-через-опыт с более доминантными и авторитарными формами клерикальной *latinitas*, заявляя:

> Чтоб рассказать и горесть, и напасти
> Моей судьбы не надо мне к несчастью
> Ни на кого ссылаться...
> [Чосер 2007: 374; Chaucer 2008: III, строки 1–3]

Как мы видели, в первой части своего «Пролога» Батская ткачиха опирается на текстуальные авторитеты, но манипулирует их словами в соответствии с собственной повесткой. Основная позиция героини заключается в том, что, так как она женщина, пять раз выходившая замуж с 12 лет, ее практический опыт дает ей в итоге вовсе не меньший авторитет, чем у никогда не бывших в браке мужчин из религии и клира, ответственных за моральный дискурс, которому она вынуждена соответствовать. Батская ткачиха резюмирует:

> Различные школы делают совершенных клириков,
> а разнообразная практика во множестве разных дел
> делает, несомненно, работника совершенным[55].

Чосер-пилигрим подчеркивает этот критически важный элемент характера героини в ее портрете в «Общем прологе». И хотя глухота Батской ткачихи — это первая определяющая информация, которую мы узнаём, ее знания и навыки в текстильном ремесле идут сразу следом. И вновь эти знания схватываются в терминах практики и опыта, о чем и говорит рассказчик: «Of clooth-makyng she hadde swich an haunt / She passed hem of Ypres and of Gaunt» («В тканье была большая мастерица — / Ткачихам гентским впору подивиться») [Чосер 2007: 58; Chaucer 2008: I, строки 447–448]. Профессиональные компетенции Батской ткачихи покоятся не на знании установленных текстуальных авторитетов, но на «haunt[s]» — практике или привычке к чему-

---

[55] «Diverse scoles maken parfyt clerkes, / And diverse practyk in many sondry werkes / Maketh the workman parfyt sekirly».

либо, укорененной в неоднократном повторении действия. Такое основание отличает специализированные знания героини, основанные на труде и привычке, от клерикальных стандартов, укорененных в интеллектуальных поисках.

И действительно, мускульная память Батской ткачихи распространяется не только на ее ткацкое мастерство, но и на сноровку в игре любви, — формы экспертизы, на протяжении всего «Пролога» рассматриваемой как *особенно* «женское» средство познания. Заключительной чертой к портрету героини в «Общем прологе» утверждается, что она «Of remedies of love she knew per chaunce, / For she koude of that art the olde daunce» («И знала все приманки и коварства / И от любви надежные лекарства») [Чосер 2007: 59; Chaucer 2008: I, строки 475–476]. В этих строках игра любви приравнена к *daunce*, танцу, — игре, которая ведется не систематически, а «per chaunce», «от случая к случаю», через телесный опыт. И более того, эта область (domain) опытного знания — удел (domain) женщин. Рассказывая о кокетливом преследовании своего пятого мужа, Батская ткачиха замечает: «I bar hym on honde he hadde enchanted me — / My dame taughte me that soutiltee» («И все неправда, все сочинено, / И матерью мне было внушено») [Чосер 2007: 393; Chaucer 2008: III, строки 575–576]. Как подчеркивают такие ученые, как Карма Лохри, передача «женских» знаний часто ассоциировалась со сплетнями и другими праздными толками [Lochrie 1999: 56–92]. Батская ткачиха предлагает интимный обмен секретами между женщинами в пику мужскому религиозному авторитету, вспоминая о «сплетнице» Элисон (в переводе на русский — Элинор. — *Прим. пер.*): «She knew myn herte, and eek my privitee, / Bet than oure parisshe preest, so moot I thee!» («...у Элинор, моей подруги, / Я верила лишь ей во всей округе») [Чосер 2007: 391; Chaucer 2008: III, строки 531–532]. Далее она набрасывает передачу «совета» от себя к «сплетнице», к племяннице и к «другой достойной женщине»: «To hire, and to another worthy wyf, / And to my nece, which that I loved weel» («Про все, бывало, по секрету ей / Скажу, куме и крестнице моей») [Чосер 2007: 391; Chaucer 2008: III, строки 536–537]. Эти сети «женского» знания распространяются и на иных не-мужчин. Продавец индульгенций, чья маскулинность в «Общем прологе» оказывается подорванной, когда он столь известным образом назван «...мерином или кобылой» («a geldyng or a mare») [Чосер 2007: 65; Chaucer 2008: I, строка 691], с энтузиазмом перебивает Батскую ткачиху: «Вы речь свою, прошу, не прерывайте, / Супружеской науке поучайте» («Telle forth youre tale, spareth for no man / And teche us yonge men of youre praktike») [Чосер 2007: 380; Chaucer 2008: III, строки 186–187][56]. Аллюзии героини на знание «женских» искусств, распространяемых среди соседок и родственниц женского пола, позволяют очертить более широкую сеть устно передаваемых «женских» знаний. Подобные знания циркулируют исключительно приватно и скрыты от посторонних глаз, поскольку их практики используют язык и игру (performance) таким образом, чтобы сопротивляться догматической настойчивости на сингулярной истине и, как показывает «Пролог батской ткачихи», принять физиологичность и множественность феминных голосов.

Как мы видели, в своем «Прологе» героиня постоянно утверждает авторитет телесного опыта через принятие материальных отношений с языком и текстами. Рассказывая свою историю, она дает голос эмпирическому знанию, позволяющему полилокальности и мультивалентности действовать в качестве альтернативы авторитету. Напряжение между авторитарными и мирскими формами знания очевидны с самого начала ее повествования:

Когда-то, много лет тому назад,
В дни короля Артура (говорят
О нем и ныне бритты с уваженьем),
По всей стране звучало эльфов пенье;
Фей королева со своею свитой,
Венками и гирляндами увитой,
В лесах водила эльфов хоровод
(По крайней мере, верил так народ).

---

56 Анализ Продавца индульгенций как человека негетеросексуальной ориентации и его взаимоотношений с Батской ткачихой см. в [Dinshaw 1989: 156–184; Minnis 2008: 98–169].

Чрез сотни лет теперь совсем не то,
И эльфов не увидит уж никто.
Монахи-сборщики повсюду рыщут
(Их в день иной перевидаешь тыщу,
Их что пылинок в солнечных лучах).
Они кропят и крестят все сплеча:
Дома и замки, горницы и башни,
Амбары, стойла, луговины, пашни,
И лес кругом, и ручеечек малый —
Вот оттого и фей у нас не стало.
[Чосер 2007: 403; Chaucer 2008: III, строки 857–872]

Ткачиха жалуется на «lymytoures» — так называли нищенствующих монахов, чье служение было ограничено определенными территориями. Батская ткачиха изображает такое ограничение не только в качестве навязывания церковью географических границ, но как духовное и, может быть, даже семантическое ограничение: разочарование, уничтожающее странность и потрясение чудом фантастических обитателей и благословенных обиталищ и фиксирующее их значение исключительно в связи с Богом христиан.

Эти рассуждения об ограничении территорий и очерчивании границ смыслов со стороны клира антиципируют повествовательную структуру истории: после того, как молодой рыцарь изнасиловал молодую женщину, он получает пощаду от королевы при условии, что найдет ответ на ее вопрос: «Что женщина всему предпочитает?» («...what thing is it that women moost desiren») [Чосер 2007: 404; Chaucer 2008: III, строка 905]. Отношение Батской ткачихи к изнасилованию — предмет многочисленных критических дискуссий, которые прибавляются к моему рассуждению о голосе героини, но не занимают в нем центрального места[57]. Здесь меня интересует то, как в «Прологе» и «Рассказе батской ткачихи» акты физического насилия над женским телом

---

[57] Более подробную трактовку изнасилования и отношения к нему в «Рассказе батской ткачихи» с акцентом на сложные риторические построения и нежелание давать имя преступлению см., например, у [Edwards 2011].

сопоставляются со своего рода эпистемологическим насилием над женскими способами познания. Основной акт гендерированного насилия в «Прологе батской ткачихи» — ее оглушение рукой пятого мужа — делает буквальным когнитивное и эмоциональное насилие со стороны Дженикина, его догматическое навязывание клерикальной эпистемологии, настаивающей на разграничении «правильных» и «неправильных» модусов познания. В ответ «Рассказ» использует акт сексуального насилия над женщиной, чтобы исследовать альтернативу догматическому образу мышления, который и оспаривается в «Прологе».

Структура «Рассказа батской ткачихи» предполагает бинарную логику взаимной справедливости. Чтобы избежать смертной казни, рыцарь должен найти единственно верный ответ на простой вопрос: чего хотят женщины? Ученые склонны считать само собой разумеющимся, что ответ «Рассказа» на этот вопрос — «sovereynetee» («власть») [Чосер 2007: 408; Chaucer 2008: III, строка 1038]. Однако в моем прочтении «Рассказ» сопротивляется столь ясному и прямолинейному ответу. Ответ на основной вопрос сюжета в одно и то же время вокализируется и дестабилизируется определенным образом, так, чтобы акцентуировать, как умело Батская ткачиха поддерживает свою мирскую эпистемологию. История предлагает ответы на свой основной вопрос в трех ключевых точках: в *clamor* женских мнений, с которым рыцарь сталкивается во время своего приключения; в шепоте недоброжелательной леди, когда данное рыцарю время близится к концу; и наконец — не в озвученном ответе, а в опыте «блаженства» («blisse»), который предлагает рыцарю брак с этой же недоброжелательной леди.

Первая попытка Батской ткачихи представить ответ на главный вопрос «Рассказа» случается в тот момент, когда рыцарь знакомится с разнообразными мнениями среди женщин, которые ему встречаются. Их голоса, а вместе с ними голос самой Батской ткачихи, сливаются в хор разговоров, который оказывается таким же неуловимым и не поддающимся пониманию, как и любое молчание:

Но если даже женщины и знают,
Чего хотят, двоих на свете нет,
Чтоб на одном сошелся их ответ.
Те назовут богатство и наряды,
Те почести, те угожденью рады,
Тем лишь в постели можно угодить,
Тем бы вдоветь да замуж выходить,
Тем сердце лесть всего сильней щекочет,
А та сознаться в слабости не хочет,
Но ей хвала сокровищ всех милей.
Ведь льстивым словом нас всего верней
Или услугой самою ничтожной
И покорить и усмирить возможно.
А те свободу почитают главным,
И чтобы с мужем были равноправны,
И чтоб никто не смел их укорять,
Коль на своем затеют настоять.
...
А есть такие, что хотят доверье
Завоевать хотя бы лицемерьем;
Советницей и другом мужу быть,
Секреты мужа от людей хранить.
[Чосер 2007: 405; Chaucer 2008: III,
строки 925–938, 945–948]

В этих ответах на вопрос рыцаря мы видим устойчивость антифеминистских тропов и идей Батской ткачихи. Согласно этому списку, женщины желают в основном таких мелочей жизни, как «богатства и наряды» (rich aray). Или, в соответствии с похожим порывом к чувственности и удовольствию, одни хотят лести (flaterye), а другим «лишь в постели можно угодить» (lust abedde). Однако, что примечательно, в список попадают и несколько куда более санкционированных желаний, таких как честь (honour) и стойкость (steadfast[ness]). Итак, одновременно с тем, что список женских желаний усиливает антифеминистские тропы о женской капризности и эмоциональности, он также открывает возможность подобной поливалентности мнений — как части искомого рыцарем ответа в его приключении. В этот момент в «Рассказе» сопротивление вопроса сингулярному ответу само по себе является ответом.

Конец «Рассказа», казалось бы, противоречит этой настойчивой идее множественности. В этот момент волшебная старая дама (или «недоброжелательная леди»), которую ученые прочитывают как ипостась Батской ткачихи, завершает поиски рыцаря, дав ему, как кажется, ответ и стабилизирующую «мораль»: женщины желают власти. И тем не менее важно отметить: мы никогда не слышим подобного ответа от пожилой женщины. Ее прямой ответ на вопрос скрыт от читателя, поскольку она поворачивается к рыцарю, («rowne[s]... a pistel in his ere»), «а что шепнула — неизвестно то мне» [Чосер 2007: 407; Chaucer 2008: III, строка 1021]. Среднеанглийский глагол *rounen* — часто взаимозаменяемо с *janglen* используемый для обозначения пустых толков — этимологически связан с существительным *rún*, означающим, среди прочего, «шепот», «тайну» и «секрет». Он также относится к начертанным символам, составлявшим самый ранний германский алфавит, который был почти неизвестен даже грамотным англосаксам, что усиливает скрывающую и безответную природу вопроса[58]. Действительно, ответ на вопрос, *власть*, артикулируется только мужским голосом («with manly voys») [Чосер 2007: 408; Chaucer 2008: III, строка 1036]. Иными словами, в этот момент, ближе к концу «Рассказа», ответ на главный вопрос все еще исходит от самого рыцаря. Батская ткачиха сделала читателя глухим к собственному ответу на вопрос, и урок ее истории остается непроясненным.

В конце ее «Рассказа» рыцарь наконец соглашается со своей пожилой леди и уступает ей власть: «Решай сама, как мудрая жена» («I put me in youre wise governance») [Чосер 2007: 414; Chaucer 2008: III, строка 1231], — он убежден ее доводами. В ответ она заявляет, что будет справедливой и сохранит «верность и красу при этом» («be also good and trewe») [Чосер 2007: 414; Chaucer 2008: III, строка 1243]. Феминистские ученые последовательно прочитывают эту концовку в качестве развития мизогинии «Кентерберийских рассказов». С этой точки зрения превращение ненавистной дамы в прекрасную молодую невесту, которая

---

[58] Anglo-Saxon Dictionary, статья «rún». URL: http://bosworth.ff.cuni.cz/026037.

«...ему ж [своему жениху-рыцарю] покорно уступала / Во всем» («obey[s] hym [the knight] in every thing») [Чосер 2007: 414; Chaucer 2008: III, строка 1255], означает возвращение Батской ткачихи к идее привилегированности мужского желания по отношению к ее собственному. Но я утверждаю, что пожилая леди — да и сама Батская ткачиха — участвует в более сложном маскараде. Кажется, что и та и другая уступают власть своим партнерам-мужчинам, но при этом обе сохраняют контроль над своими телом и голосом. В драматическом финальном жесте пожилая леди просит рыцаря: «Ко мне скорей приди, / Откинь тот занавес и погляди» («Cast up the curtyn, looke how that it is») [Чосер 2007: 414; Chaucer 2008: III, строка 1250]. Здесь театрально работающий образ отбрасывания занавеса подчеркивает, как героиня переизобретает себя заново: с помощью языка и жестов. Помимо того, что в занавес служил ширмой, скрывающей объект, он также использовался для того, чтобы выделить предметы, наделенные таинственной властью, — например, алтари[59]. В итоге радикальное преображение пожилой леди усиливает ее власть над тем, как ее воспринимают окружающие. С этими словами ее голос исчезает из «Рассказа», который теперь ведется с точки зрения рыцаря, чье сердце — буквально — купается в блаженстве («bathed in a bath of blisse») [Чосер 2007: 414; Chaucer 2008: III, строка 1253]. При первом рассмотрении фраза, кажущаяся банальностью о супружеском счастье рыцаря, подсвечивает обращение Батской ткачихи к перспективе и желанию рыцаря. Но я предлагаю альтернативную точку зрения: эта на первый взгляд безвкусная банальность маскирует признание героиней авторитета физического опыта и самовыражения, — признание, которое не прерывалось. Таким образом, меня интересует фраза «bathed in a bath of blisse» (буквально «купался в бане [ванне, чане, бассейне] блаженства» или «погрузился в купальню [купель] благодати») как с точки зрения ее семантических резонансов, так и с точки зрения ее звучания.

---

[59] См. MED, статья «curtin(e)». URL: https://quod.lib.umich.edu/m/middle-english-dictionary.

Исторически сложилось так, что общественные бани или публичные дома, которые часто в среднеанглийским называли «stewes», были обычной частью городской жизни Лондона, о которой Чосер, несомненно, знал[60]. Из-за коннотаций радости, счастья и удовольствия «купель блаженства» рыцаря напоминает об этом незаконном способе принятия ванны[61]. И кроме того, среднеанглийское слово «blis(se)» имело более широкий, чем в современном английском языке, семантический диапазон, включая в себя «*выражение* радостного чувства, ликования, веселья и т. д.», согласно Словарю среднеанглийского языка[62]. В «Рассказе рыцаря» «...наш Паламон блажен своей любовью» («with al blisse and melodye») [Чосер 2007: 132; Chaucer 2008: I, строка 3097]. Сновидца Ленгленда «благозвучное пение птиц» («Blisse of þe briddes abide me made») [Langland 1995: A. 9, 58, B. 8. 64–67] не раз задерживает в пути и усыпляет. Когда рыцарь томится в своей бане блаженства, его охватывает форма экстатического чувства, подспудно связанного с шумом, который приносит радость.

Смысл этих резонансов многообразен. Эта *bath of blisse* напоминает поразительный момент из «Исповеди» Августина, где говорится о его въезде в Карфаген: «кругом меня (circumstrepebant) котлом кипела позорная любовь» [Августин 2013: кн. 3, стих 1; Augustine 1997, 1: 98], или, в переводе Т. С. Элиота, она «пела мне в уши» (sang all about [his] ears) [Eliot 2006: 73, прим. 307]. Как и рыцарь, здесь Августин объят наслаждением звуком. Как

---

[60] См. [Kelly 2000: 351–352].

[61] Здесь я строю свои рассуждения на идеях Дэвида Уоллеса из его доклада «Чосеровская харизма, или Что сделал К. С. Льюис» («Chaucerian Charisma, or What C. S. Lewis Really Did»), представленного на конференции Нового общества любителей Чосера в 2016 году. Уоллес предложил свое прочтение эссе К. С. Льюиса под названием «Что Чосер на самом деле сделал с поэмой “Филострато”» с акцентом на идеях мизогинии и гомофобии, которые проявляются в трактовке Льюисом переработки поэмы, упомянув «котелок удовольствий» как средоточие опасных женских чар. Хочу поблагодарить Дэвида Уоллеса за то, что он щедро поделился своими мыслями по этому вопросу непосредственно после доклада, а затем предоставил мне его копию.

[62] См. MED, статья s.v. «blis(se)», https://quod.lib.umich.edu/m/middle-english-dictionary.

известно, приезд Августина в Карфаген часто интерпретировался подобно развлечению Энея с Дидоной — юношеское состояние (подразумевающее инвестиции в наслаждение) перед развитием духовной зрелости. В подобном ключе критики могли бы прочитать финал «Рассказа батской ткачихи» как еще одно доказательство связи героини с опасным феминным соблазном и отвлечением от духовной истины.

Однако здесь важно обратить внимание на звуковую сторону фразы героини: «bathed in a bath of blisse», — где аллитерация и ассонанс превращают голос Батской ткачихи в звуковое бормотание. Ауральная структура строки комбинируется с этой двойной коннотацией «bliss» как «блаженства» в виде эйфорического ощущения и выражением этого ощущения. Рыцарская «bath of blisse» связывает этот опыт с Батской ткачихой, инкорпорируя ее собственное происхождение и часть ее имени в аллитерации строки[63], добавив авторскую подпись, связывающую ее авторитет с сенсорным опытом. In sum, голос Батской ткачихи разрушает бинарную логику «Рассказа» — преступление и наказание, вопрос и ответ? — играя звуками языка и приглашая аудиторию воспринять ее голос как шум. Голос сирены объемлет рыцаря, и, в свою очередь, Чосер показывает, как можно объять голос самой сирены.

---

[63] «Bath» («ванна, купель») / «Bath» (город Бат, где проживает героиня). — *Прим. пер.*

Эпилог
Эхоическое

> Погоди секунду. Этот окаянный рев на улице. Себя, какими они в себе были неотменимо предобусловлены стать. Ессо!
>
> *Джеймс Джойс. Улисс, «Цирцея» [Джойс 2022: 49]*

В этой книге доказывается, что настроенность внесемантического опыта языка, понимаемого в широком смысле как шум, связана с мирскими эпистемологиями и литературами, которые в огромном количестве появлялись в позднесредневековой Англии. Подобные импульсы к переживанию и выражению языка в качестве шума были средством культивации прямого доступа к знанию через аффективный/сенсорный опыт и без посредничества религиозных авторитетов. Но, как бы то ни было, это не единственная форма реформаторских устремлений. Уиклифская ересь, возможно, является самым известным примером таких мирских побуждений, или, по крайней мере, наиболее признанным учеными движением вообще. Как было показано в главе 3, идеи Уиклифа и уиклифцев частично (но, впрочем, не во всем) совпадали с тропами мыслей, чувств и ощущений, прослеживаемых в этой работе. Уиклиф и уиклифцы, известные своим желанием ограничить власть духовенства, поощряли глубоко личное отношение к библейскому слову, что, по мнению ученых, было предтечей Реформации [Hudson 1988][1]. Именно это желание ле-

---

[1] Стоит учитывать, что со времен авторитетного исследования Энн Хадсон исследователи спорят о том, в какой степени учение последователей Уиклифа и его применение на практике совпадают с идеями Реформации и их реализацией.

жало в основании их образовательных программ и вернакулярных переводов (среди прочих задач)[2]. Но эпистемологии шума, прослеживаемые в этой книге, не вполне совпадают с теориями и практиками уиклифцев: так, несмотря на то что они разделяли желание расширить возможности мирян и обойти клерикальную власть, мир эха, который я исследую, подсвечивает материальные качества голоса в противовес уиклифскому идеалу телесной трансцендентности. Тем самым реактивируется центральный парадокс католицизма, воплощение: тело как источник греха и ошибки и в то же самое время как источник спасения.

В оставшейся части эпилога я прослежу, как спорное взаимодействие звука и смысла эхоирует в англо-ирландской поэтике в течение многих веков, обращаясь к нескольким показательным примерам и задерживаясь подробно на высоком модернизме Джеймса Джойса. Я буду занимать скорее наводящую, чем исчерпывающую позицию. И я надеюсь, что эти мои жесты могут привести к дальнейшей работе по преодолению научных и интеллектуальных разрывов между изучением Средних веков и модерности.

В Англии раннего Нового времени все больше внимания уделялось простой речи, которую протестантские мыслители часто противопоставляли «магическим» заклинаниям католицизма или «женоподобной» поэзии двора. Вещие сестры шекспировского «Макбета» говорят тайным (arcane) рифмованным напевом (возврат к ранним сновидческим видениям Чосера, возможно, ненамеренный). Эта заклинательная речь передает их дьявольскую плотскость, контрастируя с героическим пентаметром таких фигур, как будущий король Малькольм.

Похожим образом литературная критика начала XVII века также отдает предпочтение более свободному и витальному модусу письма, способному эффективно передавать точку зрения. Например, в посмертной работе Бена Джонсона «Тимбер, или

---

2 [Hudson 1988] до сих пор можно считать классическим исследованием исторического фона, на котором развивалось движение уиклифцев, а также тех реформаторских по своей сути программ, которые они хотели провести. См. также [Levy 2006; Lahey 2009].

Открытия, сделанные о людях и материи» осуждаются те, кто «трудится только для показухи и всегда больше занят красками и поверхностью работы, чем ее материей и основанием». Согласно Джонсону, существует два таких типа, чей фокус прикован к поверхности звука или «краске» языка. Первый тип — те, кто придерживается «грубого и ломаного» стиля, который они считают «более сильным и мужественным» в его свойстве «напрягать слух своей шероховатостью». Вторые — «женские поэты», у которых «вообще нет композиции, но в то, что они пишут, вплетается некая напевность и звонкость». Такая поэзия, утверждает Джонсон, «бежит, скользит и издает лишь звук» [Jonson 1892: 24–26].

Хорошая поэзия, считает Джонсон, стремится к золотой середине. «Эффектное» письмо, написанное женщинами и для женщин, слишком мягкое к чувству (senses), скользит по уху, не имея оснований для ментальной коммуникации; «суровое» же письмо, устремленное к противостоянию таким тенденциям, столь же глупо и неестественно. «Истинный художник, — заключает Джонсон, — не убегает от природы, боясь ее, не отходит от жизни и образа истины, а говорит согласно возможностям своих слушателей» [Jonson 1892: 26–27]. Подчеркивая умеренность и внимательность к аудитории, Джонсон укрепляет представление о том, что физические ощущения и наслаждение звуками должны быть вторичными и вспомогательными по отношению к передаче смысла как важнейшей цели автора. Десятилетия спустя, во втором издании «Потерянного рая» в 1674 году, Джон Мильтон выдвинет нерифмованный пентаметр, или белый стих, как классический и героический метр, куда более подходящий его возвышенному предмету, чем «звенящий звук уподобленных окончаний» или «шум» рифмы [Milton 1998: 55]. В недавних исследованиях обращается внимание на роль Мильтона в продвижении белого стиха как парадигматического для «свободомыслия», а вместе с ним и для современности (modernity) — понятия, принятого и расширенного романтиками [Weinfield 2012].

Напряжение между звуком и значением проявилось в викторианских дебатах о просодии в XIX веке, когда британские авторы начали обсуждать, как определенные звуки, часто идентифицируемые как «грубые» или примитивные, предлагают куда более аутентичный способ поэтической коммуникации. Такая позиция часто увязывалась с медиевизмом автора. Так, Роберт Браунинг, писавший в основном в первой половине XIX века, исследовал проблему невыразимости в светском контексте через образ итальянского трубадура XIII века Сорделло, который задается вопросом, насколько хорошо язык может передать индивидуальный опыт и мысли. В итоге Сорделло стремится «выковать» «грубые доспехи», в которые можно облачить свой опыт [Browning 1984, 2: 575–579]. Впрочем, как отмечает Мэтью Кэмпбелл, грубость и качественное несовершенство доспехов указывают на то, что они не подходят; слово не может адекватно передать мысль, то есть «облачить» ее [Campbell 2013: 82].

Однако в своей поздней поэзии Браунинг приходит к мысли о том, что именно в такой грубости, выраженной игрой звуков и скороговоркой в «О Пакьяротто», и заключается смысл поэзии. В одной из таких работ Браунинг говорит:

> И, что с вашим грохотанием и позвякиванием,
> кто знает, не даете ли вы мне намек
> на то, как звучит музыка, благодаря бряцанию
> обычного барабана и треугольника?
> посредством чего — тук-тук, дзинь-дзинь — доказано,
> что я нарушаю правило так же дерзко, как Бетховен
> этот аккорд сейчас — стон это или хрюканье?
> сам Шуман был не худшим контрапунктистом.
> Ни слуха! Или если и слух, то такой грубо хрящеватый —
> он думал, что пел, тогда как он свистел![3]

Браунинг признает свое ухо дурным, проталкивая стихи так, что звук грозится подавить смысл, отклоняясь в область абсурда;

---

[3] «And, what with your rattling and tinkling, / Who knows but you give me an inkling / How music sounds, thanks to the jangle / Of regular drum and triangle? / Whereby, tap-tap, chink-chink, 'tis proven / I break rule as bad as Beethoven / That chord now—a groan or a grunt is't? / Schuman's self was no worse contrapuntist. / No ear! Or if ear, so rough gristled — / He thought that he sung while he whistled!» [Browning 1889: 26].

все это резонирует с нонсенсной поэзией Эдварда Лира, Льюиса Кэрролла и других авторов, ассоциируемых с работами для детей.

Самоуничижительное стихотворение Браунинга, приравнивающее его собственную поэзию к свисту, подсвечивает то, как глубоко поэты и литературные критики его времени были обеспокоены взаимодействием между звуковым рисунком и смыслом. Другим таким критиком был Джерард Мэнли Хопкинс, также известный своим изобретательским вниманием к поэтическим звукам и медиевализму. Хопкинс не был поклонником творчества Браунинга; он писал, что Браунинг заставляет своих героев говорить «с видом и духом человека, вскакивающего из-за стола, набив рот хлебом и сыром, и заявляющего, что он не намерен терпеть эту вздорную чепуху» [Hopkins 1935: 74–75]. Несмотря на это осуждение, оба поэта были в равной степени заинтересованы в «произносимости» поэзии, поскольку физические свойства могут передать истину, которая лежит за пределами смысла слов[4]. Хопкинс опирался на понятие *haecceitas*, «этости», Джона Дунса Скота, формулируя теорию «inscape» (врожденного или сущностного качества вещи) и «instress» (воспринимаемого качества вещи), которая ляжет в основу особого «пружинящего ритма»[5]. Вкратце, этот пружинящий ритм наслаждается ауральной текстурой языка, используя «instress» как средство достижения «inscape»[6]. Таким образом, ауральная флюидность Хопкин-

---

4 Рассматривая роль ритма в викторианской просодии, Майкл Д. Хёрли делает аналогичный вывод о всеобщем согласии поэтов того времени относительно значения звуков поэзии, несмотря на различия в том, как они эти звуки использовали. См. [Hurley 2013: 31]. Термин «произносимость» (mouthability) Хёрли заимствует у Кристофера Рикса [Hurley 2013: 22].

5 Исследователи дискутируют о том, насколько *haecceitas* Скота соответствует понятию «inscape», или «тональности предмета», Хопкинса. Подробнее о влиянии Скота на Хопкинса, особенно в отношении «метафизики индивидуации», см. [Doyle 1993: 3].

6 См. [Wimsatt 2006]. Уимсатт полагает, что в теории поэтического языка Хопкинса приоритет был отдан «звукоподражательной передаче лексических значений поэтическими средствами», а не «сенсорному и эмоциональному “inscape”, чему особенно способствовали повторы фонематических фигур в его произведениях» [Wimsatt 2006: 111]. В исследовании также подчерки-

са и грубость Браунинга предлагают совершенно разные способы передачи смысла через шум языка.

Во второй половине XIX века, спустя несколько десятилетий после того, как Браунинг и Хопкинс достигли наибольшей производительности, викторианский писатель и ремесленник Уильям Моррис, оказавший влияние на возникновение в Англии движения «Искусства и ремесла», основал издательство «Келмскотт-Пресс», опирающееся на средневековую литературную и текстуальную эстетику при издании своих книг. Одна из таких книг, повесть «Сон про Джона Болла», написанная самим Моррисом, заимствует форму сновидческого видения, в котором Сновидец засыпает и обнаруживает себя среди крестьянских повстанцев, планирующих восстание 1381 года, в городе Кент. Чтобы оплачивать еду и ночлег среди обитателей Кента, Сновидец становится известным странствующим поэтом. Когда приходит его время развлекать аудиторию, он объясняет: «Слова, казалось, ускорялись и росли, да так, что я не разбирал звук собственного голоса; они практически сбивались в рифму и меру, пока я их говорил» [Morris 2001: 21]. Мужчины вокруг него заводят собственную песнь в ответ голосами, которые рассказчик описывает как «сильные и грубые, но не то чтобы немузыкальные» [Morris 2001: 21]. Благоговение Морриса перед этой грубой песней, которая, кажется, возникает из тела певца автоматически, без влияния разума, согласуется с его общим этосом, который мы могли бы назвать «эстетическим социализмом»[7]. Этот кодекс возвышал удовольствие от ремесленного труда до выражения моральной истины — идея, возникшая из прерафаэлитского медиевализма таких мыслителей, как Джон Рёскин[8]. Ссылаясь на структуры чувств, которые я описываю

вается влияние древнегреческих и латинских мыслителей на поэтику Хопкинса. Хотелось бы, чтобы столь же подробный анализ появился относительно воздействия средневековой поэзии на английском языке на «поэтику звуков речи» Хопкинса.

7 Более полный анализ резонанса эстетических идей и идей социализма в «Сне про Джона Болла» см. в [Lears A. 2019].

8 Обсуждение медиевизма Морриса и влияния на него Рёскина см. в [Lears J. 1981: 62–65].

выше, и, возможно, в особенности на амбивалентное отношение Ленгленда к лоллардам и их болтанке, благоговение Морриса перед удовольствием, по крайней мере частично, было связано с определением взаимозависимости труда и безделья. И действительно, в конце «Сна про Джона Болла», где рассказчик просыпается, он сообщает нам: «[Я] оделся и приготовился ко дню “работы”, как я ее называю, но которую почти всякий, кроме Джона Рёскина (а много ли найдется таких, как он?), назвал бы “игрой”» [Morris 2001: 102–103].

Взаимодействие между звуком и смыслом, которое мы наблюдаем в раннем модернизме и викторианской литературе, доведено до крайности в экспериментах с новыми нарративными и поэтическими формами высокого модернизма, особенно в потоке сознания и эксцентричном бриколаже таких авторов, как, например, Джеймс Джойс. Эпиграфы этой книги, взятые из романа Джойса «Улисс», усиливают эхо средневековой мысли в высокомодернистской литературной теории и практике. В заключение я прослежу связи между некоторыми из этих эпиграфов и покажу, что в «Улиссе» шум рассматривается как внесемантическое когнитивное и эмоциональное пространство. Для Джойса, как и для многих средневековых авторов, которых я исследовала в этой книге, такой способ познания противостоит авторитарному обмену информацией и создает возможность симпатии и связи с другими людьми и с миром в целом. Здесь я сфокусируюсь на мотиве «крика» или «шума на улице», который повторяется во многих моментах романа (сильно превышая число выбранных эпиграфов к этой работе). Я надеюсь, что подобные жесты позволят по-новому осмыслить постоянный акцент Джойса на звуках в «Улиссе», тех самых звуках, некоторые из которых встречаются в моих эпиграфах: например, шипящий дверной замок, впервые появляющийся в «Эоле», который перекликается с *vox confusa* из «Дома славы» Чосера; ленглендовский интерес к ауральной текстуре той самой «болтанки» языка в описании вислоухого квакера-библиотекаря Библиотеки Конгресса («Сцилла и Харибда»); в «Сиренах», где настойчивый акцент Джойса на «звенящих» голосах мисс Дус и мисс Кеннеди напоминает об опасно приятном голосе Батской ткачихи Чосера[9]. Эти примеры позволяют предположить, что Джойс, подобно многим средневековым мыслителям, вписанным в католическую интеллектуальную традицию, был крайне внимателен к внесемантическим аспектам языка и голоса.

В часто цитируемом эпизоде в начале «Улисса» Стивен Дедал и мистер Дизи, директор школы, где преподает Стивен, дискутируют о теориях истории. Для Стивена история — «кошмар, от которого я пытаюсь проснуться». Дизи возражает ему, утверждая, что «вся история движется к единой великой цели, явлению Бога». В ответ Стивен прислушивается к звуку, которые издают мальчики, играющие на поле по соседству, и задумывается о нем. «На поле снова крики мальчишек. Трель свистка: гол. А вдруг этот кошмар задаст тебе пинка сзади?» — думает он и затем отвечает Дизи: «Вот Бог... Крик на улице» [Джойс 2022: 36; Joyce 1986: 28]. Этим обменом репликами Джойс обозначает свое модернистское неприятие телеологической теории истории, пронизывающей всю Викторианскую эпоху; но тем же самым он обозначает и то, что, как я утверждаю, представляет собой в крайней степени средневековую тоску по обретению высшего знания — независимо от того, будет ли оно определено как Бог или нет — в имманентном и повседневном[10].

---

9 См., например, [Epstein 2014]. В этой работе Эпштейн показывает, как «шум и музыка — присутствующие одновременно в звуковом поле и обменивающиеся между собой информацией эстетические и культурные категории — формируют литературу начала XX века» [Epstein 2014: xv]. Анализируя «Улисса» Джойса, Эпштейн обращается к «электроопере» «Мистер Блум и Циклоп» американского композитора-авангардиста Джорджа Антейла по мотивам 12-й части «Улисса», чтобы оценить риторическую и идеологическую роль музыки в эпизоде «Циклоп» романа. По мнению Эпштейна, опера Антейла подчеркивает какофонические аспекты музыки, пародируя «нарочитую громкость и ложную целостность мотивов националистической риторики», присутствующих в данной части романа. Таким образом, в своем произведении Джойс «высвобождает шум и пытается усилить шумы, присущие музыке, и тем самым раскрыть музыку как материальный, идеологически нагруженный артефакт» [Epstein 2014: 152].

10 Акцент Джойса на детских голосах напоминает о переломном моменте в духовной автобиографии Блаженного Августина: «И вот слышу я голос из соседнего дома, не знаю, будто мальчика или девочки, часто повторяющий

Здесь, в начале романа, где Стивена преследует смерть матери и он отчужден его окружающего его мира, этот взгляд на Бога, в которого Стивен не верит, — непочтительный «пинок сзади» концепту Дизи о далеком, всемогущем и авторитарном Боге, на которого ориентирован ход человеческой истории и прогресс знания. «Пинок сзади» повторяется в «Быках Гелиоса» — главе «Улисса», в которой Джойс продвигается сквозь историю английских литературных стилей, описывая посещение главным героем родильного дома и веселые разговоры студентов-медиков. «Оле, устрашающий треск снаружи, грозный рокот и рык» [Джойс 2022: 405; Joyce 1986: 323] («A black crack of noise in the street», — или, точнее: «bawl[s] back») — вернакулярный ответ на латинские прозаические стили XVII–XVIII веков, в которых подробно описываются разговоры студентов-медиков.

В джойсовской галлюцинаторной главе «Цирцея» Стивен и Леопольд Блум блуждают по улицам дублинского квартала красных фонарей, сталкиваясь со сновидческими манифестациями собственных страхов и желаний. Поначалу шум раздражает Стивена. Раздумывая о музыкальной космологии, он слышит, как граммофон играет «Град священный», гимн кон-

---

нараспев: “Возьми, читай! Возьми, читай!” Я изменился в лице и стал напряженно думать, не напевают ли обычно дети в какой-то игре нечто подобное?» [Августин 2013: 121–122; Augustine 1997, 1: 464–465]. Этот мотив также встречается в более поздних произведениях XX века. В частности, вот как Гумберт Гумберт описывает свои слуховые ощущения во время остановки после бегства с места убийства Клэра Куилти в романе Владимира Набокова «Лолита»: «Читатель! Мелодия, которую я слышал, составлялась из звуков играющих детей, только из них, и столь хрустален был воздух, что в мреющем слиянии голосов, и величественных, и миниатюрных, отрешенных и вместе с тем волшебно близких, прямодушных и дивно загадочных, слух иногда различал как бы высвободившийся, почти членораздельный взрыв светлого смеха, или бряк лапты, или грохоток игрушечной тележки, но все находилось слишком далеко внизу, чтобы глаз мог заметить какое-либо движение на тонко вытравленных по меди улицах. Стоя на высоком скате, я не мог наслушаться этой музыкальной вибрации, этих вспышек отдельных возгласов на фоне ровного рокотания, и тогда-то мне стало ясно, что пронзительно-безнадежный ужас состоит не в том, что Лолиты нет рядом со мной, а в том, что голоса ее нет в этом хоре» [Набоков 2021: 183; Nabokov 1997: 308].

ца XIX века, в котором рассказчику привиделись поющие дети, напоминающие ему ангелов. В ответ на этот гимн — эхо мальчишеских криков, раздававшихся ранее, — Стивен заявляет: «Этот окаянный рев на улице. Себя, какими они в себе были неотменимо предобусловлены стать. *Ecco*!» [Джойс 2022: 491; Joyce 1986: 412]. В этом позднем эпизоде стивеновское восприятие шума конвенционально: это нежелательный звук, связанный с ханжеством неизвестного соседа. Однако по мере того, как его мысли обращаются вглубь, ассоциации Стивена начинают примиряться с игрой окружающих его звуков на его собственных условиях. Предписание «*Ecco*!», по-итальянски «здесь», и игра «ecce», латинского повеления «созерцать» (также используемого в схоластических спорах в значении «это было окончательно установлено»), подразумеваетауральность, приглашающую обратить внимание на беспорядочный звуковой ландшафт криков, смеха, шепота и музыки вокруг него. Ближе к концу главы Стивен заводит дружбу с этим шумом, отвечая на песенный диссонанс словами: «Чу! Наш друг, шум на улице!» [Джойс 2022: 533; Joyce 1986: 468]. «Hark» («Чу!»), вернакулярное английское выражение, означающее «слушать», замещает «ecco», латинское выражение (пусть и адаптированное), означающее «созерцать». Стивен погружается в звук, который обеспечивает ему этот сновидческий опыт.

Действительно, именно во внесемантическом переживании звука Стивен обнаруживает быстротечное товарищество с Леопольдом Блумом, другим протагонистом романа. В «Итаке», когда Блум приводит Стивена домой, чтобы тот протрезвел, Стивен сопротивляется заботливым жестам Блума. Но чувство отчуждения кратковременно подвешивается, когда эти двое обсуждают свои наследственные языки — древнеирландский и иврит, — перемежая обсуждение фрагментами поэзии, которые они понимают и помнят крайне смутно. Несмотря на самое базовое знание этих языков, они обсуждают «точки соприкосновения... между этими языками и между народами, на них говорившими», начиная с «наличия гуттуральных звуков, диакритических придыханий, вставных и служебных букв в обоих языках» и «их древности, которые они разделяют» [Джойс 2022: 633; Joyce 1986: 564]. Таким образом, роман Джойса, принадлежащий к высокому модернизму, развивает то, что, как я утверждаю, является специфически средневековым интересом к переориентации на внесемантические свойства языка и к поиску радости, а вместе с тем — и смысла, в звуках, текстурах, формах и шуме языка. Модернистский стиль Джойса основывается на такой настроенности, создавая эхо(*ecco*?)-камеру звуковой игры, которая приглашает к погружению в материальные элементы языка.

Последний роман Джойса «Поминки по Финнегану» — развернутое свидетельство этой идеи. Здесь Джойс показывает, к примеру, влияние англо-ирландского стиля гибернейской латыни, ранней латинской формы, на звуки определенной древнеанглийской поэзии, например на звуки «Рифмованного стиха» «Эксетерской книги рукописей». Гибернейская латынь, которую один медиевист начала XX века показательно назвал «пышной грибковой культурой разложения» [MacNiell 1931][11], была известна своими риторическими орнаментациями и заученным вокабуляром, созданными под влиянием языков, в основном неизвестных монахам, ее составлявшим. Заманчиво предположить, что отчасти привлекательность такой макаронической композиции заключалась в звучании языка, а не в значении слов[12]. Абсурдистское использование языка в гибернейской латыни оказало неопровержимое влияние на Джойса, известного своей виртуозной, но зачастую сложной, бессмысленной игрой с языком. В одну из первых частей «Поминок по Финнегану» Джойс вставляет цитаты из гимна о сотворении мира «Altus Prosator» («Вышний Сеятель») в отрывок своей собственной латыни. Хотя латынь Джойса имитирует средневековые религиозные сочинения

---

11 См. также переосмысление Майклом Херреном этого уничижительного определения в [Herren 1974].

12 Подобные тексты требуют дальнейшего изучения взаимодействия звука и смысла в раннесредневековой литературе, что, собственно, и стало центральной темой книги. О роли звуковой игры в древнеанглийской поэзии см. мою статью [Lears A. 2013].

и стилем, и словарем, ее содержание — это нецензурная брань. Так, рассказывается, что Вышний Сеятель испражняется в свою собственную руку («in manum suum evacuavit»), что Джойс глоссирует с помощью английской ремарки: «(весьма прозаично, дерьмо ему, извините, в руку!)». Затем описывается, как испражнения помещаются в сосуд и радостно и текуче смешиваются под заклинания монахов-близнецов («sub invocation fratrorum geminorum... laete ac melliflue minxit»), чтобы произвести несмываемые чернила [Joyce 2012: 185]. Скатологические ассоциации с заклинаниями в этом разделе напоминают реакцию чосеровского хозяина таверны на «Рассказ о сэре Топасе», прерванную первую поэму, предложенную Чосером-пилигримом. Перебив я-Чосера на середине, хозяин поносит Чосера, утверждая, что «[his] drasty rymyng is nat worth a toord!» («его мерзкая рифма дерьма куска не стоит!») [Chaucer 2008: VII, строка 930]. И Джойс, и Чосер подчеркивают связь междуауральными и соматическими аспектами языка и человеческими отходами. Как и Чосер, Джойс предполагает, что такие отходы — сама основа литературного творчества.

Для Умберто Эко (чья фамилия здесь лишь счастливое совпадение) медиевализм Джойса заключался в его понимании мира как упорядоченной вселенной с «неограниченной цепью отношений между творениями и событиями»; задача художника — изобразить эту космическую паутину. Как отмечает Эко, эта точка зрения и смоделировала поэтику Джойса, создающую и умножающую смысл в процессе, который Эко описывает с точки зрения отражения (reflection): любой человек или событие — это шифр, отсылающий к другой части книги. Таким производится сетка аллюзий в «Улиссе» и система каламбуров в «Поминках по Финнегану». Каждое слово воплощает в себе любое другое, потому что язык — самоотражающийся мир. Если вы уберете трансцендентного Бога из символического мира Средневековья, вы получите мир Джойса [Eco 1989: 7]. Это и есть «хаосмос», фигурирующий в названии: запутанная паутина впечатлений и ассоциаций, усиливающая полноту значения. Я предполагаю, что эта сеть отражений может быть также описана через понятие эха, возникающего в результате неопределенного шума значений. Действительно, по крайней мере один из исследователей Джойса высказывает такое мнение, отмечая, что эхо — подходящий способ обозначить творческий ландшафт «Поминок по Финнегану»: «перед нами Земля Эха — резонансный роман, полный реверберации, где каждый элемент производит эхо либо сам есть эхо, где все — отклик на что-то и даже, в подавляющем числе моментов, — отклик на все остальное» [Fordham 2000: 167].

Поскольку к концу жизни зрение Джойса все больше падало, он, похоже, остро осознавал средневековую идею о том, что звуки языка в падшем мире могут превзойти то, что они обозначают. Начав «Поминки по Финнегану» с середины предложения, Джойс помещает нас в привычную космологическую картину:

> Падение (бабабадалгарахтакамминарроннконнброннтоннеротуонн тхуннтроваррхоунаунскавнтухухуордэнэнтурнук) некогда прямостенного староотца пересказывается рано в постели и позднее на жизни нисходя сквозь всю христианскую менестрельность[13].

Напоминая средневековые идеи о грехопадении как о решающем моменте, когда язык стал существовать во времени и в теле как эхо чистого логоса, Джойс инициирует громкий шум, который нарастает сам по себе, а многие слоги повторяют предшествующие, от «ба-ба-ба» до «рон-кон-брон» и «дэн-эн», пока этот шум не заканчивается категорическим «турнук!». Но прекращается ли шум на самом деле? Как и проанализированные здесь работы Средних веков, «Поминки по Финнегану» приглашают пережить расстояние — или эхо — между звучащим знаком и идеей самой по себе как ценнейшее пространство для поэтической игры. Роман настаивает, чтобы мы прислушались к этим шумам; и мы слышим это в самом начале (и повторяем на разный манер на

---

13 «The fall (bababadalgharaghtakamminarronnkonnbronntonner-ronntuonn thunntrovarrhounawnskawntoohoohoordenenthurnuk!) of a once wallstrait oldparr is retaled early in bed and later on life down through all christian minstrelsy» [Joyce 2012: 3].

протяжении всего текста): «Hush! Caution! Echoland!» [Joyce 2012: 13] («Тише! Внимание! Мы на Земле Эха!»). И радость шума языка реверберирует, назад и вперед, во времени; из мира эха — к земле эха.

В самом широком смысле «Мир эха» показывает, каким образом средневековые мыслители приняли переориентацию на внесемантические аспекты языка, ощущаемые в теле и через тело, — они стремились понять радикальную инаковость Бога и соединиться с ней. Но также они стремились преодолеть разрыв между собой и другими — людьми и не только — в мире вокруг. Из перспективы, не являющейся ни религиозной, ни секулярно-гуманистической всецело, Эми Холивуд пишет о «трансцендентности, которая случается между людьми или между людьми и миром вокруг, но при этом не сводится к отдельным сторонам этого отношения, возможно, даже к самому отношению» [Hollywood 2016: 5]. Эта книга исследует, каким образом мыслители и поэты Средних веков настраивались на эту трансцендентность, работали над возможностью коммуникации сквозь нее. Холливуд призывает найти место для радости как в мысли, так и в критике:

> Те из нас, кто живут в привилегированном положении, — и те, кто живут вне его, зачастую едва-едва, — не способны отвести глаз, не способны действовать, не способны, в самом полном смысле этого слова, жить. И тем не менее энергия, необходимая для эффективных действий, приходит не только из меланхолии, но также — через радость, через любовь к миру, который требует изменений... Это работа, работа над собой и над миром, тот самый неотчужденный труд, посредством которого мы и становимся теми, кто мы есть. Не страдание и не радость, ибо одно без другого невозможно; мы не можем жить хорошо, — и не можем жить только в горе, гневе и ярости [Hollywood 2016: 64].

Так, коротко говоря, я утверждаю, что литературное исследование, охватывающее радость языка, обладает сочувствующей и объединяющей силой. Эта радость не вполне отделима от боли или страдания — на это указывает любовная хворь Ролла, слезы Кемп, крик ленглендовской Совести у Ленгленда, взывающий к милости. Но работы, которые я рассматриваю, показывают, как радость, обретаемая в звуках и аффектах языка, в сочетании с трудом, превращающим этот опыт в интерпретацию, могут быть способом познания и выражения более масштабной истины, которую мы (подобно многим средневековым мыслителям) могли бы назвать любовью.

Библиография

Иностранные источники, переведенные на русский язык

Августин 2006 — Блаженный Августин. Христианская наука, или Основания священной герменевтики и искусства церковного красноречия. СПб.: Библиополис, 2006.

Августин 2013 — Блаженный Августин. Исповедь / пер. с лат. М. Е. Сергеенко. СПб.: Наука, 2013.

Боэций 2022 — Боэций. Утешение Философией / пер. с лат. В. Уколовой, М. Цейтлина. М.: Рипол-Классик, 2022.

Вергилий 1979 — Вергилий. Буколики. Георгики. Энеида / пер. с лат. С. А. Ошерова под ред. Ф. А. Петровского; коммент. Н. А. Старостиной. М.: Художественная литература, 1979.

Джойс 2022 — Джойс Джеймс. Улисс / пер. с англ. В. Хинкиса и С. Хоружего. М.: Иностранка, 2022.

Дуглас 2000 — Дуглас М. Чистота и опасность. М.: Канон-Пресс-Ц, 2000.

Овидий 1983 — Публий Овидий Назон. Любовные элегии. Метаморфозы. Скорбные элегии / пер. с лат. С. В. Шервинского. М.: Художественная литература, 1983.

Набоков 2021 — Набоков Владимир. Лолита / прим. А. Бабиков. М.: АСТ: CORPUS, 2021.

Поуп 1988 — Поуп Александр. Поэмы / пер. с англ. А. Субботина. М.: Художественная литература, 1988.

Сиксу 2019 — Сиксу Элен. Хохот Медузы // Введение в гендерные исследования. Хрестоматия / под ред. И. А. Жеребкиной, С. В. Жеребкина. СПб.: Алетейя, 2019. С. 799–821.

де Соссюр 1999 — де Соссюр Фердинанд. Курс общей лингвистики / под ред. Ш. Балли, А. Сеше; пер. с фр. А. Сухотина. Екатеринбург: Изд-во Урал. ун-та, 1999.

Чосер 2001 — Чосер Джеффри. Троил и Крессида / пер. с англ. М. Бородицкой // Чосер Джеффри. Троил и Крессида. Хенрисон Роберт. Завещание Крессиды. Уильям Шекспир. Троил и Крессида. М.: Наука, 2001.

Чосер 2007 — Чосер Джеффри. Кентерберийские рассказы / пер. с англ. И. Кашкина, О. Румера, Т. Поповой; предисл., примеч. И. Кашкина; доп. к примеч. Т. Поповой. М.: Эксмо, 2007.

Юлиана Нориджская 2010 — Юлиана Нориджская. Откровения Божественной любви / пер. с англ. Ю. Дресвиной. М.: Русский фонд содействия образованию и науке, 2010.

Рукописи и первопечатные издания

Kempe, Wynken 1501 — Kempe Margery. Here begynneth a shorte treatyse of contemplacyon taught by our lorde Jhesu cryste, or taken out of the boke of Margerie kempe of lyn[n] / Ed. by Wynken de Worde. London: Fleetstreet, 1501.

London, British Library, MS Additional 61823.

London, British Library, MS Arundel 292.

London, British Library, MS Cotton Cleopatra C VI.

London, British Library, MS Harley 2253.

London, British Library, Yates Thompson MS 14.

Основные источники

Augustine 1956 — Augustine. Enarrationes in psalmos / Ed. by J. Leemans and L. Jocqué. Turnhout: Brepols, 1956.

Augustine 1995 — Augustine. De Doctrina Christiana / Ed. and transl. by R. P. H. Green. Oxford: Clarendon Press, 1995.

Augustine 1997 — Augustine. Confessions / Transl. by W. Watts. 2 vols. Cambridge, MA: Harvard University Press, 1997.

Barratt 2001 — Barratt Alexandra, ed. The Knowing of Woman's Kind in Childing: A Middle English Version of Material Derived from the Trotula and Other Sources. Turnhout: Brepols, 2001.

Bartholomaeus 1975–1988 — Bartholomaeus Anglicus. On the Properties of Things: John Trevisa's Translation of Bartholomaeus Anglicus De Proprietatibus Rerum, a Critical Text / Ed. by M. C. Seymour. Oxford: Clarendon Press, 1975–1988.

Blunt 1873 — Blunt J. H., ed. The Myroure of Our Ladye. London: Early English Text Society, 1873.

Boethius 1867 — Boethius. Anicii Manlii Torquati Severini Boetii, De institutione musica libri duo, De institutione musica libri quinque, accredit

Geometria quae fertur Boetii / Ed. by Gottfried Friedlein. Leipzig: B. G. Teubneri, 1867.

Boethius 1973 — Boethius. The Consolation of Philosophy / Transl. by S. J. Tester. Cambridge, MA: Harvard University Press, 1973.

Boethius 1989 — Boethius. Fundamentals of Music / Transl. by Calvin Bower. New Haven: Yale University Press, 1989.

Brook 1978 — Brook G. L., ed. The Harley Lyrics: The Middle English Lyrics of Harley 2253. Manchester: Manchester University Press, 1978.

Brown 1939 — Brown Carlton, ed. Religious Lyrics of the Fifteenth Century. Oxford: Clarendon Press, 1939.

Browning 1889 — Browning Robert. Robert Browning's Poetical Works: Pacchiarotto and how he worked in distemper, with other poems. London: Smith, Elder, 1889.

Browning 1984 — Browning Robert. The Poetical Works of Robert Browning / Ed. by Ian Jack, Margaret Smith. Oxford: Clarendon Press, 1984.

Chaucer 2008 — Chaucer Geoffrey. The Riverside Chaucer / Ed. by Larry D. Benson. 3rd ed. Oxford: Oxford University Press, 2008.

Clement of Alexandria 1919 — Clement of Alexandria. The Exhortation to the Greeks / Transl. by G. W. Butterworth. London: W. Heinemann, 1919.

Coldewey 1993 — Coldlewey John, ed. Early English Drama: An Anthology. New York: Garland, 1993.

Copeland, Sluiter 2009 — Copeland Rita, Sluiter Ineke, eds. Medieval Grammar and Rhetoric: Language Arts and Literary Theory, AD 300–1475. Oxford: Oxford University Press, 2009.

Corbin 1998 — Corbin Alain. Village Bells: Sound and Meaning in the 19th C. French Countryside / Transl. by Martin Thom. New York: Columbia University Press, 1998.

Davidson 1993 — A Tretise of Miraclis Pleyinge / Ed. by Clifford Davidson. Kalamazoo: Medieval Institute Publications, 1993.

Dean 2000 — Dean James M., ed. Richard the Redeless and Mum and the Sothsegger. Kalamazoo: Medieval Institute Publications, 2000.

de Deguileville 1899 — de Deguileville Guillaume. The Pilgrimage of the Life of Man, Englisht by John Lydgate, A. D. 1426, from the French of Guillaume de Deguileville, A. D. 1330, 1355 / Ed. by F. J. Furnivall. London: Early English Text Society, 1899.

Dobson 1972 — Dobson Eric John, ed. The English Text of the Ancrene riwle. London: Early English Text Society, 1972.

Eliot 2006 — Eliot T. S. The Annotated Waste Land: With T. S. Eliot's Contemporary Prose / Ed. by J. H. Elliott, Lawrence S. Rainey. New Haven: Yale University Press, 2006.

Fein 2014 — Fein Susann, ed. and transl. The Complete Harley 2253 Manuscript. 3 vols. Kalamazoo: Medieval Institute Publications, 2014.

Felix 1956 — Felix's Life of St. Guthlac / Ed. by Bertram Colgrave. Cambridge: Cambridge University Press, 1956.

Gower 2006 — Gower John. Confessio Amantis / Ed. by Russell A. Peck. Kalamazoo: Medieval Institute Publications, 2006.

Gower 2011 — Gower John. Poems on Contemporary Events: The Visio Anglie (1381), and Cronica Tripertita (1400) / Ed. by David R. Carlson; transl. by A. G. Rigg. 3 vols. Toronto: Pontifical Institute of Mediaeval Studies, 2011.

Heine 2002 — Heine Ronald E., transl. The Commentaries of Origen and Jerome on St. Paul's Epistle to the Ephesians. Oxford: Oxford University Press, 2002.

Higden 1865 — Higden Ranulf. Polychronicon Ranulphi Higden monachi Cestrensis together with the English Translations of John Trevisa and of an unknown writer of the fifteenth century / Ed. by J. Rawson Lumby. 2 vols. London: Longman, 1865.

Hodgson 1944 — Hodgson Phyllis, ed. The Cloud of Unknowing. London: Early English Text Society, 1944.

Hopkins 1935 — Hopkins Gerard Manley. The Correspondence of Gerard Manley Hopkins and Richard Watson Dixon / Ed. by C. C. Abbott. London: Oxford University Press, 1935.

Hudson 1988 — Hudson Anne. The Premature Reformation: Wycliffite Texts and Lollard History. Oxford: Clarendon Press, 1988.

Hudson 1993 — Hudson Anne, ed. Two Wycliffite Texts. Oxford: Early English Text Society, 1993.

Isidore 1911 — Isidore of Seville. Isidori Hispalensis Episcopi Etymologiarum sive Originum / Ed. by W. A. Lindsay. Oxford: Clarendon Press, 1911.

Isidore 2006 — Isidore of Seville. The Etymologies of Isidore of Seville / Ed. and transl. by Stephen A. Barney et al. Cambridge: Cambridge University Press, 2006.

Jonson 1892 — Jonson Ben. Timber or Discoveries Made Upon Men and Matter / Ed. by Felix E. Schelling. Boston: Ginn and Company, 1892.

Joyce 1986 — Joyce James. Ulysses / Ed. by Hans Walter Gabler. New York: Vintage Books, 1986.

Joyce 2012 — Joyce James. Finnegans Wake. Oxford: Oxford University Press, 2012.

Julian of Norwich 1994 — Julian of Norwich. The Shewings of Julian of Norwich / Ed. by Georgia Ronan Crampton. Kalamazoo: Medieval Institute Publications, 1994.

Keil 1857 — Heinrich Keil, ed. Grammatici Latini ex Recensione Henrici Keilii. Lipsiae: B. G. Teubneri, 1857.

Kempe 1940 — Kempe Margery. The Book of Margery Kempe / Ed. by Sanford Meech and Hope Emily Allen. London: Early English Text Society, 1940.

Knighton 1889–1895 — Knighton Henry. Chronicon Henrici Knighton vel Cnitthon, Monachi Lycestrensis / Ed. by J. R. Lumby. London: Eyre and Spottiswoode, 1889–1895.

Langland 1995 — Langland William. Piers Plowman: A Parallel-Text Edition of the A, B, C, and Z Versions / Ed. by A. V. C. Schmidt. London: Longman, 1995.

Langland 2008 — Langland William. Piers Plowman: A New Annotated Edition of the C-text / Ed. by Derek Pearsall. Exeter: University of Exeter Press, 2008.

Map 1997 — Map Walter. Jankin's Book of Wikked Wyves / Ed. by Ralph Hanna and Traugott Lawler. Athens: University of Georgia Press, 1997.

Mayhew 1908 — The Promptorium Parvulorum: The First English–Latin Dictionary / Ed. by A. L. Mayhew. London: Early English Text Society, 1908.

Metham 1916 — Metham J. The Works of John Metham Including the Romance of Amoryus and Cleopes / Ed. by H. Craig. London: Early English Text Society, 1916.

Migne 1841–1865 — Migne J. P., ed. Patrologia cursus completus: Latina. Paris: Migne, 1841–1865.

Millett 2005–2006 — Millett Bella, ed. Ancrene Wisse: A Corrected Edition of the Text in Cambridge, Corpus Christi College, Millett Bella MS 402, with Variants from Other Manuscripts. 2 vols. Oxforfd: Early English Text Society, 2005–2006.

Milton 1998 — Milton John. Paradise Lost / Ed. by Alastair Fowler. London: Longman, 1998.

Morris 2001 — Morris William. A Dream of John Ball. London: Electric Book Company, 2001.

Nabokov 1997 — Nabokov Vladimir. Lolita. New York: Vintage International, 1997.

Ovid 1958 — Ovid. Metamorphoses / Ed. by T. E. Page; transl. by Frank Justus Miller. Cambridge, MA: Harvard University Press, 1958.

Pope 1908 — Pope Alexander. Essay on Criticism / Ed. by Alfred S. West. Cambridge: Cambridge University Press, 1908.

Robbins 1959 — Robbins Rossell Hope, ed. Historical Poems of the XIVth and XVth Centuries. New York: Columbia University Press, 1959.

Rolle 1896 — Rolle Richard. The Fire of Love and the Mending of Life or the Rule of Living / Transl. by Richard Misyn; ed. by Ralph Harvey. London: Early English Text Society, 1896.

Rolle 1915 — Rolle Richard. The Incendium Amoris of Richard Rolle of Hampole / Ed. by Margaret Deanesly. New York: Longman, 1915.

Rolle 1957 — Rolle Richard. The Melos Amoris of Richard Rolle of Hampole / Ed. by E. J. F. Arnould. Oxford: Basil Blackwell, 1957.

Rolle 1988 — Rolle Richard. Prose and Verse / Ed. by S. J. Ogilvie-Thomson. Oxford: Early English Text Society, 1988.

Shirley 1858 — Shirley Walter Waddington, ed. Fasciculi Zizaniorum Magistri Johannes Wyclif Cum Tritico. London: Longman, 1858.

Somerset 2009 — Somerset Fiona, ed. Four Wycliffite Dialogues. Oxford: Early English Text Society, 2009.

William of Palerne 1867 — The Romance of William of Palerne / Ed. by Walter Skeat. London: Early English Text Society, 1867.

Wyclif 1905–1907 — Wyclif John. De Veritate Sacrae Scripturae / Ed. by Rudolf Buddensieg. London: Trubner, 1905–1907.

Wyclif 2001 — Wyclif John. On the Truth of Holy Scripture / Transl. by Ian Levy. Kalamazoo: Medieval Institute Publications, 2001.

Ziolkowski 2010–2013 — Ziolkowski Jan. The Vulgate Bible / Gen. ed. by Jan Ziolkowski. 6 vols. Cambridge, MA: Harvard University Press, 2010–2013.

Вспомогательные источники

Adams 2013 — Adams Robert. Langland and the Rokele Family: The Gentry Background to Piers Plowman. Dublin: Four Courts Press, 2013.

Albin 2013 — Albin Andrew. The Prioress's Tale, Sonorous and Silent // Chaucer Review. 2013. Vol. 48, № 1. P. 91–112.

Albin 2015 — Albin Andrew. Listening for Canor in Richard Rolle's Melos Amoris // Voice and Voicelessness in Medieval Europe / Ed. by Irit Ruth Kleiman. New York: Palgrave, 2015. P. 177–197.

Albin 2016 — Albin Andrew. Sound Matters // Speculum. 2016. Vol. 91, № 4. P. 998–1039.

Alford 1986 — Alford John. The Wife of Bath vs. the Clerk of Oxford: What Their Rivalry Means // Chaucer Review. 1986. Vol. 21, № 2. P. 108–132.

Arnold, Goodson 2012 — Arnold John H., Goodson Caroline. Resounding Community: The History and Meaning of Medieval Church Bells // Viator. 2012. Vol. 43, № 1. P. 99–130.

Arnovick 1996 — Arnovick Leslie. 'In Forme of Speche' Is Anxiety: Orality in Chaucer's House of Fame // Oral Tradition. 1996. Vol. 11. P. 320–345.

Atkinson 1983 — Atkinson Clarissa. Mystic and Pilgrim: The Book and World of Margery Kempe. Ithaca: Cornell University Press, 1983.

Barney 2006 — Barney Stephen. The Penn Commentary on Piers Plowman. Vol. 5. Philadelphia: University of Pennsylvania Press, 2006.

Barthes 2005 — Barthes Roland. The Neutral: Lecture Course at the Collège de France (1977–78) / Transl. by Rosalind E. Krauss and Denis Hollier. New York: Columbia University Press, 2005.

Baswell 1995 — Baswell Christopher. Virgil in Medieval England: Figuring the Aeneid from the Twelfth Century to Chaucer. Cambridge: Cambridge University Press, 1995.

Beckwith 1993 — Beckwith Sarah. Christ's Body: Identity, Culture, and Society in Late Medieval Writings. New York: Routledge, 1993.

Blud 2017 — Blud Victoria. The Unspeakable: Gender and Sexuality in Medieval Literature, 1000–1400. Woodbridge: D. S. Brewer, 2017.

Bower 2002 — Bower Calvin M. The Transmission of Ancient Music Theory into the Middle Ages // The Cambridge History of Western Music Theory / Ed. by Thomas Street Christensen. Cambridge: Cambridge University Press, 2002. P. 136–167.

Bowers 2000 — Bowers Terrence. Margery Kempe as Traveler // Studies in Philology. 2000. Vol. 97, № 1. P. 1–28.

Braswell 1981 — Braswell Mary Flowers. Architectural Portraiture in Chaucer's House of Fame // Journal of Medieval and Renaissance Studies. 1981. Vol. 11. P. 101–112.

Brown 1967 — Brown Peter. Augustine of Hippo: A Biography. Berkeley: University of California Press, 1967.

Bruce 2007 — Bruce Scott G. Silence and Sign Language in Medieval Monasticism: The Cluniac Tradition, c. 900–1200. Cambridge: Cambridge University Press, 2007.

Bude 2015 — Bude Tekla. Panis Angelorum: Rollean Canor and Piers Plowman // Yearbook of Langland Studies. 2015. Vol. 29. P. 3–23.

Bull, Black 2003 — Bull Michael, Black Les, eds. The Auditory Culture Reader. Oxford: Berg, 2003.

Burnett 2004 — Burnett Charles. Perceiving Sound in the Middle Ages, Hearing History: A Reader / Ed. by Mark M. Smith. Athens: University of Georgia Press, 2004. P. 69–84.

Burrow 2003 — Burrow J. A. Wasting Time, Wasting Words in Piers Plowman B and C // Yearbook of Langland Studies. 2003. Vol. 17. P. 191–202.

Butler 2015 — Butler Shane. The Ancient Phonograph. New York: Zone Books, 2015.

Bynum 1982 — Bynum Caroline Walker. Jesus as Mother: Studies in the Spirituality of the High Middle Ages. Berkeley: University of California Press, 1982.

Bynum 1987 — Bynum Caroline Walker. Holy Feast and Holy Fast: The Religious Significance of Food to Medieval Women. Berkeley: University of California Press, 1987.

Campbell 2013 — Campbell Matthew. Rhyme // The Oxford Handbook of Victorian Poetry / Ed. by Matthew Bevis. Oxford: Oxford University Press, 2013. P. 74–92.

Catto 1992 — Catto J. I. Wyclif and Wycliffism at Oxford, 1356–1430 // The History of the University of Oxford / Ed. by J. I. Catto, T. A. R. Evans. Oxford: Oxford University Press, 1992. P. 175–261.

Catto 2011 — Catto J. I. 1349–1412: Culture and History // The Cambridge Companion to Medieval English Mysticism / Ed. by Samuel Fanous, Vincent Gillespie. Cambridge: Cambridge University Press, 2011. P. 113–131.

Cawsey 2005 — Cawsey Kathy. Tutivillus and the 'Kyrkchaterars': Strategies of Control in the Middle Ages // Studies in Philology. 2005. Vol. 102, № 4. P. 434–451.

Cervone 2012 — Cervone Cristina Maria. Poetics of the Incarnation: Middle English Writing and the Leap of Love. Philadelphia: University of Pennsylvania Press, 2012.

Chaganti 2018 — Chaganti Seeta. Strange Footing: Poetic Form and Dance in the Late Middle Ages. Chicago: University of Chicago Press, 2018.

Chen 2012 — Chen Mel. Animacies: Biopolitics, Racial Mattering, and Queer Affect. Durham, NC: Duke University Press, 2012.

Chion 2012 — Chion Michel. The Three Listening Modes // The Sound Studies Reader / Ed. by Jonathan Sterne. New York: Routledge, 2012. P. 48–53.

Cixous 1976 — Cixous Hélène. The Laugh of the Medusa / Transl. by Keith Cohen and Paula Cohen // Signs. 1976. Vol. 1, № 4. P. 875–893.

Clopper 2003 — Clopper Lawrence. Is the Tretise of Miraclis Pleyinge a Lollard Tract against Devotional Drama? // Viator. 2003. Vol. 34. P. 229–271.

Cohen 2003 — Cohen Jeffrey Jerome. Medieval Identity Machines. Minneapolis: University of Minnesota Press, 2003.

Cole 2008 — Cole Andrew. Literature and Heresy in the Age of Chaucer. Cambridge: Cambridge University Press, 2008.

Coleman 1996 — Coleman Joyce. Public Reading and the Reading Public in Late Medieval England and France. Cambridge: Cambridge University Press, 1996.

Colish 1983 — Colish Marcia. The Mirror of Language: A Study in the Medieval Theory of Knowledge. Lincoln: University of Nebraska Press, 1983.

Cooper-Rompato 2010 — Cooper-Rompato Christine. The Gift of Tongues: Women's Xenoglossia in the Later Middle Ages. University Park: Pennsylvania State University Press, 2010.

Copeland 1994 — Copeland Rita. Why Women Can't Read: Medieval Hermeneutics, Statutory Law, and the Lollard Heresy Trials // Representing Women: Law, Literature, and Feminism / Ed. by Susan Sage Heinzelman and Zipporah Batshaw Wiseman. Durham, NC: Duke University Press, 1994. P. 254–286.

Copeland 2001 — Copeland Rita. Pedagogy, Intellectuals, and Dissent in the Later Middle Ages: Lollardy and Ideas of Learning. Cambridge: Cambridge University Press, 2001.

Craun 1997 — Craun Edwin. Lies, Slander, and Obscenity in Medieval English Literature: Pastoral Rhetoric and the Deviant Speaker. Cambridge: Cambridge University Press, 1997.

Culler 2015 — Culler Jonathan. Theory of the Lyric. Cambridge, MA: Harvard University Press, 2015.

Curry 1926 — Curry Walter Clyde. Chaucer and the Medieval Sciences. New York: Barnes and Noble, 1926.

Dane 1981 — Dane Joseph A. Yif I 'Arma Virumque' Kan: Note on Chaucer's House of Fame Line 143 // American Notes and Queries. 1981. Vol. 19. P. 134–135.

Dane 2004 — Dane Joseph A. The Wife of Bath's Shipman's Tale and the Invention of Chaucerian Fabliaux // Modern Language Review. 2004. Vol. 99, № 2. P. 287–300.

Davidson 2007 — Davidson Clifford. Festivals and Plays in Late Medieval England. Burlington: Ashgate, 2007.

Davis 2015 — Davis Rebecca. Fugitive Poetics in Chaucer's House of Fame // Studies in the Age of Chaucer. 2015. Vol. 37. P. 101–132.

Davlin 1989 — Davlin Mary Clemente. A Game of Heuene: Word Play and the Meaning of Piers Plowman B. Cambridge: D. S. Brewer, 1989.

Delany 1994 — Delany Sheila. Chaucer's House of Fame: The Poetics of Skeptical Fideism. Gainesville: University Press of Florida, 1994.

Desmond 1994 — Desmond Marilynn. Reading Dido: Gender, Textuality, and the Medieval "Aeneid". Minneapolis: University of Minnesota Press, 1994.

Dinshaw 1989 — Dinshaw Carolyn. Chaucer's Sexual Poetics. Madison: University of Wisconsin Press, 1989.

Dinshaw 1999 — Dinshaw Carolyn. Getting Medieval: Sexualities and Communities Pre- and Post-Modern. Durham, NC: Duke University Press, 1999.

Doob 1990 — Doob Penelope Reed. The Idea of the Labyrinth from Classical Antiquity through the Middle Ages. Ithaca: Cornell University Press, 1990.

Doyle 1993 — Doyle Thomas S. J. What I Do Is Me: Scotist Elements in the Poetry of Gerard Manley Hopkins // Hopkins Quarterly. 1993. Vol. 20. P. 3–21.

Du Cange et al. 1883–1887 — Du Cange Charles du Fresne Sieur et al. Glossarium mediae et infirmae latinitatis. Niort: L. Favre, 1883–1987.

Earl 1987 — Earl James W. Hisperic Style in the Old English 'Rhyming Poem' // PMLA. 1987. Vol. 102, № 2. P. 187–196.

Eco 1989 — Eco Umberto. The Aesthetics of Chaosmos: The Middle Ages of James Joyce. Cambridge, MA: Harvard University Press, 1989.

Edwards 2011 — Edwards Suzanne. The Rhetoric of Rape and the Politics of Gender in the Wife of Bath's Tale and the 1382 Statute of Rapes // Exemplaria. 2011. Vol. 23, № 1. P. 3–26.

Ellis, Fanous 2011 — Ellis Roger, Fanous Samuel, eds. 1349–1412: Texts // The Cambridge Companion to Medieval English Mysticism / Ed. by Samuel Fanous and Vincent Gillespie. Cambridge: Cambridge University Press, 2011.

Empson 1966 — Empson William. Seven Types of Ambiguity. New York: New Directions, 1966.

Epstein 2014 — Epstein Joshua. Sublime Noise: Musical Culture and the Modernist Writer. Baltimore: Johns Hopkins University Press, 2014.

Erlmann 2004 — Erlmann Veit, ed. Hearing Cultures: Essays on Sound, Listening, and Modernity. Oxford: Berg, 2004.

Erlmann 2010 — Erlmann Veit. Reason and Resonance: A History of Modern Aurality. New York: Zone Books, 2010.

Erwin 2006 — Erwin Rebecca Schoff. Early Editing of Margery Kempe in Manuscript and Print // Journal of the Early Book Society. 2006. Vol. 9. P. 75–94.

Fordham 2000 — Fordham Finn. Mapping Echoland // Joyce Studies Annual. 2000. Vol. 11. P. 167–201.

Forrest 2005 — Forrest Ian. The Detection of Heresy in Late Medieval England. Oxford: Oxford University Press, 2005.

Fredell 2009 — Fredell Joel. Design and Authorship in the Book of Margery Kempe // Journal of the Early Book Society. 2009. Vol. 12. P. 1–28.

Frye 1957 — Frye Northrop. Anatomy of Criticism: Four Essays. Princeton, NJ: Princeton University Press, 1957.

Galloway 1992 — Galloway Andrew. Marriage Sermons, Polemical Sermons, and the Wife of Bath's Prologue // Studies in the Age of Chaucer. 1992. Vol. 14. P. 3–30.

Galloway 2006 — Galloway Andrew. The Penn Commentary on Piers Plowman. Vol. 1. Philadelphia: University of Pennsylvania Press, 2006.

Gehl 1987 — Gehl Paul F. Competens Silentium: Varieties of Monastic Silence in the Medieval West // Viator. 1987. Vol. 18. P. 125–160.

Gellrich 1985 — Gellrich J. M. Idea of the Book in the Middle Ages. Ithaca: Cornell University Press, 1985.

Ghosh 2002 — Ghosh Kantik. The Wycliffite Heresy: Authority and the Interpretation of Texts. Cambridge: Cambridge University Press, 2002.

Giancarlo 2003 — Giancarlo Matthew. Piers Plowman, Parliament, and the Public Voice // Yearbook of Langland Studies. 2003. Vol. 17. P. 136–174.

Gibson 1989 — Gibson Gail McMurray. The Theater of Devotion: East Anglian Drama and Society in the Late Middle Ages. Chicago: University of Chicago Press, 1989.

Gillespie 2007 — Gillespie Vincent. Vernacular Theology // Oxford Twenty-First Century Approaches to Literature: Middle English / Ed. by Paul Strohm. Oxford: Oxford University Press, 2007. P. 401–420.

Goffin 1923 — Goffin R. C. Notes on Chaucer // Modern Language Review. 1923. Vol. 18, № 3. P. 335–337.

Goodman 1978 — Goodman A. E. The Piety of John Brunham's Daughter of Lynn // Medieval Women / Ed. by Derek Baker and Rosalind M. T. Hill. Oxford: Blackwell, 1978. P. 347–358.

Goodrich 2019 — Goodrich Micah James. Lolling and the Suspension of Salvation in Piers Plowman // Yearbook of Langland Studies. 2019. Vol. 33. P. 13–42.

Gouk 1999 — Gouk Penelope. Music, Science, and Natural Magic in Seventeenth-Century England. New Haven: Yale University Press, 1999.

Gouk 2004 — Gouk Penelope. Raising Spirits, Restoring Souls: Early Modern Medical Explanations for Music's Effects // Hearing Cultures: Essays on Sound, Listening, and Modernity / Ed. by Viet Erlmann. Oxford: Berg, 2004. P. 87–105.

Green 2000 — Green Monica. From 'Diseases of Women' to 'Secrets of Women': The Transformation of Gynecological Literature in the Early Middle Ages // Journal of Medieval and Early Modern Studies. 2000. Vol. 30, № 1. P. 5–39.

Guastella 2017 — Guastella Gianni. Word of Mouth: Fama and Its Personifications in Art and Literature from Ancient Rome to the Middle Ages. Oxford: Oxford University Press, 2017.

Hahn 2015 — Hahn Thomas. Don't Cry for Me Augustinus: Dido and the Dangers of Empathy // Truth and Tales: Cultural Mobility and Medieval Media / Ed. by Fiona Somerset and Nicholas Watson. Columbus: Ohio State University Press, 2015. P. 42–59.

Hamburger 1998 — Hamburger Jeffrey. The Visual and Visionary: Art and Female Spirituality in Late Medieval Germany. New York: Zone Books. 1998.

Hanna 1997 — Hanna Ralph. Will's Work // Written Work: Langland, Labor, and Authorship / Ed. by Steven Justice and Katherine Kerby-Fulton. Philadelphia: University of Pennsylvania Press, 1997. P. 23–66.

Hanna 2014 — Hanna Ralph. The Versions and Revisions of Piers Plowman // The Cambridge Companion to Piers Plowman / Ed. by Andrew Cole and Andrew Galloway. Cambridge: Cambridge University Press, 2014.

Herren 1974 — Herren Michael. Hisperic Latin: 'Luxuriant Culture-Fungus of Decay' // Traditio. 1974. Vol. 30. P. 411–419.

Hill-Vasquez 2006 — Hill-Vasquez Heather. Chaucer's Wife of Bath, Hoccleve's Arguing Women, and Lydgate's Hertford Wives: Lay Interpretation and the Figure of the Spinning Woman in Late Medieval England // Florilegium. 2006. Vol. 23, № 2. P. 169–195.

Hollywood 2016 — Hollywood Amy. Acute Melancholia and Other Essays. New York: Columbia University Press, 2016.

Holsinger 2001 — Holsinger Bruce. Music, Body, and Desire in Medieval Culture: Hildegard of Bingen to Chaucer. Stanford: Stanford University Press, 2001.

Hornbeck 2010 — Hornbeck J. Patrick. What Is a Lollard? Dissent and Belief in Late Medieval England. Oxford: Oxford University Press, 2010.

Howes 2005 — Howes David, ed. Empire of the Senses: The Sensual Culture Reader. Oxford: Berg, 2005.

Hsy 2013 — Hsy Jonathan. Trading Tongues: Merchants, Multilingualism, and Medieval Literature. Columbus: Ohio State University Press, 2013.

Hurley 2013 — Hurley Michael D. Rhythm // The Oxford Handbook of Victorian Poetry / Ed. by Matthew Bevis. Oxford: Oxford University Press, 2013. P. 19–35.

Irvine 1985 — Irvine Martin. Medieval Grammatical Theory and Chaucer's House of Fame // Speculum. 1985. Vol. 60, № 4. P. 850–876.

Irvine 1994 — Irvine Martin. The Making of Textual Culture: "Grammatica" and Literary Theory, 350–1100. Cambridge: Cambridge University Press, 1994.

Jager 1993 — Jager Eric. The Tempter's Voice: Language and the Fall in Medieval Literature. Ithaca: Cornell University Press, 1993.

Jennings 1977 — Jennings Margaret, Tutivillus: The Literary Career of the Recording Demon // Studies in Philology. 1977. Vol. 74, № 5. P. 1–95.

Johnson 2012 — Johnson Eleanor. The Poetics of Waste: Medieval English Ecocriticism // PMLA. 2012. Vol. 127, № 3. P. 460–476.

Johnson 2013 — Johnson Eleanor. Practicing Medieval Literary Theory: Ethics and the Mixed Form in Chaucer, Gower, Usk, and Hoccleve. Chicago: University of Chicago Press, 2013.

Jordan 1987 — Jordan Robert M. Chaucer's Poetics and the Modern Reader. Berkeley: University of California Press, 1987.

Justice 1994 — Justice Steven. Writing and Rebellion: England in 1381. Berkeley: University of California Press, 1994.

Keiser 1987 — Keiser George R. The Mystics and the Early English Printers: The Economics of Devotionalism // The Medieval Mystical Tradition in England: Papers Read at Dartington Hall July 1987 / Ed. by Marion Glasscoe. Cambridge: D. S. Brewer, 1987. P. 9–26.

Kelly 2000 — Kelly Henry Ansgar. Bishop, Prioress, and Bawd in the Stews of Southwark // Speculum. 2000. Vol. 75, № 2. P. 342–388.

Kerby-Fulton 1992 — Kerby-Fulton Kathryn. Who Has Written This Book? Visionary Autobiography in Langland's C Text // The Medieval Mystical Tradition in England: Exeter Symposium V / Ed. by Marion Glasscoe. Cambridge: D. S. Brewer, 1992. P. 101–116.

Kerby-Fulton 2013a — Kerby-Fulton Kathryn. Major Middle English Poets and Manuscript Studies, 1300–1450 // Opening Up Middle English Manuscripts: Literary and Visual Approaches / Ed. by K. Kerby-Fulton, M. Hilmo and L. Olson. Ithaca: Cornell University Press, 2013. P. 39–94.

Kerby-Fulton 2013b — Kerby-Fulton Kathryn. Professional Readers at Work: Annotators, Editors, and Correctors in Middle English Literary Texts // Opening Up Middle English Manuscripts: Literary and Visual Approaches / Ed. by K. Kerby-Fulton, M. Hilmo and L. Olson. Ithaca: Cornell University Press, 2013. P. 207–244.

Klitgård 1998 — Klitgård Ebbe. Chaucer's Narrative Voice in the House of Fame // Chaucer Rewview. 1998. Vol. 32, № 3. P. 260–266.

Kordecki 2011 — Kordecki Lesley. Ecofeminist Subjectivities: Chaucer's Talking Birds. New York: Palgrave, 2011.

Krug 2017 — Krug Rebecca. Margery Kempe and the Lonely Reader. Ithaca: Cornell University Press, 2017.

Lahey 2009 — Lahey Stephen E. John Wyclif. Oxford: Oxford University Press, 2009.

Laskaya 1995 — Laskaya Anne. Chaucer's Approach to Gender in the Canterbury Tales. Cambridge: D. S. Brewer, 1995.

Lavezzo 1996 — Lavezzo Kathy. Sobs and Sighs between Women: The Homoerotics of Compassion in The Book of Margery Kempe // Premodern Sexualities / Ed. by Louise Fradenburg and Carla Freccero. New York: Routledge, 1996. P. 175–198.

Lawler 1991 — Lawler Traugott. Medieval Annotation: The Example of the Commentaries on Walter Map's Dissuasio Valerii // Annotation and Its Texts / Ed. by Stephen A. Barney. Oxford: Oxford University Press, 1991. P. 94–107.

Lawler 2018 — Lawler Traugott. The Penn Commentary on Piers Plowman. Vol. 4. Philadelphia: University of Pennsylvania Press, 2018.

Lawton 2017 — Lawton David. Voice in Later Medieval English Literature: Public Interiorities. Oxford: Oxford University Press, 2017.

Leach 2006 — Leach Elizabeth Eva. Sung Birds: Music, Nature, and Poetry in the Later Middle Ages, Ithaca: Cornell University Press, 2006.

Lears A. 2013 — Lears Adin E. Sođ and Sense: Language Problems and Affective Solutions in Anglo-Saxon Treatments of the Guthlac Legend // Viator. 2013. Vol. 44, № 3. P. 79–83.

Lears A. 2016 — Lears Adin E. Noise, Sound-play and Langland's Poetics of Lolling in the Time of Wyclif // Studies in the Age of Chaucer. 2016. Vol. 38. P. 165–200.

Lears A. 2019 — Lears Adin E. On Bells and Rebellion: The Auditory Imagination and Social Reform, Medieval and Modern // Vernacular Aesthetics in the Later Middle Ages: Politics, Performativity, and Reception from Literature to Music / Ed. by Katharine Jager. New York: Palgrave, 2019. P. 87–115.

Lears J. 1981 — Lears Jackson. No Place of Grace: Antimodernism and the Transformation of American Culture, 1880–1920. New York: Pantheon Books, 1981.

Leicester 1990 — Leicester H. Marshall. The Disenchanted Self: Representing the Subject in the Canterbury Tales. Berkeley: University of California Press, 1990.

Levy 2001 — Levy Ian Christopher. Introduction // Wyclif John. On the Truth of Holy Scripture. Kalamazoo: Medieval Institute Publications, 2001. P. 1–40.

Levy 2006 — Levy Ian Christopher, ed. A Companion to John Wyclif: Late Medieval Theologian. Leiden: Brill, 2006.

Lewis et al. 2000–2018 — Lewis Robert E. et al., eds. Middle English Dictionary. Ann Arbor: University of Michigan Press, 1952–2001. Online edition in Middle English Compendium / Ed. by Francis McSparran et al. Ann Arbor: University of Michigan Library, 2000–2018.

Leyerle 1971 — Leyerle John. Chaucer's Windy Eagle // University of Toronto Quarterly. 1971. Vol. 40. P. 247–265.

Lochrie 1991 — Lochrie Karma. Margery Kempe and Translations of the Flesh. Philadelphia: University of Pennsylvania Press, 1991.

Lochrie 1999 — Lochrie Karma. Covert Operations: The Medieval Uses of Secrecy. Philadelphia: University of Pennsylvania Press. 1999.

Maas 1992 — Maas Martha. Timotheus at Sparta: The Nature of the Crime // Musical Humanism and Its Legacy: Essays in Honor of Claude V. Palisca / Ed. by Nancy Kovaleff Baker and Barbara Russano Hanning. Stuyvesant: Pendragon Press, 1992. P. 37–52.

MacNiell 1931 — MacNiell Eóin. Beginnings of Latin Culture in Ireland // Studies. 1931. Vol. 20. P. 39–48.

Mahoney 1992 — Mahoney Dhira B. Margery Kempe's Tears and the Power over Language // Margery Kempe: A Book of Essays / Ed. by Sandra J. McEntire. New York: Garland, 1992. P. 47–49.

Mann 2012 — Mann Jenny C. Outlaw Rhetoric: Figuring Vernacular Eloquence in Shakespeare's England. Ithaca: Cornell University Press, 2012.

Matiello 2013 — Matiello Elisa. Extra-Grammatical Morphology in English: Abbreviations, Blends, Reduplicatives, and Related Phenomena. Berlin: De Gruyter Mouton, 2013.

Mazzio 2009 — Mazzio Carla. The Inarticulate Renaissance: Language Trouble in an Age of Eloquence. Philadelphia: University of Pennsylvania Press, 2009.

McEntire 2000 — McEntire Sandra. The Dialogics of Margery Kempe and Her Book // Mystics Quarterly. 2000. Vol. 26, № 4. P. 179–191.

McGerr 1998 — McGerr Rosemarie P. Chaucer's Open Books: Resistance to Closure in Medieval Discourse. Gainesville: University Press of Florida, 1998.

McLuhan 1994 — McLuhan Marshall. Understanding Media: The Extensions of Man. Cambridge, MA: MIT Press, 1994.

McNamer 2007 — McNamer Sarah. Feeling // Oxford Twenty-First Century Approaches to Literature: Middle English / Ed. by Paul Strohm. Oxford: Oxford University Press, 2007. P. 241–257.

McNamer 2010 — McNamer Sarah. Affective Meditation and the Invention of Medieval Compassion. Philadelphia: University of Pennsylvania Press, 2010.

Middleton 1973 — Middleton Anne. Ælfric's Answerable Style: The Rhetoric of Alliterative Prose // Studies in Medieval Culture. 1973. Vol. 4, № 1. P. 83–91.

Middleton 1978 — Middleton Anne. The Idea of Public Poetry in the Reign of Richard II // Speculum. 1978. Vol. 53, № 1. P. 94–114.

Middleton 1997 — Middleton Anne. Acts of Vagrancy: The C Version 'Autobiography' and the Statute of 1388 // Written Work: Langland, Labor, and Authorship / Ed. by Steven Justice, Kathryn Kerby-Fulton. Philadelphia: University of Pennsylvania Press, 1997. P. 208–317.

Minnis 1995 — Minnis A. J. Oxford Guides to Chaucer: The Short Poems. Oxford: Clarendon Press, 1995.

Minnis 2008 — Minnis Alastair. Fallible Authors: Chaucer's Pardoner and the Wife of Bath. Philadelphia: University of Pennsylvania Press, 2008.

Nelson 2017 — Nelson Ingrid. Lyric Tactics: Lyric, Genre, and Practice in Later Medieval England. Philadelphia: University of Pennsylvania Press, 2017.

Ngai 2012 — Ngai Sianne. Our Aesthetic Categories: Zany, Cute, and Interesting. Cambridge, MA: Harvard University Press, 2012.

Nissé 1997 — Nissé Ruth. Reversing Discipline: The Tretise of Miraclis Pleyinge, Lollard Exegesis, and the Failure of Representation // Yearbook of Langland Studies. 1997. Vol. 11. P. 163–194.

Orlemanski 2015 — Orlemanski Julie. Margery Kempe's 'Noyse' and Distributed Expressivity // Voice and Voicelessness in Medieval Europe / Ed. by Irit Ruth Kleinman. New York: Palgrave, 2015. P. 123–138.

Paster 1993 — Paster Gail Kern. The Body Embarrassed: Drama and the Disciplines of Shame in Early Modern England. Ithaca: Cornell University Press, 1993.

Patterson 1991 — Patterson Lee. Chaucer and the Subject of History. Madison: University of Wisconsin Press, 1991.

Pearsall 1990 — Pearsall Derek. 'Lunatyk Lollers' in Piers Plowman // Religion in the Poetry and Drama of the Late Middle Ages in England: The J. A. W. Memorial Lectures, Perugia, 1988 / Ed. by Piero Boitani and Ana Torti. Cambridge: D. S. Brewer, 1990. P. 163–178.

Pearsall 2003 — Pearsall Derek. Langland and Lollardy: From B to C // Yearbook of Langland Studies. 2003. Vol. 17.

Phillips 2007 — Phillips Susan E. Transforming Talk: The Problem with Gossip in Late-Medieval England. University Park: Pennsylvania State University Press, 2007.

Pitard 2004 — Pitard Derreck. Sowing Difficulty: The Parson's Tale, Vernacular Commentary, and the Nature of Christian Dissent // Studies in the Age of Chaucer. 2004. Vol. 26. P. 300–305.

Rath 2003 — Rath Richard Cullen. How Early America Sounded. Ithaca: Cornell University Press, 2003.

Renevey 2011 — Renevey Denis. 1215–1349: Texts // The Cambridge Companion to Medieval English Mysticism / Ed. by Samuel Fanous and Vincent Gillespie. Cambridge: Cambridge University Press, 2011. P. 91–112.

Riehle 2014 — Riehle Wolfgang. The Secret Within: Hermits, Recluses, and Spiritual Outsiders in Medieval England / Transl. by Charity Scott-Stokes. Ithaca: Cornell University Press, 2014.

Robertson 1962 — Robertson D. W. A Preface to Chaucer: Studies in Medieval Perspectives. Princeton, NJ: Princeton University Press, 1962.

Roman 2017 — Roman Christopher M. Queering Richard Rolle: Mystical Theology and the Hermit in Fourteenth-Century England. New York: Palgrave, 2017.

Russell 1946 — Russell Henry G. Lollard Opposition to Oaths by Creatures // American Historical Review. 1946. Vol. 51. P. 668–684.

Salter 1979 — Salter Elizabeth. A Complaint against Blacksmiths // Literature and History. 1979. Vol. 5, № 2. P. 194–215.

Saussure 2011 — Saussure Ferdinand. Course in General Linguistics / Transl. by Wade Baskin; ed. by Perry Meisel and Haun Saussy. New York: Columbia University Press, 2011.

Sayers 2010 — Sayers Edna Edith. Experience, Authority, and the Mediation of Deafness // Disability in the Middle Ages: Reconsiderations and Reverberations / Ed. by Joshua Eyler. Burlington: Ashgate, 2010. P. 81–92.

Scala 2009 — Scala Elizabeth. Desire in the Canterbury Tales: Sovereignty and Mastery between the Wife and the Clerk // Studies in the Age of Chaucer. 2009. Vol. 31. P. 81–108.

Scase 1989 — Scase Wendy. Piers Plowman and the New Anticlericalism. Cambridge: Cambridge University Press, 1989.

Schafer 1993 — Schafer R. Murray. The Soundscape: Our Sonic Environment and the Tuning of the World. Rochester, VT: Destiny Books, 1993.

Schibanoff 2006 — Schibanoff Susan. Chaucer's Queer Poetics: Rereading the Dream Trio. Toronto: Toronto University Press, 2006.

Schirmer 2009 — Schirmer Elizabeth. William Thorpe's Narrative Theology // Studies in the Age of Chaucer. 2009. Vol. 31.

Schmidt A. 1987 — Schmidt A. V. C. The Clerkly Maker: Langland's Poetic Art. Cambridge: D. S. Brewer, 1987.

Schmidt A. 2012 — Schmidt A. V. C. Earthly Honest Things: Collected Essays on Piers Plowman. Newcastle upon Tyne: Cambridge Scholars Publishing, 2012.

Schmidt L. 2000 — Schmidt Leigh Eric. Hearing Things: Religion, Illusion and the American Enlightenment. Cambridge, MA: Harvard University Press, 2000.

Schor 2007 — Schor Naomi. Reading in Detail: Aesthetics and the Feminine. New York: Routledge, 2007.

Shield et al. 2017 — Shield Aaron, Cooley Frances, and Meier Richard P. Sign Language and Echolalia in Deaf Children with Autism Spectrum Disorder // Journal of Speech, Hearing, and Language Research. 2017. Vol. 60, № 6. P. 1622–1634.

Simpson 1986 — Simpson James. From Reason to Affective Knowledge: Modes of Thought and Poetic Form in Piers Plowman // Medium Aevum. 1986. Vol. 55. P. 1–23.

Simpson 1996 — Simpson James. Desire and the Scriptural Text: Will as Reader in Piers Plowman // Criticism and Dissent in the Middle Ages / Ed. by Rita Copeland. Cambridge: Cambridge University Press, 1996. P. 215–243.

Sluiter 1990 — Sluiter Ineke. Ancient Grammar in Context: Contributions to the Study of Ancient Linguistic Thought. Amsterdam: VU University Press, 1990.

Smith B. 1999 — Smith Bruce. The Acoustic World of Early Modern England. Chicago: University of Chicago Press, 1999.

Smith B. 2004 — Listening to the Wild Blue Yonder // Hearing Cultures: Essays on Sound, Listening, and Modernity / Ed. by Viet Erlmann. Oxford: Berg, 2004. P. 21–41.

Smith M. 2004 — Smith M. Hearing History: A Reader / Ed. by Mark M. Smith. Athens: University of Georgia Press, 2004.

Sobecki 2015 — Sobecki Sebastian. The Writyng of This Tretys: Margery Kempe's Son and the Authorship of Her Book // Studies in the Age of Chaucer. 2015. Vol. 37. P. 257–283.

Somerset 2014 — Somerset Fiona. Feeling Like Saints: Lollard Writings after Wyclif. Ithaca: Cornell University Press, 2014.

Somerset et al. 2003 — Somerset Fiona, Havens Jill C., Pitard Derrick G., eds. Lollards and Their Influence in Late Medieval England. Woodbridge: Boydell, 2003.

Spearing 2004 — Spearing A. C. Margery Kempe // A Companion to Middle English Prose / Ed. by A. S. G. Edwards. Cambridge: D. S. Brewer, 2004. P. 83–94.

Staley 1994 — Staley Lynne. Margery Kempe's Dissenting Fictions. University Park: Pennsylvania State University Press, 1994.

Sterne 2003 — Sterne Jonathan. The Audible Past: Cultural Origins of Sound Reproduction. Durham, NC: Duke University Press, 2003.

Sterne 2012 — Sterne Jonathan, ed. The Sound Studies Reader. New York: Routledge, 2012.

Strauss 1988 — Strauss Barrie Ruth. The Subversive Discourse of the Wife of Bath: Phallocentric Discourse and the Imprisonment of Criticism // English Literary History. 1988. Vol. 55, № 3. P. 527–554.

Strunk 1950 — Strunk Oliver. Source Readings in Music History from Classical Antiquity through the Romantic Era. New York: Norton, 1950.

Szyttya 1986 — Szyttya Penn R. The Antifraternal Tradition in Medieval Literature. Princeton, NJ: Princeton University Press, 1986.

Thompson 2002 — Thompson Emily. The Soundscape of Modernity: Architectural Acoustics and the Culture of Listening in America, 1900–1933. Cambridge, MA: MIT Press, 2002.

Trigg 2012 — Trigg Stephanie. Langland's Tears: Poetry, Emotion, and Mouvance // Yearbook of Langland Studies. 2012. Vol. 26. P. 27–48.

Vitz 1999 — Vitz Evelyn. Orality and Performance in Early French Romance. Rochester, NY: Boydell and Brewer, 1999.

Wallace 2006 — Wallace David. Chaucer's Italian Inheritance // The Cambridge Companion to Chaucer / Ed. by Piero Boitani and Jill Mann. Cambridge: Cambridge University Press, 2006.

Watson 1991 — Watson Nicholas. Richard Rolle and the Invention of Authority. Cambridge: Cambridge University Press, 1991.

Watson 1995 — Watson Nicholas. Censorship and Cultural Change in Late-Medieval England: Vernacular Theology, the Oxford Translation Debate, and Arundel's Constitutions of 1409 // Speculum. 1995. Vol. 70, № 4. P. 822–864.

Weinfield 2012 — Weinfield Henry. The Blank-Verse Tradition from Milton to Stevens: Freethinking and the Crisis of Modernity. Cambridge: Cambridge University Press, 2012.

Williamson 2013 — Williamson Beth. Sensory Experience in Medieval Devotion: Sound and Vision, Invisibility and Silence // Speculum. 2013. Vol. 88, № 1. P. 1–43.

Wimsatt 2006 — Wimsatt James. Hopkins's Poetics of Speech Sound: Sprung Rhythm, Lettering, Inscape. Toronto: University of Toronto Press, 2006.

Wittig 2001 — Wittig Joseph F., ed. Piers Plowman Concordance. London: Athlone Press, 2001.

Wogan-Browne et al. 1999 — Wogan-Browne Jocelyn, Watson Nicholas, Taylor Andrew, and Evans Ruth, eds. The Idea of the Vernacular: An Anthology of Middle English Literary Theory, 1280–1520. Exeter: University of Exeter Press, 1999.

Wright 1995 — Wright Michael J. What They Said to Margery Kempe: Narrative Reliability in Her Book // Neophilologus. 1995. Vol. 79, № 3. P. 497–508.

Wurtele 2002 — Wurtele Douglas. Bane of Flattery in the World of Chaucer and Langland // Florilegium. 2002. Vol. 19. P. 1–25.

Zeeman 2006 — Zeeman Nicollette. Piers Plowman and the Medieval Discourse of Desire. Cambridge: Cambridge University Press, 2006.

Zieman 1997 — Zieman Katherine. Chaucer's Voys // Representations. 1997. Vol. 60. P. 70–91.

Zieman 2008a — Zieman Katherine. The Perils of Canor: Mystical Authority, Alliteration, and Extragrammatical Meaning in Rolle, the Cloud Author, and Hilton // Yearbook of Langland Studies. 2008. Vol. 22. P. 131–164.

Zieman 2008b — Zieman Katherine. Singing the New Song: Literacy and Liturgy in Late Medieval England. Philadelphia: University of Pennsylvania Press, 2008.

Словари и справочники

Anglo-Saxon Dictionary — An Anglo-Saxon Dictionary / Ed. By Joseph Bosworth and N. Northcote Toller. Oxford: Clarendon Press, 1898.

Latham 1975 — The Dictionary of Medieval Latin from British Sources / Ed. by R. E. Latham. London: Clarendon Press, 1975.

GL, также Keil 1857 — Heinrich Keil, ed. Grammatici Latini ex Recensione Henrici Keilii. Lipsiae: B. G. Teubneri, 1857.

MED — Middle English Dictionary / Ed. by Robert E. Lewis et al. Ann Arbor: University of Michigan Press, 1952–2001; Интернет-издание в составе Middle English Compendium / Ed. by Francis McSparran et al. Ann Arbor: University of Michigan Library, 2000–2018. URL: https://quod.lib.umich.edu/m/middle-english-dictionary.

OED — Oxford English Dictionary. URL: https://www.oed.com.

ODNB — Oxford Dictionary of National Biography. URL: https://www.oxforddnb.com.

Предметно-именной указатель

Оглавление

Научное издание

Эйдин Лирс

МИР ЭХА
Шум и смысл в произведениях позднего английского Средневековья

Директор издательства *И. В. Немировский*
Ответственный редактор *И. Белецкий*
Куратор серии *В. Кучерявенко*
Заведующая редакцией *И. Емельянова*

Дизайн *И. Граве*
Редактор *Н. Метерлинк*
Корректоры *И. Манлыбаева, А. Филимонова*
Верстка *Е. Падалки*

Подписано в печать 31.01.2026.
Формат издания 60 × 90 $^{1}/_{16}$. Усл. печ. л. 20,9.
Тираж 200 экз.

Academic Studies Press
1577 Beacon Street, Brookline, MA 02446 USA
https://www.academicstudiespress.com

ООО «Библиороссика».
198207, г. Санкт-Петербург, а/я № 8

SAPIENTI SAT — дистрибуция и продажа книг
8 800 333-68-45
www.directmedia.ru/publisher/sapienti-sat/
manager@directmedia.ru

Знак информационной продукции согласно Федеральному закону от 29.12.2010 № 436-ФЗ

www.ingramcontent.com/pod-product-compliance
Lightning Source LLC
LaVergne TN
LVHW010601100826
845148LV00014B/2803